Über dieses Buch »Ein Wissender redet nicht, ein Redender weiß nicht« (Lao-Tse). Wer diesen Grundsatz der Meister östlichen Denkens ernst nimmt, müßte Carlos Castaneda, dem Sprachrohr seines Lehrers Don Juan, das Wissen absprechen, denn »kein wahrhaft Wissender vertraut sein Wissen einem Buch an«. Nun fühlen sich weder Carlos Castaneda noch sein Mentor Don Juan als »Meister« und als »Wissende«, sondern als Wißbegierige, die auf dem Wege zu anderen Wirklichkeiten sind und denen jede neue Erkenntnis bald unter den Händen zerfällt. Mit solchen und anderen erkenntnistheoretischen Fragen beschäftigt sich der Autor in diesem Buch, dessen einzelne Beiträge zu verschiedenen Zeiten seines langjährigen Studiums der Werke Castanedas entstanden sind. Der Autor behandelt überdies Einzelheiten der »Lehrzeit« Castanedas, die Genese seines Werks, Probleme der Übersetzung und interpretiert die verschiedenen inhaltlichen Aspekte der Lehren Don Juans. Immer wieder stellt sich der Autor die Frage, ob die Bücher Castanedas »wissenschaftlich haltbar« sind oder ob sich solche Fragen nicht angesichts eines so vielschichtigen, alle Darstellungsformen vermischenden, vielen Kulturen und Denkweisen verpflichteten Werks verbieten sollten.

Der Autor Dennis Timm, Jg. 1947, hat Sozialwissenschaften, Philosophie und Ethnologie studiert. Er arbeitet als freier Publizist in der Nähe von Münster.

Dennis Timm

Die Wirklichkeit und der Wissende
Studien über Carlos Castaneda

Mit Beiträgen von
Stan Wilk und C. Scott Littleton

Fischer
Taschenbuch
Verlag

Erweiterte und überarbeitete Ausgabe
Veröffentlicht im Fischer Taschenbuch Verlag GmbH,
Frankfurt am Main, Oktober 1989
Die Originalausgabe erschien 1977 in dem
Huba Productions Verlagskontor, Drensteinfurt

Umschlaggestaltung: Thomas & Thomas Design, Heidesheim
Gesamtherstellung: Clausen & Bosse, Leck
Printed in Germany
ISBN 3-596-24290-8

Inhalt

Vorwort zur Taschenbuchausgabe

> »Wir brauchen all die Zeit und alle Energie, die wir haben, um die Dummheit in uns zu besiegen. Das ist das einzige, was zählt.«
> *Don Juan*

Joe Cordoba und ...

I.

Vor zwanzig Jahren erschien das erste Buch Castanedas in den Vereinigten Staaten. Als ich mein erstes Buch über Castaneda schrieb, waren drei weitere von ihm erschienen, und man schrieb das Jahr 1977. Das letzte davon, *Der Ring der Kräfte*, endet mit dem berühmten Sprung in die Schlucht.

Die vier Bücher waren für mich wie ein abgeschlossener Zyklus, und wie sich zeigen sollte, begann Castaneda seine folgenden Bücher eben an jener Stelle, die er nicht verstand und deren Bedeutung er sich daher von verschiedenen Seiten schreibend zu nähern suchte.

Abgesehen von neuen Figuren und Begriffen wie »Tolteken« oder »die neuen Seher« besteht sein Anliegen darin, sich an Ereignisse zu erinnern, die er in der »zweiten Aufmerksamkeit« erlebte – in einer Bewußtseins-Dimension von derart immenser Potentialität für das menschliche Dasein, daß es nicht nur ihm und seinen Gefährten den Atem verschlug, sondern auch uns. Warum erzähle ich das alles?

Weil es eine Zeit gab, in der ich stark dafür eingetreten bin, sich mit Castaneda als »Kritiker fragmentarischer Vernunft« auseinanderzusetzen. Ich habe zu zeigen versucht, wie wenig wir eigentlich in der Lage sind, eine Beurteilung über die Frage nach der Wahrheit bei Castaneda abzugeben*, und daß sich die Kritiker, allen voran Mr. Richard deMille, etwas sehr weit aus dem Fenster gelehnt hatten, ohne zu ahnen, wie repräsentativ sie mit dieser Art von Voreingenommen-

* Vgl. Dennis Timm, »Die Linien der Welt greifen – Carlos Castaneda und die Anthropologie«, in: Hans-Peter Duerr, *Der Wissenschaftler und das Irrationale,* Bd. 1, Frankfurt am Main 1981.

heit und Ignoranz im Sinne der »community of scholars« reagiert haben.

Ein Jahr später gab ich die Anthologie »Nagual Junior« heraus, um zu zeigen, wie in anderen Sprachen und Kulturkreisen mit dem Phänomen umgegangen wird. Da war mit dem Thema hierzulande schon kein Blumentopf mehr zu gewinnen; eine schmerzliche Erfahrung. Auch die akademische Diskussion ebbte ab. Man ging zur Tagesordnung über; Buchhalter und sonstige Verwalter des bekannten Wissens hatten das Heft wieder fest in der Hand.

> »Don Juan hatte mir gesagt, daß es keine Vollkommenheit ohne Traurigkeit und Sehnsucht gebe, denn ohne sie gebe es keine Ernsthaftigkeit, keine Freundlichkeit. Weisheit ohne Freundlichkeit, so sagte er, und Wissen ohne Ernsthaftigkeit sind nutzlos.«

... die Attacke des Nagual

II.

»›Eines Tages wird dir alles wieder einfallen‹, versicherte er mir. ›Eines wird das andere auslösen. Ein Schlüsselwort, und alles wird aus dir rauspurzeln, als wäre die Tür eines vollgestopften Kleiderschranks aufgegangen.‹«

Diese Prophezeiung Don Juans steht im 7. Buch Castanedas, *Das Feuer von innen*. Seit sie ausgesprochen wurde, sind viele Jahre vergangen, und aus jenem »vollgestopften Kleiderschrank« namens Carlos Castaneda (alias Joe Cordoba – wenn man Gracia Corvalan vertraut) sind seither vier Bücher gepurzelt. Diese Bücher haben eins gemeinsam: Sie wurden aus der Erinnerung geschrieben. Es handelt sich um Expeditionsberichte aus der zweiten Aufmerksamkeit, welche die Topografie menschlicher Wahrnehmungsfähigkeit nachhaltig verändert haben. Castaneda ist in eine Domäne des menschlichen Geistes eingeführt worden, die sehr lange verschüttet war und durch ihr erneutes Erscheinen nicht zuletzt in erkenntnistheoretischen Diskussionen diverser akademischer Disziplinen bahnbrechend und polarisierend gewirkt hat. Seit seinem fünften Buch behandelt Castaneda den Zusammenhang zwischen der Erinnerung an die »zweite Aufmerksamkeit« und der menschlichen Wahrnehmung. Man könnte die Bücher seither als den zweiten Erkenntnis-Zyklus bezeichnen – als ein Verfolgen des toltekischen Pfades. Ausgangspunkt für seine Betrachtungen ist immer wieder der Sprung in den Abgrund, mit dem der vierte Band *Ring der Kraft* kulminiert und gleichzeitig auch endet. Was damals geschah, bleibt Castaneda unbegreiflich. Genau diese Unbegreiflichkeit hat ihn nicht losgelassen und offenbar den Stein ins Rollen gebracht, der die seit über zehn Jahren andauernde Erinnerungslawine auslöste. Seit die Informanten des Anthropologen – Don Juan Matus und Don Genaro Flores –, die zu seinen Lehrern wurden, vom »Antlitz der Erde verschwunden« sind, bemüht er sich darum, mit diesem Anprall fertig zu werden.

»Unter dem Einfluß dieser beiden mächtigen Männer wandelte meine Arbeit sich zu einer Biografie – insofern, als ich seit dem Augenblick, als ich ein Beteiligter wurde, berichten muß, was mir widerfährt. Es ist eine seltsame Autobiografie, denn ich berichte nicht, was mir im Alltagsleben als einem alltäglichen Menschen widerfährt, und ich berichte auch nicht über meine subjektiven, durch das alltägliche Leben bedingten Erfahrungen. Vielmehr berichte ich über jene Ereignisse, die in meinem Leben infolge der Tatsache eintreten, daß ich ein fremdes System von miteinander verknüpften Ideen und Verfahrensweisen übernommen habe. Mit anderen Worten, das System, das ich studieren wollte, schluckte mich auf, und um meine Forschungsarbeit fortsetzen zu können, muß ich jeden Tag einen extremen Preis entrichten: mein Leben als Mensch in dieser Welt.«

Carlos Castaneda wurde in eine »moderne Variante einer sehr alten Überlieferung« hineingesogen, die Don Juan als einen neuen Zyklus der alten toltekischen Seher bezeichnete. Er wurde aufgenommen in einen Kreis von »Kriegern einer absoluten Freiheit«, und er wurde sogar ein »Nagual«, also Anführer einer neuen Gruppe von Sehern, die er im Laufe seines Lebens vervollständigen muß.

Einziger Orientierungspunkt: die Makellosigkeit der eigenen Handlungsweise – der Weg mit Herz.

Aber vergessen wir nicht: Das Double ist kein Stuntman.

Im Sommer 1989 D. T.

Zur Gliederung

Diese Arbeit hat einen zyklischen Verlauf genommen.
Die zuallererst angestellten erkenntnistheoretischen Überlegungen ergaben sich aus dem Gegenstand der Betrachtung, der »anderen Wirklichkeit«, und gleichwohl aus dem Standort ihres Betrachters, Carlos Castaneda.
Die Eigentümlichkeit der Arbeit erklärt sich damit, daß ich sowohl theoretischer (d. h. immer nachträglicher) Betrachter dessen gewesen bin, was der ursprüngliche Betrachter Carlos Castaneda beobachtet hat, als auch Analytiker dessen, was der Gegenstand dieser Betrachtungen war: »die andere Wirklichkeit«.
Die Schwierigkeit der Bearbeitung des Themas lag darin, daß ich auf das Verhältnis des Betrachters zu seinem Gegenstand nurmehr »reflektieren« konnte, wo er selbst auf seine Erfahrungen »reagieren« mußte.
Daher stellte ich dem Schwerpunkt der Untersuchung einige Betrachtungen voran, welche auf diese spezifischen Verhältnisse Bezug nehmen und dem Verständnis der Thematik dienlich sein sollen.
Somit stellt das 1. Kapitel quasi ein Propädeutikum dar. Diejenigen Informationen, die benötigt werden, um den Handlungsablauf in den Büchern Castanedas wenigstens formal zu verstehen, beginnen daher erst im 2. Kapitel.
Mit der Betonung darauf, daß die Arbeit einen zyklischen Verlauf genommen hat, ist gemeint, daß die grundlegende Problematik um die Begriffe der Wahrnehmung und der Erkenntnis kreist. Die Erörterung beginnt im 1. Kapitel sehr allgemein, verengt sich im 3. Kapitel auf das angegebene und anvisierte Thema, erweitert sich wiederum im 4. Kapitel, wobei hier eher auf Wahrnehmung abgehoben wird, während im 1. Kapitel der Erkenntnisbegriff im Mittelpunkt der Überlegungen steht.

»Denn die Kunst eines Kriegers ist es,
den Schrecken, ein Mensch zu sein,
und das Wunder, ein Mensch zu sein,
im Gleichgewicht zu halten.«
Don Juan (Carlos Castaneda III: 252)

I. Kapitel
Einleitung zur Anleitung

1 Prolog

»Da du so gerne schreibst, warum lernst du nicht, mit dem Finger statt mit einem Bleistift zu schreiben?«
*Don Genaro (Carlos Castaneda III: 220)**

Man kann die Frage stellen, warum Castaneda über Zauberei eigentlich geschrieben hat, wo doch offensichtlich nur die eigenen Erfahrungen den Zugang zu dieser Art von Wissen gewähren? Darüber hinaus läßt sich mit Recht die Frage anschließen, warum denn nun auch noch versucht werden soll, das zu problematisieren, was von der Zauberei ohnehin lediglich berichtet worden ist.
Dazu ist zweierlei zu sagen: Geht man aus von dem taoistischen Diktum des Lao-Tse »Ein Wissender redet nicht, ein Redender weiß nicht« (56 / 129), so »weiß« Carlos Castaneda nicht, denn er hat geredet – und »kein wahrhaft Wissender wird sein Wissen einem wissenschaftlichen Buch anvertrauen«.[1] Geredet zu haben über angeblich geheimes Wissen ist ihm nämlich angelastet worden. Er hat daraufhin diese Vorwürfe mit seinem Lehrer Don Juan besprochen:

Ich erzählte ihm, daß ich von verschiedenen Leuten Briefe erhalten hätte, die meinten, es sei falsch, über meine Lehrzeit zu schreiben. Sie verwiesen auf die Meister der esoterischen Lehren des Ostens, die absolutes Schweigen über ihre Unterweisungen verlangten.
»Vielleicht schwelgen diese Meister in dem Gefühl, Meister zu sein«, meinte Don Juan, ohne mich anzusehen. »Ich bin kein Meister, ich bin nur ein Krieger. Daher weiß ich wirklich nicht, wie ein Meister sich fühlen mag.«

* Die im Fischer Taschenbuch Verlag erschienenen Bücher von Carlos Castaneda werden im Literaturverzeichnis am Schluß dieses Bandes aufgeführt, mit Erläuterungen zur Zitierweise im Text; Anm. d. Red.

»Aber vielleicht enthülle ich Dinge, die ich nicht verraten sollte, Don Juan.«
»Es kommt nicht darauf an, was man verrät oder was man für sich behält«, sagte er. »Alles, was wir tun, alles, was wir sind, beruht auf unserer persönlichen Kraft. Haben wir genug davon, dann genügt vielleicht ein einziges Wort, das uns gesagt wird, um unser ganzes Leben zu ändern. Haben wir aber nicht genug persönliche Kraft, dann mag es sein, daß uns die wunderbarste Weisheit offenbart wird, und diese Offenbarung würde nicht das geringste bewirken« (IV:15).[2]
So wird Castaneda von dem Vorwurf der Preisgabe durch seinen Lehrer entlastet. Im übrigen hatte er – abgesehen von dem Vorhaben, eine Dissertation zu verfassen[3] – von vornherein gar nicht die Absicht gehabt, die Lehre fortzusetzen und darüber weitere Bücher zu schreiben. Nur stellte sich heraus, daß das Schreiben seine einzige Zuflucht während der Zeit der Unterweisungen war.[4]
Man kann also sagen, die Bücher verdanken sich dem Umstand, daß Schreiben seine, Castanedas, Zauberei war – er konnte die Lehren nur heil überstehen, indem er andauernd Notizen machte. Und selbst wenn er anfangs ein akademisches Anliegen hatte –, seinerzeit wußte er sicher nicht, worauf er sich einlassen sollte.
Wie auch immer, Castaneda hat jedes folgende Buch dann dem vorhergehenden hinzugefügt – wodurch es zwangsläufig zum Fragment wurde –, als ihm sozusagen Durchbrüche gelungen waren. Oder er sich vielmehr gegen diese nicht mehr sperren konnte.[5] Besagte Durchbrüche sind durchaus bildlich zu verstehen und markierten wichtige Erweiterungen seines Verständnisses der fremden Sinn-Einheiten bzw. ihres Systems, in das er von Don Juan eingeweiht und eingeübt wurde.
Nun hatten diese Erweiterungen aber etwas zur Folge, was zwar nicht in der Absicht des Lehrlings Castaneda, wohl aber in der des Zauberers lag. Dem Adepten wurde nämlich sein eigenes Weltbild, seine Ansicht und Beschreibung der Wirklichkeit fortschreitend brüchiger – und zwar selbstverständlich gegen seinen Willen.
Um auf die eingangs gestellte zweite Frage zurückzukommen, so liegt das akademische Interesse an den Veröffentlichungen Castanedas darin, daß jemand aus eben diesen akademischen Interessen und von einem wissenschaftlichen Standpunkt aus, der zumindest in der west-

lichen Welt für sich beansprucht, der legitime Zugang zur Erkenntnis über die Wirklichkeit zu sein, im doppelten Sinn eine »Lehre« erteilt bekommt, die sowohl ihn selbst als auch sein ursprüngliches Anliegen regelrecht umwirft.[6]
Die wissenschaftliche Auseinandersetzung mit Castaneda hat ihren Angelpunkt folglich in dem von ihm berichteten System der Alternativbeschreibung der Wirklichkeit, wie sie unter Zauberern (nicht unter Wissenden!) üblich ist. Jene »andere Realität«, die nicht nur dazu führt, die selbstzufriedene Befangenheit in der unsrigen Ansicht der Welt, »die uns zwingt, zu fühlen und zu handeln, als wüßten wir alles über die Welt« (IV:302), zu erschüttern und mithin unser Erkenntnissystem in Frage zu stellen, sondern darüber hinaus sich mit der von Don Juan postulierten Basisthese, daß »die Realität bzw. die Welt, die wir alle kennen, lediglich eine Beschreibung sei« (III:6),[7] auseinanderzusetzen. Stimmte das Postulat, dann wäre »die Wirklichkeit« ein Begriff – großzügiger, eine Kategorie oder gar eine Idee. Das Problem besteht demnach darin, zu entscheiden, wie man es auf seine Richtigkeit hin prüfen kann. Der Brennpunkt der Untersuchung kann demzufolge nicht die Wissenschaftstheorie sein, sondern er verweist auf Erkenntnistheorie.[8]

2 Die erkenntnistheoretische Problematik

> »Es gibt keinen wahren Fortschritt in der Vernunft des Menschengeschlechtes, da man alles, was man auf der einen Seite gewinnt, auf der anderen Seite wieder verliert.«
> *J. J. Rousseau*

A. Nicht zufällig stützt sich die abendländische Philosophie auf die (von ihr so benannte) »klassische Periode« griechischen Denkens: auf Sokrates, Platon und Aristoteles. Mit diesen Männern vollzieht sich in der Antike eine Wende. Hier erst soll die »echte« Philosophie beginnen. Nach dieser Vorstellung wird dasjenige philosophische Bemühen, das zeitlich vorher sich abspielte, zur vor-sokratischen Philosophie und auf einen geistig niederen Rang verwiesen. Die sog. Vorsokratiker bilden somit eine Vorhut der Philosophie in der retrospektiven Geschichte ihrer selbst. Dahinter steht ein evolutionistisches Theorem – das annimmt, daß es einen fortschreitenden Prozeß des Denkens und Wissens gibt, der sich zur jeweiligen Gegenwart in Punkte seiner höchsten Erkenntnisfähigkeit befindet.

Walter Benjamin wußte noch, daß es keinen Gewinn im Denken ohne Preis, den Verlust, gibt. Danach wäre anzunehmen, der behauptete Gewinn der klassischen Philosophie sei durch einen entscheidenden Wissensschwund erlangt worden. Aber, welche Bedeutung hätte es für das Selbstverständnis der Wissenschaft, wenn der besagte Wendepunkt zur Folge gehabt hätte, daß, wo sich bis dahin noch Parallelen zu orientalischen oder indianischen Wirklichkeitsauffassungen auffinden lassen, allein die Kultur des »Westens« ein Denken entwickelt hätte, das aufgrund einer in der Zeit versunkenen Preisgabe eine Stoßrichtung bekam, die einzigartig ist und diese Exklusivität mit der Behauptung legitimiert, sie sei im Besitze einer von allen Sozial- und Denkstrukturen unabhängigen Logik und Erkenntnislehre, die allen Menschen eignet?[9]

Husserls Grundsatz der phänomenologischen Forschung, »daß das, was für *ein* ich erkennbar ist, *prinzipiell* für jedes erkennbar sein muß« (Husserl, E., 1922:90), beruht auf dem Postulat der Intersubjektivität. Gerade diese aber erscheint interkulturell sehr fragwürdig.[10] Denn:

»Was für uns das Wesentliche an der erschauten Struktur eines Gegenstandes, das Erkannte und uns Erkennbare ist, braucht dies für einen mit ganz anderen Erkenntnis- und Denkmitteln ausgerüsteten Menschen nicht zu sein, und zwar nicht nur deshalb, weil er ein anderes Bewußtsein hat, sondern weil ihn eine ganz andere Wirklichkeit umgibt, die als ein uns unbekanntes Phänomen in seinem Bewußtsein sich spiegelt. Er hat bewußt, was wir überhaupt nicht haben«[11] (Leisegang, H., 1928:5).

Um den Begriff von Wirklichkeit in den Schriften von Castaneda zu analysieren und aus ihnen zu destillieren, muß man wissen, wie sich üblicherweise für einen Wissenschaftler die Wirklichkeit konstituiert. Es muß nämlich

»immer schon eine Form der Wirklichkeitsauffassung vorausgesetzt werden, damit der Ausdruck ›was der Wissenschaft zufolge der Fall ist‹[12] *überhaupt einen bestimmten Sinn hat«* (Winch, P., 1975:78).

Wenn ich aber etwas voraussetze, dann brauche ich es nicht mehr zu erkennen; ich habe es bereits. Was »erkenne« ich also?
»Erkennen ist Streben nach Wissen, wurde gesagt; dieses besteht in einer Art geistiger Habe« (Diemer, A., 1962:175). Hönigswald ist der Ansicht, *»nur Fragen schafft Erkenntnis«* (ders. 1966:15).
Walter Benjamin stimmte mit der Ansicht überein, daß Erkennen ein Haben sei, aber er kannte auch die Grenze:
»Die Wahrheit, vergegenwärtigt im Reigen der dargestellten Ideen, entgeht jeder wie immer gearteten Projektion in den Erkenntnisbereich. Erkenntnis ist ein Haben. ... Erkenntnis ist erfragbar, nicht aber die Wahrheit« (ders. 1974:209).
Sobald Erkenntnis vermittels der Sprache auf Wahrheit hinaus will, steht das Ungenügen bereits in der Verkleidung der Frage bereit. Sicherlich ist das »Wissen« der Zauberer kein Haben und jenseits dieser Art von Erkenntnis zu suchen (vgl. Anm. 34).
Die Erfahrung von Wirklichkeit ist nur insoweit Sache der Erkenntnis, als Wahrnehmung bereits durch soziale Filter geschleust und durch diese Behandlung Wirklichkeit in der vorgeformten Vereinbarung als »die Welt« angenommen wird. Nehmen wir Wirklichkeit als sozial konstituiert an und Realität als darüberhinausgehend, dann hebt sich die Unerkennbarkeit alles Nicht-Wirklichen von selbst auf, da alles, was nicht mehr gefiltert wird, in dem Sinne un-wirklich wird, als es real ist. Über Wirklichkeit hinaus nämlich – in das vom Intellekt nicht mehr Begrenzte. Problematisch wird Wahrnehmung schließlich erst als Aneignungskategorie.
In jener Wende der klassischen Philosophie entwarf man, um dem Relativismus zu entgehen, ein System der Bestimmung – und das heißt Aneignung. Der Gewinn der intellektuellen Transaktion in der Antike war die instrumentelle Brauchbarkeit der entmythisierenden (nach Gebser bei Sokrates der Fall; ders.:70) formalen Logik (als deren Begründer Aristoteles gilt), welche die begriffliche Standfestigkeit des Denkens gewährleisten sollte. Es entstand die Philosophie als Reflektion des Subjekt-Objekt-Verhältnisses.
Der Verlust war jene Sicht der Welt, die keine Trennung zwischen Subjekt und Objekt kennt, wo »der naive Kontakt mit den Dingen, der zuvor durch die Geschöpflichkeit der Gesamtwelt garantiert gewesen war, verlorengegangen ist, und die Realität nun erst bewiesen werden

muß«[13] (Diemer, A., 1969a:36), wie es im Lehrbuch der Philosophie heißt.

Die Frage lautet hier, ob die Vorsokratiker noch das Wissen hatten, den »Verlust der Gesamtwelt« zu verhüten und sich darin einig mit anderen, nicht-abendländischen Geistesströmungen – oder wirklich nur die Wegbereiter der »wahren« philosophischen Erkenntnis waren? Die Frage ist bewußt alternativ gestellt, da eine Sowohl-als-auch-Antwort lediglich das eingangs betonte evolutionistische Interesse bezeugen würde.

Der Verstand arbeitet, d. h. denkt, mit und in der Sprache in Richtung Erkenntnis. Seine Regeln weist ihm die Logik an.[14] Mit den Mitteln der Logik, ob formaler oder dialektischer, scheint der »anderen Realität« des Don Juan schwerlich nachzuspüren zu sein, denn ihr Anliegen richtet sich ja gerade darauf, Ambivalenzen aufzuheben – wo es hier darum geht, das Un-Aufgelöste möglichst stehenzulassen. Logik würde den Anprall der Realität wohl kaum überstehen – daher hat man, um sie erhalten zu können, lieber die Realität auf Wirklichkeit zurückgestutzt. Nur damit erreichen wir natürlich nicht das, was wir ursprünglich wissen wollten. Das »Faßbar-machen« der Realität geht für den Zauberer durch eine Erweiterung der Erkenntnismethoden vonstatten. Damit sie sich nicht in der Grammatik verfängt und in der dualistischen Sprache hängenbleibt, muß sie erfahren werden. Und um sie erfahren zu können, muß man das Denken des Verstandes »anhalten«. Nur dann, so sagt der brujo[15] Don Juan, läßt sie sich blicken. Wer sie also über geistige Aktivitäten nicht zu sehen bekommt, der braucht sich aus Verdruß darüber nicht mit der Behauptung, es gäbe sie gar nicht, zu rechtfertigen.

»Die Mächte, die die Menschen leiten, sind unberechenbar, ehrfurchtgebietend – dennoch ist ihre Größe etwas, das man erkennen muß.«
Don Juan (III:110)

»Die Kompliziertheit der Philosophie ist nicht die ihrer Materie, sondern die unseres verknoteten Verstandes.«
Ludwig Wittgenstein

B. Wie soll man über das, was als Wirklichkeit oder Realität bezeichnet wird, sprechen; und wie über das offensichtliche Problem ihrer Erkenntnis?
Da es in den Büchern von Castaneda um ein Zusammentreffen der europäischen Tradition des Wissens mit einer Form indianischen Wissens geht,[16] stellt sich ein zusätzliches Problem ein. Es genügt nicht mehr, die innereuropäische Debatte über die Frage der Erkenntnis zu verhandeln, sondern darüber hinaus muß ein Zugang gefunden werden zu diesem »anderen Weg« des Wissens. Dieser scheint durch die vorgegebenen Kategorien der europäischen Diskussion schwer faßbar zu sein.[17]
Für Castaneda ergab sich häufig die Schwierigkeit, »die Dinge so herzurichten, daß ich darüber sprechen kann« (IV:35). Don Juan selbst zielt eher auf einen unkritischen Angleichungsmechanismus im Denken – oder was immer sich bei gewissen Gelegenheiten im Gehirn abspielt: »... laß es uns nicht Denken nennen. Es ist mehr die Gewohnheit, die Welt immer in Übereinstimmung mit unseren Gedanken zu halten. Wenn sie es nicht tut, bringen wir sie ganz einfach in Übereinstimmung« (IV:35).
Wir werden dennoch erst einmal zurückverwiesen auf die Ausgangsfrage, wie zuverlässige Erkenntnis möglich ist und auf die uns geläufigen Methoden, diese Frage zu behandeln.

»Erst das 19. Jahrhundert hat das Wort Erkenntnistheorie geprägt; die Sache, die retrospektiv so genannt wird, ist die Sache der neueren Philosophie überhaupt, jedenfalls bis zur Schwelle des 19. Jahrhunderts. Die eigentümliche Anstrengung des rationalistischen wie empiristischen Denkens richtete sich ja gleichermaßen auf die metaphysische Abgrenzung des Objektbereichs und die logisch-psychologische Rechtfertigung der Geltung einer durch formalisierte

Sprache und Experimente ausgezeichneten Naturwissenschaft« (Habermas, J., 1973:11).

Die Kontroverse des rationalistischen und empiristischen Denkens ist zwar bis heute eine ungeklärte – aber es ist nicht allein »die Sache der neueren Philosophie«, wie Habermas betont. Die Problematik ist, wie das häufiger vorkommt,[18] bereits bei den frühen griechischen Philosophen zu finden. Auch dort war es das Verhältnis von Subjekt und Objekt, an dem sich die Debatte entzündet hatte.
Man könnte polemisch formulierend sagen: Die Probleme der Erkenntnis haben sich für den Intellekt lediglich deswegen aufgeworfen, weil eine Prämisse (von Parmenides) aufgestellt und in der Folgezeit hingenommen und grundlegend wurde. Es ist die diesem speziellen psychischen Akt nachgesagte inhärente Trennung von Denken und Gegenstand, mit der sie ins Licht von Überlegungen traten. Nur muß man berücksichtigen, »daß die Trennung von Denken und Gegenstand bereits eine Abstraktion von ihrer ursprünglichen Einheit und *nicht* umgekehrt ihre Einheit eine Abstraktion ihrer ursprünglichen Trennung ist« (Wetzel, M., 1973:33).

»Zum Denken gehört nicht nur die Bewegung der Gedanken, sondern ebenso ihre Stillstellung.«
Walter Benjamin

C. Um der prekären Situation einer Entscheidung darüber, was wirklich ist und was es nicht ist, begegnen zu können, schlage ich einen Exkurs vor, in dem der Versuch unternommen wird, zu ergründen, wie sich ihrerseits »eine immer schon vorausgesetzte« Wirklichkeitsauffassung herausgebildet haben könnte. Es handelt sich dabei um einen Entwurf darüber, was mir noch problematisch und ungelöst zu sein scheint, obwohl ganz allgemein der Eindruck statt hat, es sei das Gegenteil der Fall – alles liege sozusagen klar »auf der Hand des gesunden Menschenverstandes«.
Wenn es richtig ist, daß es Aristoteles (oder vor ihm bereits dem älteren Stoiker Chrysippos von Soloi, 280–207 v. Chr.[19]) gelang, die Gesetze der zweiwertigen Logik aus dem Verhältnis der Satzteile und der gan-

zen Sätze zueinander zu entwickeln, dann bedeutet das, daß die Regeln des folgerichtigen Denkens, der Logik also, aus der Grammatik / Syntax der griechischen Sprache abgeleitet worden sind.[20] Auf dieser Lehre, der formalen Logik (mit dem »Satz des Widerspruchs« als dem entscheidenden) basiert das Denkgefüge oder die Denkform der abendländischen Kultur.[21]

Manche Theoretiker haben aus diesem Sachverhalt geschlossen, daß das jeweilige Denken von der Sprache determiniert wird;[22] und daß bei den Sprechern / Denkern ein jeweils der Sprachstruktur entsprechendes Bild von der Wirklichkeit erzeugt wird. Da wäre rückzufragen, aufgrund welcher Bilder denn jene Sprachstrukturen entstanden sein mögen?

Die griechische Sprache des Aristoteles gehört zur indogermanischen Sprachfamilie, die »das Indische, Persische, Griechische, Lateinische, Slawische, Germanische und Keltische umfaßt« (Störig, 1969 I:28). Die Ursprünge dieser Sprache sind noch nicht bekannt. (FR v. 11. 2. 77:15) Es ist dieser Sprachfamilie aber folgendes zu eigen:

»Von dem Denken in den typischen Kategorien der indogermanischen Sprachen abhängig, pflegen wir eine Handlung und dergleichen zunächst einmal grundsätzlich zu trennen von demjenigen, an dem diese überhaupt festgestellt wird. (Diesen Vorgang belegte Edmund Husserl mit dem Terminus: Korrelationsapriori – Anm. D. T.) Der Träger der Handlung wird nominal oder pronominal ausgedrückt: *›der Baum wächst‹, ›er geht‹. Diese Zerlegung in den Träger der Handlung und diese selbst ist dem Sprecher indogermanischer Sprachen so zur Gewohnheit geworden, daß sie sogar bei Vorgängen, bei denen von Natur aus eine solche Zweiteilung nicht nötig wäre oder sogar den Tatsachen nicht entspricht, verwendet wird, z. B. ›es regnet‹ ... »Daß aber auch eine ganz andere Auffassung der Sache möglich ist, lehren uns die athapaskischen Sprachen.*[23] *Hier wird beim Verbstamm häufig die Bewegung vom Träger nicht getrennt, sondern es liegt ein einheitlicher Vorstellungskomplex vor, der Merkmale des Sich-Ereignens und des Trägers in einem einzigen Morphem in sich vereinigt«* (Pinnow, H.-J., 1966:14).

Pinnow weist in seiner Zusammenfassung bezüglich der athapaskischen Sprachen auf einen »deutlichen Mangel an Abstraktions- und Isolationsvermögen, d. h. der Fähigkeit, einzelne Dinge und Vorgänge für sich allein zu betrachten, unabhängig von ihrem jeweiligen Bezugssystem« (ebd.:30) hin.[24]

Diese Charakteristik deutet (neben vier weiteren) auf ein Phänomen, das in die Anthropologie durch den französischen Forscher Lucien Lévy-Bruhl unter dem Begriff der »Partizipation«[25] eingeführt wurde. Darunter ist ein psychischer Akt zu verstehen, der die substantielle Teilhabe, d. h. die totale oder partielle Identifizierung mit Dingen herbeiführt, die nicht zum eigenen Ich gehören (Podach, E. F., 1951:43).

»Lévy-Bruhl spricht von ›mystischen Partizipationen‹.[26] *Auf ihnen beruhen die leibhaft-magischen Beziehungen zu körperfremden Dingen, die Identifikationen mit anderen Menschen, mit Tieren und Pflanzen oder ihren Abbildern. (...) Der Primitive partizipiert am Anderen und das Andere an ihm«* (ebd.:43f.).

Später hat Lévy-Bruhl seine Theorie nicht mehr auf Primitive beschränkt, sondern behauptet, die Partizipation sei allen Menschen eigen, allerdings sei sie bei den »Primitiven« die Regel und bei den Zivilisierten die »Ausnahme«.[27] Er sprach sogar von einem »Gesetz der Partizipation«.

»Darunter ist die psychologische Tatsache, denn darum ging es ihm, zu verstehen, daß der Primitive eine durch und durch gefühlsgetränkte Elementarbereitschaft zu Erlebnissen besitzt, durch die für uns nicht zusammengehörige Dinge als wesenseins geschaut, erfaßt und als identisch gedacht werden, während – das ist schon die selbstverständliche negative Folge – in Wirklichkeit[28] *nahverwandte, motivations- oder kausalgebundene Gegebenheiten beziehungslos auseinanderfallen«* (Podach, E. F., 1951:44).

Anknüpfend an die Äußerung Pinnows, die indogermanischen Sprachen würden selbst dort trennen, wo es gar nicht angebracht erscheint – aus Gewohnheit sozusagen –, läßt sich eine Beziehung erkennen, welche für die europäische Erkenntnistheorie grundlegende Bedeutung hat: diejenige zum Subjekt-Objekt-Verhältnis, die gleichfalls das Fundament des Dualismus wurde.

Ich werde nun diskutieren, wie dieses Problem in einem üblichen Lehrbuch behandelt wird.

»Am Anfang der Erkenntnisdiskussion steht Parmenides. Sein Modell des Subjekt-Objekt-Verhältnisses ist thematisch bis zur Gegenwart gültig geblieben, insofern sich auch die heutigen Auseinandersetzungen an ihm noch grundsätzlich orientieren: Dasselbe ist Denken (Subjekt) und Sein (Objekt).[29] *Dieses Modell setzt die Folgezeit immer voraus: Platon, Aristoteles, Thomas, Descartes. Leitend ist dabei zunächst die Objektorientiertheit: Das Fundament aller Erkenntnis ist das Objekt, dem das Erkanntwerden gegenüber seinem Ansichsein sekundär ist«* (Diemer, A., 1969 a:36).[30]

Aus den Fragmenten der Vorsokratiker läßt sich jedoch nicht nur dieser knappe Satz herauslesen – vor allem nicht in nur der o. a. Übersetzung. Bei Diels findet sich die folgende:

»Dasselbe ist Denken und der Gedanke, daß IST ist; ... Darum wird alles bloßer NAME sein, was die Sterblichen in ihrer Sprache *festgesetzt haben, überzeugt, es sei wahr ... Damit beschließe ich für dich mein verläßliches Reden und Denken über die Wahrheit. Aber von hier ab lerne die menschlichen Schein-Meinungen kennen, indem du meiner Worte trügliche Ordnung hörst«* (Diels, H., 1951, Bd. 1:238).

Das heißt, der Begriff ist nicht mit der Wirklichkeit gleichzusetzen – dies ein Grundsatz des asiatischen Denkens. Diels Übersetzung hört sich im Gegensatz zu Diemers auch gar nicht mehr so festgefügt an. Wenn es nämlich nur ein Gedanke ist, »daß *IST* ist«, wenn alles »bloßer NAME« sein wird, was »die Sterblichen« und zudem *»in ihrer Sprache festgesetzt haben, überzeugt, es sei wahr«,* dann ist der bloße Schein auch nur ein Gedanke. Wie kann dann das Denken »wahres Wissen« durch Vernunfterkenntnis erlangen?

Die vermutete Objektorientiertheit hinsichtlich der Wahrheitsfindung, jene »realistische« Komponente im Modell des Parmenides, wie Diemer sie anweist, scheint konstruiert. Vielmehr scheint bei Parmenides auf die instrumentellen Möglichkeiten des Denkens in bezug auf das Seiende (nicht auf das Sein) hingewiesen zu werden – allerdings mit einem klaren Hinweis auf die begrenzte Reichweite dieser Methode.

Die Basis der orientalischen Philosophie ist die Sanskrit-Formel: tat tvam asi = Das bist du (Störig, H.J., 1:74). Sie besagt, daß der Denkende und das Gedachte eines, daß der Mensch und seine Welt ungeteilt sind. Um sich dieser Ungeteiltheit bewußt zu werden, muß geistige, körperliche und emotionale Aktivität ausgeschaltet werden. Dann, so wird gesagt, erfährt man die Illusion der Getrenntheit von Subjekt und Objekt. Das Bewußtsein über diese Illusion wird Erleuchtung genannt. Das heißt, Aussagen über die Wirklichkeit werden niemals mit der Wirklichkeit gleichgesetzt.[31]

Parmenides hatte gesagt: »Alles wird bloßer *NAME* sein.« Darum ist für ihn Denken und (Sein =) der Gedanke, daß *IST ist*, dasselbe. Denn das Denken erst schafft den Gegensatz zwischen Subjekt und Objekt. Es ist ein gedachter Gegensatz – real ist er nicht zwangsläufig.[32]

Fraglich bleibt, ob das Denken einen zuverlässigen Weg bereitstellt zur Erkenntnis über die Wirklichkeit.[33] Ob es ihm gelingt, die »metaphysische Abgrenzung des Objektbereichs«, wie Habermas es genannt hat, zu vollziehen und zu sichern. Vollziehen gewiß, aber sichern?[34]

Der Sophist Protagoras, ein Lebensalter nach Parmenides geboren (480 v. Chr.), hat einen Satz hinterlassen, der gegen die Eleaten, also auch gegen Parmenides, gerichtet war. Es ist der bekannte homomensura-Satz. In dem bereits zitierten Lehrbuch wird dieser Satz gegenüber dem des Parmenides mit dem Hinweis abgesetzt, daß hier »die Subjektivität der Erkenntnis« betont werde. Der Satz lautet: *»Aller Dinge Maß ist der Mensch, derer die sind, daß sie sind, und derer die nicht sind, daß sie nicht sind«* (Gomperz, T., 1922:373). In den Fragmenten wiederum folgt dazu noch ein bedeutsamer Nachsatz: ›Sein *ist gleich* jemandem Erscheinen‹ (Diels, H., 1952, Bd. 2:263).

Unverständlich bleibt – selbst wenn Capelles Hinweis (ders. 1968:327) richtig sein sollte und der Ausspruch das einzelne Individuum und nicht das Gattungswesen betraf –, daß er gegen die Eleaten gerichtet gewesen sein soll, denn in beiden Fragmenten findet sich eine Betonung der Begrenztheit menschlicher Vernunft und Erkenntnisfähigkeit.

Das Befremden ließe sich vielleicht beheben, wenn man wüßte, ob Protagoras (in Anlehnung an Heraklit) explizit die Eleaten treffen wollte oder ob dies eine Schlußfolgerung seitens der Philologen gewesen ist.

Jedenfalls erscheint es fragwürdig, Parmenides und Protagoras als Widersacher auftreten zu lassen, damit eine Objekt- bzw. Subjektorientiertheit in der griechischen Philosophie konstatiert werden kann, die in einem Fall die Basis für das Erkenntnisproblem abgeben soll, wenn nicht auszumachen ist, ob beide tatsächlich so unterschiedlicher Auffassung gewesen sind. Der Relativität in der Erkenntnistheorie ist damit allerhöchstens formal abgeholfen worden.

3 Die soziologische Problemstellung

»Es stimmt, was sie sagen, aber ich habe recht.«
Walter Benjamin

Castaneda äußert an einer Stelle (II:13), daß sein Auswahlprinzip einer Reihe von Schlüsselbegriffen durch sein Interesse an den Sozialwissenschaften bedingt gewesen ist. Er fährt fort, daß jemand anderer, der von anderen Absichten oder Erwartungen geleitet worden wäre, möglicherweise ganz andere Begriffe gefunden hätte als er.

Da diese Untersuchung ebenfalls aus einer sozialwissenschaftlichen Perspektive heraus entstand, sah ich in der Verwendung und Übernahme jener Terminologie keine Schwierigkeit – außer einer grundsätzlichen.[35]

Aus dieser Perspektive sollte der Versuch unternommen werden, soziologisches Denken zu exemplifizieren als »eine Kunst des Mißtrauens gegenüber der Selbstverständlichkeit, mit der wir unsere soziale Umwelt als Realität hinnehmen« (Dreitzel, H. P., 1966:222). Wohin sich diese Kunst möglicherweise verflüchtigt, ist vorher schwer zu bestimmen, da es sich dabei im wesentlichen um ein Testen der Formen handelt, in denen sich *unser* Denken gewöhnlich (!) bewegt.[36]

Wenn auch Castaneda nicht durchgängig als Methodologe in Erscheinung tritt – weder als Ethnomethodologe noch als Phänomenologe –, so gibt er doch immerhin den Sozialwissenschaften Material an die Hand, an dem sich die methodologische Verarbeitung desselben in der Tradition der Wissenschaft zeigen könnte.[37]

»Die soziologische Methode ist mithin die des Fremdverstehens. Die Methodik des Fremdverstehens kann dadurch gehärtet werden, daß man systematisch die Basisregeln der Kommunikation, Interpretation und Übersetzung erforscht« (AG Bielef. Soz., 1973:448).

Zur Veranschaulichung dessen, was mit dieser Programmatik inhaltlich gemeint ist, untersuche ich die einzelnen Begriffe auf ihre Relevanz hinsichtlich des Verständnisses von Castanedas Schriften, speziell des Konzeptes der Wirklichkeit.

A. *Fremdverstehen*

»Was?« fragte Tsing-Ping. Tsui-Wei schlug zu. »Oh, oh«, sagte Tsing-Ping.

Der Versuch, Fremdes verstehen zu wollen, impliziert wohlweisliche Bescheidenheit, denn auf den verbreiteten Anspruch, Erklären zu können, wird verzichtet. Diese bewußte Distanz gewinnt und demonstriert Zurückhaltung gegenüber dem Gegenstand, der nicht selbstverständlich und umstandslos für klar umrissen gehalten wird, d. h. sich nicht ohne Schwierigkeiten in den eigenen Wissensvorrat integrieren läßt.

»Verstehen wäre danach etwas ganz anderes als Übersetzen, es wäre nicht die Zurückführung des Fremden auf ein Bekanntes, keine anamnesis, *vielmehr das Ergebnis der Initiation in eine fremde Lebensform«* (Duerr, H. P., 1976 a:60).

»Das bedeutet einen Übergang von einer Lebensform zur anderen. Immerhin wird aber noch angenommen, es ließe sich letztlich doch noch vergleichen, wenn auch nicht ohne eine langwierige, dramatische und vor allem gefährliche Initiation durchzumachen, aus der ein abendländischer Ethnologe wohl kaum mehr als derselbe zurückkehren dürfte« (ebd.:63).

Wie man am Beispiel von Castaneda sehen kann, ist er nicht derselbe geblieben, und das lag wohl daran, daß es sich nicht um partielle und voneinander isolierte Erfahrungen handelt, sondern um eine komplexe Lebensform, die »Beschreibung des Zauberers« nämlich – auch wenn ihm das erst zu einem recht späten Zeitpunkt deutlich wurde und den er am Schluß des IV. Buches beschreibt.

»Zu einer solchen Initiation sind die meisten Ethnologen sowieso nicht bereit, denn sie befürchten – mit Recht – sie verlören damit ›the scientific outlook and perspective‹« (Claude Lévy-Strauss). *»Aber damit sagen sie nur, daß ihnen ihr ›scientific outlook‹ wichtiger ist als das Verstehen fremder Kulturen«* (ebd.:73).[38]

Verstehen wäre gegenüber Erklären[39] die entgegenkommendere Haltung des Fremden. Es fragt sich jedoch, ob sie ausreicht. Denn wie sich aus der Lektüre zeigt, muß Castaneda selbst auf den Versuch zu verstehen verzichten, um »sehen« zu lernen:

»Don Genaro hatte solche Späße schon des öfteren vor mir aufgeführt, und jedesmal hatte Don Juan mir anschließend versichert, ich hätte mich an der Schwelle des ›Sehens‹ befunden. Meine Unfähigkeit, zu ›sehen‹, beteuerte er, sei eine Folge meines hartnäckigen Bemühens, jede der Handlungen Don Genaros unter rationalen Gesichtspunkten zu erklären. Diesmal war ich auf der Hut, und als er anfing zu schwimmen, machte ich keinen Versuch, den Vorgang verstehen oder erklären zu wollen. Ich beobachtete ihn ganz einfach. Doch ich konnte nicht verhindern, daß ich vor Staunen sprachlos war. Er glitt tatsächlich auf Bauch und Brust dahin« (III:222).

Verstehen (und Erklären allemal) gehört zum rationalen Kontext, ganz gleichgültig, ob es sich um den »context of discovery« oder den »context of justification« handelt. Und beide gehören in der Terminologie des Zauberers zum Zentrum des Verstandes. Um zu erläutern, was gemeint ist, möchte ich ein für unser Verständnis ›naturwissenschaftliches‹ Forschungsgebiet als Beispiel anführen: das Studium der Pflanzen.

Castaneda hatte ursprünglich die Absicht gehabt, über Heilpflanzen zu arbeiten – genauer gesagt, er wollte Informationen für eine Veröffentlichung sammeln. Zu diesem Zwecke ließ er sich auch mit Don Juan bekanntmachen. Als er dem Indianer anbot, ihn für die Informationen zu bezahlen, lehnte der es mit der Begründung ab, »daß es über Pflanzen nichts zu sagen gäbe und es deshalb für ihn undenkbar sei, Geld zu nehmen. ›Pflanzen sind sehr sonderbare Dinge‹, sagte er. ›Sie sind lebendig und sie fühlen.‹ ... Dann fügte er eine rätselhafte Aussage hinzu: ›Vielleicht gibt es über Pflanzen nichts zu lernen, weil es über sie nichts zu reden gibt‹« (III:19f.). Diese Sätze hat Castaneda 1960 protokolliert. Er kann wenig damit anfangen.[40] Acht Jahre später erfährt er, wie er etwas über Pflanzen erfahren kann:

»›Du mußt zu den Pflanzen sprechen, bevor du sie pflückst‹, sagte Don Juan. (...) ›Um die Pflanzen zu ›sehen‹, mußt du persönlich zu ihnen sprechen‹, fuhr er fort. ›Du mußt sie kennenlernen, jede einzeln. Dann können die Pflanzen dir alles sagen, was du über sie wissen willst‹« (II:82).

»Ich sagte ihm, daß ich seine Anweisungen deshalb nicht befolgt hatte, weil es mir ein wenig töricht vorkam, mit den Pflanzen zu sprechen. ›Du darfst nicht vergessen, daß ein Zauberer keine Witze macht‹, sagte er ernst. ›Wenn ein Zauberer zu ›sehen‹ versucht, dann versucht er Macht zu gewinnen‹« (II:83).
Castaneda hatte offensichtlich eine Lektion verpaßt, denn 1960 gab Don Juan ihm schon einmal eine sehr ähnliche Empfehlung: »›Es kommt nicht darauf an, was man zu einer Pflanze sagt‹, meinte er. ›Man könnte ebensogut Wörter erfinden. Worauf es ankommt, ist das Gefühl, sie zu mögen, und daß man sie als gleichberechtigt behandelt.‹
Er erklärte, ein Mann, der Pflanzen sammelt, müsse sich jedesmal dafür entschuldigen, daß er sie pflückt, und ihnen versichern, daß sein eigener Körper ihnen eines Tages als Nahrung dienen werde.
›Alles in allem sind die Pflanzen und wir also gleich‹, sagte er. ›Weder sie noch wir sind wichtiger oder unwichtiger als der andere‹« (III:36 f.).
Hier hat Don Juan seine im ganzheitlichen Sinn ökologische Grundhaltung preisgegeben. Es erstaunt nicht, daß Castaneda sich peinlich berührt zeigt, als er auf diese indianische Weise sein »Wissen« über Pflanzen erlangen soll – entstammt er doch einer Tradition, welche durch Analyse der Natur auf die Schliche zu kommen trachtet.[42]

B. Kommunikation

> »Naturwissenschaft befaßt sich nur mit des Beobachters Erfahrung von Dingen – niemals mit der Art, in der Dinge uns erfahren. Das bedeutet aber nicht, daß Dinge nicht auf uns und aufeinander reagieren.«
> *Ronald D. Laing*

». . . nicht mehr kann versucht werden, als den Beginn und die Richtung eines unendlich langen Weges festzustellen. Die Vorspiegelung irgendeiner systematischen und definitiven Vollständigkeit wäre zumindest Selbstbetrug. Vollkommenheit kann hier von dem einzelnen Lernenden nur in dem subjektiven Sinn erreicht werden, daß er alles kommuniziert, was zu sehen er fähig war.«
Dieses Zitat von Georg Simmel steht dem ersten Buch Castanedas voran. Es harmoniert mit einem zweiten Zitat, welches Castaneda als

von Don Juan stammend ausgibt und das dem Text ebenfalls als Motto mitgegeben wurde. Es lautet:
»Para mi solo recorrer los caminos que tienen corazon, cualquier camino que tenga corazon. Por ahi yo recorro, y la unica pruebe que vale es atravesar todo su largo. Y por ahi yo recorro mirando, mirando, sin aliento. (Für mich gibt es nur das Gehen auf Wegen die Herz haben, auf jedem Weg gehe ich, der vielleicht ein Weg ist der Herz hat. Dort gehe ich, und die einzige Herausforderung ist, seine ganze Länge zu gehen. Und dort gehe ich und sehe und sehe atemlos.)«[43]
Über lange Zeit hinweg sollte es sich für Castaneda als folgenschwerer Irrtum herausstellen, den Begriff der Kommunikation in der ihm geläufigen Bedeutung und Verwendung anzusehen. Die Kommunikation, die sich zwischen dem »brujo« und dem »escogido« (Auserwählten) abgespielt hat, ist wesentlich nicht verbal und auch nicht non-verbal.[44] Die Dialoge sind daher gar nicht die Hauptsache bei der Vermittlung der Lehre gewesen[45] – weil sie dem Medium der Sprache verhaftet bleiben müssen und somit in den Kontext des *Tonal* (vgl. III. Kapitel) gehören. Überzeugen konnte der brujo nur dadurch, daß sein Körper das Wissen an den Körper des »escogido« weitergegeben hat,[46] ohne den Verstand einzuschalten. Die Verständigung erreichte eine neue Dimension und der angesprochene Körper reagierte mit dem Verlangen nach weiterem Wissen.[47]
Die Sensibilisierung des Körpers hatte zur Folge, daß die Fixierung auf Kommunikationspartner der eigenen Gattung mit ihren gewöhnlich eingeschränkten Wahrnehmungs- und Äußerungsfähigkeiten aufgelöst und auf die gesamte Umwelt ausgedehnt wird.[48] Hierdurch wird alles Lebendige oder Beseelte, mit dem wir in ständiger Beziehung stehen, wieder bewußt kommunikabel: Tiere, Pflanzen, Steine etc.[49]
Der sozio-kulturelle Blick wird nieder- und ein holistisch-ökologischer aufgeschlagen.[50] Der Sehende wird wieder ein »leuchtendes Wesen« unter anderen und nicht mehr der Regisseur des Stückes, in dem er die Welt zu einem Produktionsatelier gemacht hat. Die anthropozentrisch fundierte Hypertrophie der Gattung läßt sich nicht erst in kosmologischen Verhältnissen revidieren, sondern bereits mit einem wesentlich bescheideneren Anspruch – im Verhältnis zu anderen Gattungen als Umwelt.
Diesen weitergehenden Überlegungen nicht im Wege, erhob sich für

Castaneda des öfteren die praktische Frage, wie diese veränderte Kommunikationsform auf seinen Körper gewirkt hat. Er fragt wiederholt: »Was hast du mit mir gemacht, Don Juan?«[51] Seine Unsicherheit ist die Wirkung der Asymmetrie, die zwischen Lehrer und Schüler unabdingbar ist, da es um die Vermittlung von Wissen geht, das dieser besitzt und jener nicht. Diese Asymmetrie schwindet in dem Maße, wie der Schüler lernt, Macht anzusammeln und dadurch selbst tendenziell ein ›Wissender‹ werden kann.[52]

Entscheidend am körperlichen Einwirken des brujo auf den Schüler ist jedoch, daß er damit die Verhältnisse desselben zur Umwelt verändert. Er relativiert das Maß, an dem der gewohnt war, die Phänomene, die er bis dahin zu kommunizieren fähig war, zu beurteilen.[53]

C. *Interpretation*

»Hier werden keine Geschichten erzählt.«
Edmund Husserl

Walter Benjamin war der Ansicht, daß »alles menschliche Wissen, wenn es sich soll verantworten können, die Form der Interpretation haben (muß) ... und keine andere« (ders. 1966:323).

»Denn das *Wissen* ist eine Funktion der Erkenntnis, die es mit dem *Wahrheitsgehalt* der Werke zu tun hat, und das in ihnen angesiedelte Wissen ist nichts anderes als ihre zutage geförderte und erkannte Wahrheit. Die Form solcher *Förderung* des Versenkten aber nennt Benjamin Interpretation« (Salzinger, H., 1973:62). Und ihre Förderung ist »das Geschäft der Kritik« (Benjamin, W., 1955:108).

Die These des brujo, daß die Welt lediglich eine Beschreibung sei, ist gleichbedeutend damit, »daß meine Auffassung von der Welt nicht endgültig sein konnte, da sie lediglich eine Interpretation darstellte« (II:15).

Im Sinne von Benjamins Verständnis der Interpretation und Salzingers Paraphrasierung ihrer als »Förderung der versenkten Wahrheit« läßt sich Castanedas Position als Zauberlehrling umreißen. Er versucht nämlich laufend, Erfahrungen zu interpretieren, wenn nicht zu erklären, um sich über das Geschehene *klar* zu werden. Und das heißt – in seinem Sinne – das Erlebte *seinem* Wirklichkeitsverständnis zu subsummieren, es sich »vertraut zu machen«, wie Don Juan ihn zurechtweist (vgl. Castaneda III:165). Damit aber ist es nicht getan, wie sich erweist.

Immerhin erkennt er die Zauberei (im Gegensatz zu Evans-Pritchard beispielsweise; vgl. Wiggershaus, R., 1975:74f.) als ein dem seinigen Wissen vergleichbar und den gemeinsamen zugrunde liegenden Erkenntnisanspruch an, wenn er auch die Hindernisse der Vergleichbarkeit nicht reflektiert. Er tut es insofern nicht, als es nicht einfach zwei verschiedene Techniken sind, um zu derselben Sache vorzustoßen, sondern eher ein Wettbewerb – wobei die Zauberei offenbar eine Praktik ist, die von der Wissenschaft der Neuzeit im Laufe ihrer Entstehung mühsam aus ihrem methodischen Reservoir ausgesiebt wurde.[54] So scheint genau diejenige Komponente verlorengegangen zu sein, die sich zum Vergleich eignen könnte. Mary Douglas (1976:198) deutet diese Beziehung an, wenn sie auf die frühe jüdisch-christliche Tradition aufmerksam macht und vermutet, die damaligen Heiligen seien in ihren Handlungen vergleichbar mit dem Schamanen und unsere eigene Mythologie berge eine Reihe von Zeugnissen dieser vergangenen Praktiken.

Es ist indes die Frage, ob die Erschließung okkulter Bezirke auf diese Art in der Weise und mit Erfolg gelingt, den sich die Wissenschaft davon verspricht. Jedenfalls wenn man der amerikanischen Ethnologin Barbara Myerhoff glauben darf, die nach der Einnahme von Peyotl, den ihr ein Schamane der Huichol-Indianer in Mexiko zu essen gab, das Phänomen sozusagen von der anderen Seite (von *unserem* theoretisierenden Standpunkt also von außen) betrachtete:

»...führte mich zur nächsten Episode, in der ein orakel- und gnomenhaftes Wesen von makabrer Klebrigkeit auftauchte. Ich stellte ihm die Frage, jene, welche mir die ganzen Monate nicht aus dem Kopf wollte. Was bedeuten *die Mythen? Es gab mir mit schleimiger Stimme, die mit einer tödlichen Unheimlichkeit verschmolz und meine Ernsthaftigkeit verspottete, die Antwort: ›Die Mythen bedeuten – nichts. Sie bedeuten sich selber...‹«* (zit. n. Duerr, H. P., 1976a:58).

Eine nicht leicht von der Hand zu weisende These besagt, daß das Meskalin und das Psylocibin neben Ololuiqui wesentlichen Einfluß auf die Kultur der Indianer Mittelamerikas gehabt habe, ebenso wie das Haschisch u.a. auf die des Orients. Demnach wäre zu fragen, welche

Pflanzen das Abendland auf seinem Wege der Entwicklung stimuliert haben könnten und wann sie durch die anregende Wirkung der Vernunft abgelöst wurden.

Walter Benjamin hielt das Denken für »ein eminentes Narkotikum«. »Benjamins Umgang mit dem Haschisch belehrte ihn darüber, ›wie tief gewisse Kräfte des Rausches der Vernunft und ihrem Freiheitskampfe verschworen[55] sind... (und) wie die geläufigeren Produktivkräfte der Natur so auch die ›entlegeneren‹, die rauschhaften beispielsweise, ›pervertiert‹ und ›geschändet‹ (werden)« (Salzinger, Helmut, 1973:130).[56]

D. *Übersetzung*

> »Die Interlinearversion des heiligen Textes ist das Urbild oder Ideal aller Übersetzung.«
> *Walter Benjamin*

Gewöhnlich tritt das Problem der Übersetzung dann auf, wenn es darum geht, den interlinearen Sinn eines Original-Textes in eine andere Schriftsprache zu transformieren. Diesem literarischen Vorgang hat Benjamin einen Aufsatz gewidmet, den er seiner Übersetzung von Charles Baudelairs »Tableaux parisiens« als Vorwort voranstellte: »Die Aufgabe des Übersetzers«. Die darin von Benjamin eingangs gestellte Frage lautet: »Gilt eine Übersetzung den Lesern, die das Original nicht verstehen?« (ders. 1972 d:9).

Im Falle Castanedas liegt jedoch eine andere, ethnologische Konstellation des Problems vor.[57] Für den brujo geht es darum, sich über die Dinge zu verständigen, für die es keine Worte gibt.[58] »Er sagte, daß das Lernen durch Gespräche nicht nur unnütz, sondern eine Dummheit sei, weil das Lernen die schwierigste Aufgabe ist, der sich ein Mann zuwenden kann« (Castaneda I:56). Für Don Juan ist das nur »eine Art zu reden« (Castaneda IV:300). Castaneda mißversteht diese Äußerungen gründlich und vermutet, es würde von seiten Don Juans ein Bann auf das Sprechen gelegt (Castaneda IV:246). Dies ist jedoch nicht der Fall.[59]

Man könnte sagen:

Das Medium des Zauberers ist die Wahrnehmung des Körpers und nicht das Sprechen der Sprache des Verstandes. Insofern hat es weder der brujo noch der escogido mit einem literarischen Problem der Übersetzung zu tun, sondern – wenn diese Einsicht Castaneda auch bis zuletzt nicht voll verständlich war – es bestand ein zweigleisiges Vermittlungsproblem. Sowohl der Körper Castaneda lernte vom Körper Don Juan als auch der Geist Castaneda vom Geist Don Juan lernte. Und obwohl der Verstand zunächst relativiert werden mußte, war es doch unabdingbar, ihn wieder in seine Funktion einzusetzen.[60] Der Körper konnte bereits Dinge »wissen«, die dem Verstand verborgen geblieben waren – nur so konnte die gesamte Transaktion überhaupt bewältigt werden.

Wir stoßen hier wiederum auf das Problem, wie der abendländische Wissenschaftler über die von Castaneda beschriebenen Vorgänge überhaupt handeln kann – mit welcher Armatur er arbeiten muß angesichts der Situation, daß sich über Zauberei ohne persönlichen geistigen und körperlichen Zugang nichts sagen läßt – es sei denn, man will darüber »reden«.

»Das klassische Wissenschaftsverständnis enthält zwei Annahmen über den wissenschaftlichen Fortschritt. Die erste ist die Konsistenzbedingung. Nur solche Theorien sind ... in einem bestimmten Bereich erlaubt, die entweder die Theorien, die bereits in diesem Bereich angewandt werden, enthalten oder die zumindest mit diesen konsistent sind ... Die zweite Annahme ist die Bedeutungsinvarianz: Die Bedeutungen müssen hinsichtlich des wissenschaftlichen Fortschritts invariant sein: das heißt, alle zukünftigen Theorien müssen so angelegt sein, daß ihr Erklärungsnutzen nicht das beeinflußt, was durch die (bereits existierenden) Theorien gesagt wird ...« (Feyerabend, P., zit. n. Edge, H., 1974:94f.).

Die Wissenschaft ist *»von der Festlegung auf Paradigmata abhängig, Erklärungsmodellen, die auf spezifischem, experimentellem Beweismaterial beruhen und durch die alle anderen empirischen Daten verstanden werden können. Paradigmata sind ›Weltanschauungen‹*[61]*, die unser Verständnis, unsere Forschung, Beobachtung und Erklärung leiten. Wenn sich unsere Paradigmata ändern, wie z. B. im Übergang von der Newtonschen Mechanik zur Einsteinschen Physik, ändert sich die Welt in einem ganz entscheidenden Sinn. Ja, wir können sagen, daß wir es nicht mehr länger mit der gleichen Welt zu tun haben«* (Edge, H., 1974:97f.).

»Feyerabend argumentiert auf der Basis einer pragmatischen Bedeutungstheorie, daß wir, wenn sich unser Paradigma ändert, neue Begriffe von den Gegen-

ständen haben, die auf einer neuen Vorstellung von ihren experimentellen Effekten beruhen. Wir können zwar das gleiche Wort benutzen wie z. B. ›Pendel‹, aber die Bedeutung des Wortes hat sich geändert, sobald sich unser Paradigma geändert hat. Auf ähnliche Weise können wir nicht länger eine neue Theorie als konsistent mit der alten betrachten, die sie ersetzt. Wie können wir sie konsistent nennen, wenn die meisten Grundbegriffe, die in den Theorien benützt werden, nicht mehr das gleiche bedeuten? Es gibt nicht einmal die Möglichkeit, die Theorien zu vergleichen, da die Bedingungen der Bedeutungsinvarianz nicht zutrifft« (Edge, H., 1974:98f.).[62]

Das vorliegende Übersetzungsproblem ist dem eben zitierten ähnlich. Wir wissen nicht, was das »Gegebene« eigentlich ist. Und selbst wenn wir es gemäß unserer Beschreibung zu wissen vermeinen, wissen wir nicht, was uns dabei an *Realität* entgeht.

Der brujo hat sicherlich ein anderes Paradigma als der Anthropologe Castaneda,[63] der alles so aufschrieb, wie er es gesehen und gehört hatte, weil er seinen Ohren nicht mehr trauen mochte – geschweige denn seinen Augen. Sein Maßstab der Übersetzung war die Analogie – alles, was ihm fremd war, machte er sich keck bekannt.[64]

Das, was Castaneda geliefert hat, überzeugte die Wissenschaft nicht übermäßig.[65] Vielleicht, weil überall dort, wo die Systematik des »Wissens« deutlich wurde, gleichermaßen die Grundlage von Erfahrung und Erkenntnis, das »Gegebene«, empfindlich relativiert worden ist – indem der brujo sie nicht als solche anerkennen wollte, sondern als *Beschreibung* ideologiekritisch behandelte.

Unsere »Welt ist beständig, weil das Paradigma beständig ist und wir sind bei seiner Anwendung beständig. Wenn wir das Paradigma nicht mehr so begeistert akzeptieren, beginnen wir Anomalien zu sehen; das Modell bricht zusammen.[66] Wir können Phänomene nicht mehr erklären. Mit anderen Worten: Unbeständigkeiten häufen sich, wenn man darauf zu achten beginnt. Nur wenn wir diese ignorieren, gibt es eine normale Wissenschaft« (Edge, H., 1974:107).

Was also bleibt zur Betrachtung übrig?

Das gewagte Geschäft der immanenten Text-Interpretation in systematischer Absicht. Man kann den Versuch machen, eine Systematik in der Lehre des Don Juan aufzuzeigen – was sie bereits selbst erledigt – und sich dabei auf eine literarische Quelle über Erfahrungen aus erster Hand verlassen, deren Gegenstand die Unfähigkeit ist, *anders* wahrzu-

nehmen. Castanedas Bücher sind der protokollarisch abgebildete Prozeß des Heraufdämmerns dieser Erkenntnis.
Walter Benjamins Frage läßt sich somit wiederholen: Gilt den Lesern (der Bücher Castanedas) eine Übersetzung (Don Juans Versuch, Castaneda seine Lehre begreiflich zu machen), die das Original (die Erfahrungen mit Zauberei) nicht verstehen? Wissen bleibt stets der Methode seines Gewahrwerdens verhaftet.
Dabei wird nicht in Frage gestellt, daß die Wissenschaft Wissen erbracht hat. Fraglich ist vielmehr, ob es *allein* auf dieses Wissen ankommt. Wollen wir wirklich *das* wissen?[67] Oder verhält es sich so, wie Wittgenstein es ausdrückte:
»Wir fühlen, daß selbst, wenn alle möglichen wissenschaftlichen Fragen beantwortet worden sind, unsere Lebensprobleme noch gar nicht berührt sind« (ders. 1960, Traktatus 6:52).
Es ist anzunehmen, daß es neben der wissenschaftlichen Methode andere un-wissenschaftliche Methoden der Erkenntnisgewinnung gibt, die uns ebenfalls Wissen vermitteln. Das Vermittlungsproblem entsteht eigentlich erst durch den Absolutheitsanspruch der Wissenschaft – und der haftet an ihrer Methode, der Objektivität.[68]
Jegliche Abqualifikation einer Position durch die Wissenschaft als nichtwissenschaftlich ist lediglich in dem Maße berechtigt, wie die Wissenschaft nicht mehr allein für sich beansprucht, die Welt oder Realität in toto erklären zu wollen.
Solange sie diesen Anspruch nicht erhebt, besteht die Berechtigung, andere Positionen als nicht-wissenschaftlich zu bezeichnen – weil sie sich nicht ihren Regeln beugen.
Wenn aber ein System der Realitätsinterpretation auftritt, das der Wissenschaft diesen Anspruch streitig macht, dann mit dem Recht der Alternative, die gerade deswegen nicht an die Regeln gebunden ist, weil sie diese als unzulänglich begreift für eben diesen Anspruch. Unzureichend infolge der Regeln – insofern die Mißachtung der Regeln, denn sie verhindern möglicherweise die Erfüllung des Anspruchs, obwohl sie dazu eingeführt wurden.
Je »reiner« die Wissenschaft im Laufe ihrer Entwicklung wurde, desto stärker hatte sie die alternativen Techniken ausgrenzen müssen, die mit ihr konkurriert hatten in den Belangen der Erkenntnis des Wirklichen.

»Ohne die Annahme der Objektkonstanz gäbe es bezüglich alternativer Bestimmungen keinerlei Probleme. Mit dieser Annahme als einer unkorrigierbaren Behauptung jedoch muß die Person, die mit alternativen Sichtweisen konfrontiert wird, eine und nur eine als die richtige auswählen. Durch die Wahl der einen Sichtweise wird die andere automatisch als falsch entlarvt. Die Falschheit der zurückgewiesenen Alternative kann vielfältig erklärt werden. Sie kann auf einen defekten sensorischen Apparat, auf eine kognitive Verzerrung oder auf eine idiosynkratische psychische Dynamik zurückgeführt werden. Wir erklären die Veränderlichkeit des erfahrenen Objekts, indem wir sagen: Veränderlichkeit ist ein Produkt der Erfahrung, nicht eine Eigenschaft des Objektes.

Ist erst einmal eine alternative Sichtweise wegerklärt, so liefert die angenommene Erklärung einen Beleg für die Annahme von der Objektkonstanz, die diese Erklärung überhaupt erst nötig macht« (Mehan / Wood, 1976:34 f.).

II. Kapitel
Der Autor und die Genese seines Werkes

1 Über den Autor und die Phasen seiner Lehrzeit

»Einer von uns muß sich ändern«, sagte er und starrte auf den Boden. »Und du weißt auch wer.«
Don Juan zu Castaneda

»Gewöhnlich wird aus zuverlässigen Quellen berichtet, daß Carlos Castaneda vor 35 oder 36 Jahren in Brasilien geboren wurde. Den größten Teil seiner Jugend verbrachte er in Argentinien, bevor er in die Vereinigten Staaten kam, um Anthropologie zu studieren.[69] *Im Sommer 1960 begann er, Informationen über Heilpflanzen zu sammeln«* (Keen, S., 1973:65).

Castaneda selbst äußert zum Ausgangspunkt seiner beabsichtigten Studien:

»Ich beendete gerade mein Grundstudium an der University of California in Los Angeles und wollte Anthropologie weiterstudieren. Ich war daran interessiert, Professor zu werden, und wollte damit beginnen, indem ich einen kurzen Bericht über Heilpflanzen veröffentlichte« (ebd.:68).

Durch einen Freund ließ er sich mit einem Yaqui-Indianer bekannt machen, von dem man wußte, daß er große Kenntnisse über Pflanzen dieser Region im Südwesten der USA besaß. Es zeigt sich jedoch sehr schnell, daß der alte Mann keineswegs gewillt war, sich sein Wissen abfragen zu lassen. Erst nachdem Castaneda gut ein Jahr lang freundlichen Umgang mit ihm gepflegt hatte, ohne zu erreichen, daß der Indianer bereit gewesen wäre, ihm seine Fragen hinsichtlich der Heilpflanzen zu beantworten, machte der Yaqui Juan Matus (so lautet das Pseudonym für den Zauberer, den Castaneda in den Dialogen mit Don Juan anredet; vgl. Castaneda II:80f.) ihm einen Vorschlag. Er erklärte, daß er ein bestimmtes Wissen von einem Lehrer besitze, einem »Wohltäter«, wie er ihn nannte, der ihn durch eine Art Lehrzeit geführt hatte, und daß er, Don Juan, nun seinerseits ihn, Carlos, zu seinem Schüler *(escogido)* gewählt hätte. Gleichzeitig warnt er ihn vor der tiefgreifenden Verpflichtung, die er einzugehen hätte, und vor einem Training, das lange und schwierig sein würde (Castaneda I:14).

»Bezahl mich für meine Zeit... mit deiner Zeit«, sagte er (Castaneda III:19).

Jedenfalls kam es nicht zu dem üblichen Subjekt-Objekt-Verhältnis, das für Feldforschungen kennzeichnend ist und in welchem der Eingeborene immer der Informant ist und dem Wissenschaftler Rede und Antwort steht für ein geringes Entgelt, sondern es entwickelte sich im Gegenteil ein Lehrer-Schüler-Verhältnis, in dem der Forscher Antworten erhielt, nach denen er überhaupt nicht gefragt hatte und die er auch gar nicht wissen wollte, weil er sie nicht einzuordnen wußte, und weiterhin Fragen stellte, die er ursprünglich gar nicht stellen wollte, da er ein Interesse an psychotropen Pflanzen hatte und nicht an Magie.

Wie auch immer, er nahm den Vorschlag des Indianers an und unternahm den Versuch, sowohl seinem Anspruch als Wissenschaftler treu zu bleiben und alles aufzuschreiben – dieser Intention ist das erste und auch, wenngleich abgeschwächt, das zweite Buch zu verdanken – als auch den Anforderungen an ihn als Zauberlehrling nachzukommen und in die magische Beschreibung der Welt einzudringen. Diese Art von Schizophrenie ist in der anthropologischen Literatur[70] bekanntlich rar; zudem richtete sich das Augenmerk in diesem Falle nicht allein auf die Erfahrungsbereiche aus der »anderen Wirklichkeit« als exotische Delikatesse auf das mitunter trockene Brot konventioneller Feldforschung, sondern darüber hinaus auf die existentielle Verunsicherung eines dem westlich-rationalistischen Denk- und Lebenskontext entstammenden Intellektuellen, die als der Lehrzeit integral angesehen werden muß und Castaneda darüber belehrte, daß seine Weltsicht weder die einzige noch die richtige ist, sondern auch nur eine »Beschreibung« der Welt.

Im Jahre 1971 ist Castaneda Hochschullehrer an der *California State University* in Long Beach, USA (Keen, S., 1973:71). Was er derzeit tut und wo er sich aufhält, entzieht sich meiner Kenntnis.[71]

Nach meiner Lektüre zerfällt Castanedas Lehrzeit in vier Phasen. Die erste Phase dauerte von Juni 1961 bis September 1965. Dem voraus ging, wie erwähnt, die Zeit des freundschaftlichen Umgangs im Sommer 1960.[72] Castaneda brach die Lehre 1965 mit folgender Begründung ab:

»Don Juans Lehrmethode verlangte vom Lernenden eine außerordentliche Anstrengung. Das erforderliche Maß an persönlichem Engagement und Einsatz war sogar so gewaltig, daß ich 1965 die Lehrzeit abbrechen mußte. Mit dem Abstand von fünf Jahren, die inzwischen verstrichen sind, kann ich heute sagen, daß Don Juans Lehren damals zu einer ernsten Gefahr für meine ›Vorstellung von der Welt‹ geworden waren. Ich stand im Begriff, die uns allen gemeinsame Gewißheit zu verlieren, daß wir die Realität des alltäglichen Lebens als Gegebenheit hinnehmen dürfen.
Damals, als ich aufhörte, war ich überzeugt, daß meine Entscheidung endgültig sei; ich wollte Don Juan nie wiedersehen« (Castaneda II:12).

Dieser ersten Phase folgte eine fast dreijährige Pause.[73]

»Im April 1968 erhielt ich jedoch ein Vorausexemplar meines Buches und fühlte mich verpflichtet, es ihm zu zeigen. Ich besuchte ihn. Unsere Lehrer-Schüler-Bindung wurde auf geheimnisvolle Weise wiederbelebt, und damit begann der zweite Zyklus meiner Lehrzeit, die sehr anders als der erste war. Meine Furcht war nicht mehr so intensiv wie vordem. Der ganze Gestus von Don Juans Unterweisungen war entspannter. Er lachte viel und brachte auch mich oft zum Lachen. Anscheinend hatte er sich ausdrücklich vorgenommen, den Ernst seiner Lehren zu entschärfen. In den wirklich entscheidenden Augenblicken dieser zweiten Phase half er mir mit seinem Humor Erfahrungen zu überstehen, die leicht zum Wahnsinn hätten führen können. Er ging davon aus, daß es einer gelösten und aufgeschlossenen Einstellung bedurfte, um der Belastung und Fremdartigkeit des Wissens, das er mich lehrte, standzuhalten.
›Du bist nur deshalb erschrocken und fortgelaufen, weil du dich selbst viel zu wichtig genommen hast‹ – damit erklärte er die Tatsache, daß ich ihn verlassen hatte. ›Wenn man sich wichtig nimmt, wird man schwerfällig, unbeholfen und eingebildet. Ein Wissender muß leicht und beweglich sein.‹[74] *In diesem zweiten Zyklus meiner Lehrzeit ging es Don Juan vor allem darum, mich das SEHEN zu lehren. In seiner Anschauungsweise war es offenbar möglich, einen semantischen Unterschied zwischen ›sehen‹ und ›schauen‹ zu machen und sie als zwei verschiedene Wahrnehmungsformen zu behandeln.*
›Schauen‹ bedeutete die uns vertraute Art, die Welt wahrzunehmen, während ›sehen‹ einen sehr komplizierten Vorgang bezeichnete, durch den ein Wissender angeblich das Wesen der Dinge erkennt« (Castaneda II:12f.).

Diese zweite Phase dauerte von 1968 bis 1970.
Im Jahre 1971, genauer im Mai des Jahres, in seiner dritten Phase geschah nun ein Ereignis, genannt das »Anhalten der Welt«, das ihn veranlaßte, die gesamten, über den Zeitraum von zehn Jahren gesammelten Feldnotizen erneut zu bearbeiten und über den ersten Abschnitt, den Zeitraum von Dezember 1960 bis Dezember 1962, ein ergänzendes und zugleich neues Buch zu schreiben.[75] Im Vorwort zu diesem dritten Buch, »Reise nach Ixtlan«, begründet Castaneda seinen Entschluß:

»Dieser gewaltige Moment in meinem Leben zwang mich, die Arbeit von zehn Jahren im einzelnen zu überprüfen. Es wurde mir klar, daß meine ursprüngliche Annahme über die Rolle der psychotropen Pflanzen falsch gewesen war. Sie waren nicht das Wesentliche an der Weltbeschreibung des Zauberers, vielmehr waren sie nur ein Hilfsmittel, um die Beschreibung sozusagen zu zementieren, die ich anders nicht hätte aufnehmen können. Mein beharrliches Festhalten an meiner Normalversion der Realität machte mich fast taub und blind für Don Juans Ziele. Der Gebrauch der psychotropen Pflanzen war daher nur durch meinen Mangel an Sensibilität erforderlich« (Castaneda III:11).

Diese von Castaneda vorgenommene revidierte Selektion seiner Notizen liefert ein gutes Beispiel dafür, daß der kulturelle Kontext, dem man sein Realitätsverständnis verdankt, entschieden die Richtung der Interpretation nahe-, wenn nicht festlegt und es Jahre (im Fall Castanedas ein Jahrzehnt) dauern kann, ehe man sich, durch eine angemessene Herausforderung, der einpferchenden Wirkung kulturspezifischer Interpretation wiederum bewußt zu werden vermag.[76]
Darüber hinaus wird im dritten Band das relativiert, was Castaneda in den ersten beiden Bänden berichtet hatte; und zwar in seinem Mitteilungscharakter. Denn seine Beschreibung war eine gewesen, die auf der stillschweigenden Annahme beruhte, daß der Zugang zur vermeintlich »anderen Wirklichkeit« nur durch die Einnahme von Machtpflanzen (Peyotl, Datura, Psylocybe) gefunden werden könne. Für diesen Aspekt hatte sich Castaneda von Beginn an interessiert und ihn wie selbstverständlich auch als Fixpunkt verwendet.
Aus dieser Tatsache heraus – der Ausklammerung all der Notizen,[77] die mit der Verwendung von Machtpflanzen nichts zu tun haben schienen

– läßt sich unschwer erkennen, daß ein Bericht selbst bei seriösester Absicht niemals nur eine Beschreibung sein kann, sondern Auswahl sein muß. *»Jede Beschreibung setzt unsere ontologischen Prämissen voraus...«* (Laing, R. D., 1971:53). Diese ist eindeutig abhängig von der persönlichen Bewertung und damit Hervorhebung[78] gewisser Ereignisse zuungunsten derer, die durch diesen Selektionsvorgang gleichzeitig in den Hintergrund verbannt werden.

Und noch etwas geht aus den Wirkungen des »Anhaltens der Welt« auf Castaneda hervor: Erst als er den Versuch macht, das Phänomen der Zauberei nicht mehr unter wissenschaftlichen Gesichtspunkten zu betrachten,[79] geschieht eben das, was die Zauberer das »Anhalten der Welt« oder »Einstellen des inneren Dialogs« nennen. Diese Verrückung der Einstellung bzw. Motivation ist deshalb bedeutsam, weil nach Meinung der Zauberer auf der Aufrechterhaltung des inneren Dialogs die Wirkung der »Beschreibung der Welt« als alltäglicher Wirklichkeit beruht. Nur durch diesen inneren Dialog dreht sich die Welt um das Individuum als Subjekt und erst dadurch sieht es sich getrennt von allem anderen, was es umgibt. Durch diesen Prozeß der Anpassung an sozial erzeugte Wirklichkeit mit dem Ziel, »Mitglied« der Gesellschaft zu werden, erfährt es seine Position als Subjekt, dem die Objekte der »Welt« gegenüberstehen (vgl. Castaneda III:39).

Die ersten 17 Kapitel des dritten Buches handeln von besagten ersten zwei Jahren[80] seiner Lehrzeit unter versetztem Blickwinkel. Sie stellen den ersten Teil des Buches und sind eine Neu-Beschreibung, keine Wiederholung.

Der zweite Teil des Buches ist dem Zeitraum gewidmet, den ich seine dritte Phase nennen möchte. Sie fand im Mai 1971 statt. Ihr verdankt er die Korrektur seiner Schriften und den Verlust seiner Mitgliedschaft der »dogmatischen Sicherheit« (Keen, S., 1973:70) in der alltäglichen Wirklichkeit. Dies muß geschehen, damit der Zauberer dem Adepten seine Alternativbeschreibung vermitteln kann.

Aufgebaut wird diese Beschreibung der nicht-alltäglichen Wirklichkeit des Zauberers durch Praktiken und die Befolgung bestimmter Handlungsmaximen in der Lebensweise des Lehrlings. Kurz, in dem Versuch, wie ein »Krieger« zu leben. Nur so kann er den »Weg des Wissens« überstehen (vgl. Castaneda III:303).

Die vierte Phase beginnt im Herbst 1971. Das Buch, das über diese

bisher letzten Unterweisungen berichtet, hat den Titel: »Erzählungen der Macht«.[81] Nach einer Vorbereitungszeit von mehr als zehn Jahren wird Castaneda auf eine für ihn verständliche Weise über die Theorie des Zauberers und den Weg, den er zurückgelegt hat, um sie zu begreifen, unterrichtet. In zwei getrennten Abschnitten wird ihm die »Erklärung des Zauberers« vermittelt. Der erste Abschnitt handelt vom *Tonal* und *Nagual* – als einem »Deckel, der alles, was ich dich bisher gelehrt habe, schließt« (Castaneda IV:156).
Die vollständige Erklärung wird ihm an einem besonderen Ort (Castaneda IV:297 f.) zuteil. In knapp fünf Stunden rekapituliert Don Juan die Reihenfolge der Schritte, die er unternommen hatte, Castanedas »Insel des *Tonal*« zu ›reinigen‹ (Castaneda IV:298), um ihn auf eine außerordentliche Begegnung vorzubereiten.
Diese Rekapitulation der Lehrzeit, die in die »Erklärung des Zauberers« einmündet, stellt die letzte List dar, die der Zauberer anwenden muß, um seinen Schützling für jene Begegnung zu rüsten (Castaneda IV:299). Das »Tor zum Unbekannten« ist für Carlos Castaneda (bildlich gesprochen) die letzte Einstellung seines Verstandes.

2 Die Authentizität des Werkes

> »A man can fittingly be held responsible for his scientific work; he cannot of course be held responsible for the version that trickles into common culture.«
> *Paul Bohannon*

Die Frage nach der Authentizität von Castanedas Schriften ist aufgekommen, weil das von ihm Erlebte und Berichtete sich so unglaublich anhört, daß die erste Reaktion darauf sich zumeist in der Neigung äußerte, das Gelesene für erfunden zu halten und in den Bereich der Fiktion zu verweisen.[82]
Nun ist der Beantwortung der Frage sicher nicht näherzukommen, indem man sie mit einem vorschnellen »Das kann nicht wahr sein« erledigt, ehe sie sich überhaupt in ihrer Widerspenstigkeit und Ambivalenz voll entfalten konnte. Diese Entfaltung ist noch keine Entschei-

dung, wie sehr es vermeintliche Kriterien für wahr und falsch auch nahelegen mögen, sondern allenfalls ein der Entscheidung vorgeschalteter Prozeß, der ebensogut die Unauflösbarkeit, d. h. Unentscheidbarkeit zum Ergebnis haben kann.
Gegen Castaneda ist vorgebracht worden, er habe sich das alles ausgedacht – das könne man an dem strukturellen Aufbau der Lehren erkennen.[83] Er hat auf derartiges Mißtrauen hin entgegnet, er hätte sich diese Vorgänge schon aufgrund seiner westlich-intellektuellen Tradition niemals ausdenken können. Nun hebt die Antwort Castanedas weder die Kritik auf, noch erlischt durch sie das geäußerte Mißtrauen – im Gegenteil.
Jedoch scheint mir das Argument, an dem strukturellen Aufbau sei schon zu erkennen, daß er die westliche Denktradition auf die Lehre des Zauberers übertragen hat, keineswegs tragfähig zu sein. Denn, selbst wenn es vordergründig so aussehen mag und die Kritiker als Erklärung zufriedenstellen kann, so ist zu bedenken, daß es gar keine andere Möglichkeit gibt, als sich das Fremde[84] in bekannten Begriffen klarzumachen.
Damit ist aber seitens Castanedas nicht impliziert, daß er das, worum es ihm in seinen schriftlichen Darstellungen zweifellos ging, auch tatsächlich schildern konnte. (Und selbst wenn er es geleistet hätte, wäre nicht sichergestellt, daß es als solches auch rezipiert worden wäre.) Es heißt lediglich, daß er versucht hat, etwas mit seinen Mitteln abzubilden. Daß dann darin »unsere« Denktradition wieder auftaucht, dürfte eigentlich nicht verwundern.[85] Weiterhin ist eine der wichtigsten Aussagen der Zauberei die, daß dieses Wissen der Zauberer nicht in Worten ausgedrückt werden kann, sondern erfahren werden muß.[86]
Es ist evident, daß jedwede verbale Darstellung eminente Lücken aufweisen muß. Bezeichnenderweise wird diesem Punkt von seiten der Kritiker keine Aufmerksamkeit gewidmet – vielleicht, weil sie akademischen Ursprungs ist.
Die britische Anthropologin Mary Douglas hat der aufgeworfenen Frage in ihrem kürzlich erschienenen Buch *Implicit Meanings* ein Kapitel mit dem Titel »The Authenticity of Castaneda« gewidmet: *»The Purpose of this article is to consider whether the latest campus cult deserves serious attention from anthropologists. The answer is obviously, Yes«* (ebd.:193).

Die Autorin führt an, daß gewöhnlich die Berichte einer anthropologischen Analyse unterzogen würden. Das hieße beispielsweise, die angegebenen Praktiken unter historischen Gesichtspunkten zu untersuchen, indem man prüft, ob diese in der einschlägigen Fachliteratur vorkommen oder ob sie in diesem Fall bei den Sonora-Indianern generell bekannt sind etc.[87]

Nun ist jedoch fraglich, ob man dem Gegenstand auf diese Weise gerecht werden kann, wo doch die Untersuchungsmethode selbst in den Kontext der Beurteilung gehört. Möglicherweise wäre es sinnvoller, einen Vergleich anzustellen mit der eigenen Tradition des Wissens – dann könnte man das Urteil über wahr und falsch zunächst suspendieren. Mary Douglas macht einen diesbezüglichen Vorschlag: »*But perhaps we should now reverse the procedure and ask whether the tales of our own early religion do not bear witness to an ancient corpus of shamanistic skills*« (ebd.:198).[88]

Castanedas Werke sind, wissenschaftlich gesehen, die eines anthropologischen Anfängers – verglichen mit anderen Arbeiten über Schamanismus oder Magie. Sie haben demgemäß ein entsprechendes Entsetzen in Fachkreisen ausgelöst.[89] Dafür haben sie aber den seltenen Vorzug, einen Einblick in den Innenaspekt der Magie zu liefern (auch wenn sich dies zwangsläufig zuungunsten des »scientific outlook« niederschlägt) – und damit sind sie nicht bloß ein waghalsiges Experiment, sondern darüber hinaus auch ein ambitioniertes Entdeckungsunterfangen.[90] Zudem richten sie ihr Augenmerk auf einen Bereich, dem vermutlich die zweite, wenn nicht wiederholte Entdeckung innerhalb der zivilisierten Welt bevorsteht.

Theodor Roszak gibt zu bedenken, daß die Frage der Glaubwürdigkeit – entsprechend der kulturellen Zugehörigkeit – unterschiedlich beantwortet werden würde (wohlgemerkt denselben Gegenstand betreffend):

»*Few pagan*[91] *or primitive peoples, grasping intuitively as they do the ontological status of myth and symbol; it has overtones and counterpoints and resonances – which is exactly what we, with our two-value, objective-subjective sensibility, are inclined to call ›superstition‹*« (ders. 1974b:357f.).

Castaneda hat in diesem Zusammenhang darauf hingewiesen, daß Don Juan eine bestimmte »Theorie der Verkörperung« hat (vgl. Keen, Sam, 1973:69). Der Zauberer geht davon aus, daß der Körper eingestellt und trainiert werden muß, damit er ein guter Empfänger für die Wahrnehmung werden kann. Die Wahrnehmung beschränkt sich somit nicht auf die fünf Sinne, die die Verbindung zwischen dem Subjekt und der Welt herstellen, sondern der Körper dient insgesamt der Registrierung der Ereignisse.[92] Aufgrund seiner Wichtigkeit muß er vom Krieger untadelig behandelt werden.

Sowohl Walter Benjamin als auch Ludwig Wittgenstein haben, jeder auf seine Weise[93], auf einen Aspekt des Problems aufmerksam gemacht, der darin zu liegen scheint, daß gewisse magische Sachverhalte mittlerweile keine sprachlichen Repräsentanten mehr haben. Sie wurden mangels Verwendung offenbar gelöscht und können somit auch kaum bewußt werden. Und was nicht bewußt wird – existiert das überhaupt?[94]

Die englische wie spanische Sprache sind der Verdeutlichung von magischen Geschehnissen gegenüber festgelegt auf die diesbezügliche europäische Tradition (der Verketzerung). Sie bilden beide nur mehr Klischees[95] ab. Da die Dialoge zwischen Don Juan und Castaneda in Spanisch geführt, später von Castaneda aber im Englischen bzw. Amerikanischen publiziert worden sind (der brujo vermutlich präzisere Möglichkeiten der Verdeutlichung gegenüber seinen indianischen Lehrlingen gehabt hat), ist es denkbar, daß nicht die der indianischen Tradition entsprechenden Bezeichnungen bzw. Begriffe einschließlich ihrer Bedeutungssphäre in die Unterhaltung bzw. Unterweisung eingebracht werden konnten, sondern lediglich die der europäischen Entsprechungen.[96]

Das hat Richard deMille jedoch nicht abhalten können, sich einen Test einfallen zu lassen, mit dessen Hilfe er festzustellen gedachte, ob Castanedas Feldnotizen ursprünglich tatsächlich in spanischer Sprache notiert und erst später ins Englische übersetzt worden sind oder ob es sie vielleicht gar nicht gibt. Dazu klaubte er die spärlichen, aus dem ersten Buch stammenden Stellen und Begriffe (achtundzwanzig an der Zahl, wobei er erstaunlicherweise das Motto zu Beginn nicht aufführt, obwohl dies die einzige längere Passage ist) aus dem Text heraus und legte diese mehreren Sprachwissenschaftlern zur Überprüfung vor.

»I sent the questionaire to the chairmen of 25 Spanish or Romance language departments and got back nine usable replies from professors at seven universities . . . Of the 252 possible judgements (9 professors × 28 items), 149 (59%)

showed English as the original language, while 85 (34%) showed Spanish; 18 judgements (7%) were omitted« (ders., 1976:173).

Da sich auf diesem Weg offensichtlich nicht eindeutig erhärten ließ, was deMille gerne empirisch nachgewiesen hätte, griff er nach kriminalistisch-spekulativen Methoden, anhand derer er beispielhaft zu demonstrieren vermochte, wie man Castaneda »auf kaltem Wege erledigen« kann, indem man psychologisch »erklärt« und detektivisch »beweist«, warum Castaneda gar nicht anders konnte, als das zu schreiben, was er schrieb, und wie er sich dazu die »Bausteine« für seine »Theorie« bei anderen Autoren zusammenstahl.

Damit machte deMille Castaneda zum »Psychopathen« – und das ist gleichzusetzen mit der Ausstellung eines wissenschaftlichen Totenscheins.

Es verwundert im übrigen nicht, daß ein Buch dieser Art »Generalabrechnung« erschienen ist – erstaunlich daran ist vielmehr, daß sich nicht schon eher jemand überlegt hat, dies zu tun. Jemand? Es gibt seltsamerweise keine Angaben zur Person »Richard deMille«. Sollen wir daraus schließen, daß es ihn gar nicht gibt – oder er das Pseudonym für ein Konglomerat von Autoren ist, die endlich die Gelegenheit erhielten und nutzten, das Phänomen Carlos Castaneda mit allen Mitteln zu diskreditieren und damit aus jeder seriösen anthropologischen Diskussion herauszuhalten? Es gibt hinreichend Beispiele dafür, wie mit dem Anspruch der objektiven Überprüfung solche Gedanken, die nicht in einen gewissen Rahmen paßten, getilgt worden sind. DeMille[97] befände sich, was diesen Punkt angeht, in einer Gesellschaft, die mindestens ebensolange existiert, wie die Wissenschaften auch.

Neben seiner scheinheiligen Frage, warum z. B. Harner und Castaneda mehrere Jahre gewartet haben, ehe sie daran gegangen sind, ihre unglaublichen Erlebnisse zu publizieren[98], glaubt deMille auch zu wissen, woher Castaneda die Bausteine für sein bisher vierbändiges Werk hat. Er rekurriert auf die von Castaneda in seiner Dissertation angegebenen Bücher und die vordem von ihm besuchten Vorlesungen und leitet daraus ab, wie sich alles langsam zu einem Gesamtbild[99] hat fügen lassen.

Was er nicht bemerkte, war, daß es überhaupt nicht überraschend ist, daß sich diese Übereinstimmungen (wie im Falle von Sapir) zeigen – ganz im Gegenteil[100], diese auftretenden Ähnlichkeiten legen einen

Zusammenhang offen, der darauf gewartet hat, bemerkt zu werden – egal, ob von seiten der Zauberer oder von den Wissenschaften. Der Punkt ist nur der, daß die Anerkennung der sog. »Sapir / Whorf-Hypothese« bedeutet, den Absolutheitsanspruch einer universalen Erkenntnis durch die Wissenschaft (vgl. Anm. 9) aufzugeben. Die Aufgabe dieser bislang zäh verteidigten Position ergibt sich jedoch auch dann zwangsläufig, wenn man Don Juans Hypothese von der »Beschreibung« folgt. Es zeigt sich hier, daß deMille, indem er gegen Castaneda Front macht, eigentlich etwas ganz anderes treffen will, was in seiner Argumentation verborgen bleibt.
Die argumentative Ehrenrettung Castanedas gibt sich dann im Untertitel von deMilles Buch zu erkennen: »The Power and the Allegory«. *». . . Castaneda's allegory still retains its power«* (ders.:144). Eine Allegorie also soll es sein, die Castaneda geschrieben hat.[101] Das kann aber nur dann sein, wenn es nicht »wirklich« geschehen ist, sondern nur annähernd wirklich – und damit befänden wir uns wieder in der Problematik des I. Kapitels.
Wenn es aber wahr ist, was Castaneda geschrieben hat – wenn er es tatsächlich erlebt hat, dann könnte es in seiner Konfrontation immer noch eine Allegorese gewesen sein, d. h. er suchte etwas hinter dem Wortlaut der Dialoge Verborgenes. Das zu suchen – wohlgemerkt: nicht theoretisch – ist der »Weg des Kriegers«. Es läßt sich nämlich theoretisch nicht »verstehen«, denn ohne »persönliche Macht« ergibt die »Erklärung des Zauberers« keinen Sinn. Ohne diese versteht man nach Don Juan nicht einmal, was Macht überhaupt ist.
Macht wird im Englischen mit *Power* übersetzt. Bevor man also darüber schreibt, was das ist – wie deMille das tut –, sollte man ehrlich genug gegen sich selbst sein und sich fragen, ob man auch die Kompetenz hat, darüber zu entscheiden.

III. Kapitel
Die »Wirklichkeit« und der »Wissende«

1 Die »Theorie« des »Wissenden«

»Du selbst hast gesagt, daß Wissen Macht ist.«
»Nein«, sagte er eindringlich. »Macht beruht auf der Art des Wissens, das einer hat.«
Don Juan zu Castaneda (I:20)

»Das Wissen ist eine höchst eigenartige Sache«, sagte er, »besonders für einen Krieger. Für den Krieger ist das Wissen etwas, das plötzlich kommt, ihn überwältigt und mitreißt.«
Don Juan zu Castaneda (IV:37)

A. Wenn die von Castaneda übermittelten Lehren Don Juans hier als Theorie vorgestellt werden, dann deshalb, weil sie ein theoretisches Gepräge haben. Im Laufe der Lektüre erweisen sie sich als in sich abgeschlossen – obwohl sie praktisch offenbar niemals abzuschließen sind. Castaneda selbst hatte diese Hypothese im ersten Buch (:25) aufgestellt und L. Foss (1973:303) hatte sich ihrer in seinem Beitrag angenommen. Nun ist durch die Art der Darstellung eine Systematisierung nicht ohne weiteres zu erkennen, da die vier zugrunde liegenden Bücher aufgrund sehr unterschiedlicher Motivationen oder auch Veranlassungen geschrieben worden sind.
War das erste Buch, »Die Lehren des Don Juan«, noch zweigeteilt, in einen ersten Abschnitt, in dem Castaneda seine Erfahrungen beschreibt, und einen zweiten, worin er versucht, seine Erfahrungen zu systematisieren [102], so sind die drei folgenden Bücher reine Reportagen geworden. Im zweiten Abschnitt des I. Buches findet sich allein eine Anleitung zur Interpretation, auf die gleich noch näher eingegangen wird. Zunächst möchte ich auf Castanedas Begründung dafür aufmerksam machen, warum er ›nur noch‹ Reportagen verfaßt hat: *»Das System, über das hier berichtet wird, war für mich unbegreiflich, daher wäre es irreführend und vermessen, wollte ich behaupten, mehr als einen Report geschrieben zu haben«* (II:19).

Mit System meint er eines von fremden Sinn-Einheiten (vgl. IV:314), dessen Kenntnis für die Interpretation von Vorfällen, die ihm fremd sind, das notwendige Instrumentarium darstellt. Um es zu erlernen, ist die Lehre bei einem »brujo« unerläßlich, denn kein Mensch würde von sich aus seine »Beschreibung der Welt« aufgeben können – dazu muß man überlistet werden.[103]

Leider hat es Castaneda unterlassen, die Problematik selbst zu thematisieren, die sich in seiner Äußerung verbirgt, mit der er die phänomenologische Methode rechtfertigt. Bei ihm heißt es nur: *»Dementsprechend habe ich mich an die phänomenologische Methode gehalten und mich bemüht, das Phänomen der Zauberei so darzustellen, wie es mir vorgeführt wurde«* (II:19).

Es mußte daher an anderer Stelle darüber gehandelt werden[104] (vgl. I. Kapitel, 3).

Um auf die Systematik zurückzukommen[105]: Die Schriften Castanedas sind zwar Berichte aus der Sicht eines Adepten, aber sie vermitteln nicht nur die Gefühle und Erfahrungen seinerseits, sondern geben darüber hinaus Kenntnis von der Zusammensetzung der »Theorie des Wissens von der Vollständigkeit seiner selbst«. Die Akkumulation (vgl. I:253) findet in der Reihenfolge des Erscheinens der Bücher ihren Ausdruck und das Erscheinen der Bücher durch sie seine Berechtigung.

Nach jeder Phase seiner Lehrzeit herrscht im Kopf[106] – denn damit versucht Castaneda hauptsächlich, sich über die Vorgänge zu vergewissern – etwas weniger Ungewißheit, und neue Sinn-Einheiten erschließen sich ihm. Obwohl das Verstehen über die Erfahrungen vermittelt wird, versucht Castaneda laufend, sich selbst Vorfälle zu erklären, indem er sie anhand möglicher analoger Bedeutungen seines eigenen Systems rubriziert. Dies ist ein Versuch der Übertragung oder Übersetzung, der während der gesamten Lehrzeit problematisch bleibt, weil er damit das grundsätzlich andere System, das *Fremde*, nicht wahrhaben will. Er will parallelschalten[107] – oder wie Don Juan es nennt: Er »macht es sich vertraut« (III:165). Aber damit verfehlt er es notgedrungen, denn stets findet er sich wieder in »seiner« (Beschreibung der) Welt. Abgesehen davon ist es natürlich eine Reduktion – der »Reibungsverlust« der Übersetzung schlägt sich nieder, und so kann es nicht mehr das Fremde sein – allenfalls eine Domestikation dessen.

Um diese stetige Neigung des Lehrlings zu unterbinden, hat der Zauberer nur eine Möglichkeit: Er muß einen »speziellen Konsens« herstellen.[108] Dieser stellt die 4. Einheit der operativen Ordnung dar, die Castaneda in seinem Appendix B aufstellt.[109] Er besteht im Unterschied zum gewöhnlichen Konsens (der alltäglichen Welt) darin, daß er nur von einem Zauberer bestätigt werden kann, da dieser der einzige ist, der (neben anderen brujos) vom speziellen Konsens umfängliche Kenntnis hat (vgl. I:230). So betrachtet ist die Lehre eine esoterische Angelegenheit.[110] Es werden zwei Zustände des speziellen Konsens' von Castaneda unterschieden:

»Im ersten speziellen Zustand alltäglicher Wirklichkeit wurden die sehr wenigen einzelnen Elemente, die durch den Prozeß von Hinweisen auf die Umgebung isoliert wurden, auch zu fremdartigen Formen verwandelt, denen gewöhnlicher Konsens fehlte. Im zweiten speziellen Zustand alltäglicher Wirklichkeit waren ihre einzelnen Elemente jedoch zahlreich, und obwohl sie ihre Eigenschaft als vertraute Elemente nicht verloren, verloren sie vielleicht ihre Fähigkeit zu gewöhnlichem Konsens.[111] Solche einzelnen Elemente umfaßten vielleicht die totale Umgebung, derer ich mir bewußt war« (I:209f.).

Dieses Fortschreiten zu einem ausgedehnteren Bewertungsbereich war ein Zuwachs an »Wissen«: *»Der fragliche Punkt war hier, daß es entweder ein bestimmtes Gebiet gab, das sich erweiterte, oder daß meine Fähigkeit wahrzunehmen mit dem folgenden Zustand zuzunehmen schien ... das Gebiet, in dem die einzelnen Elemente nicht-alltäglicher Wirklichkeit von allein zu entstehen schienen ...«* (I:90f.).

Beide genannten Phänomene scheinen jedenfalls auf eine Erweiterung dessen hinauszulaufen, was wir Wirklichkeit nennen, sei es als Vergrößerung des Ausschnitts oder als eine Intensivierung im fixierten Bereich.[112]

Ebenso wie Castaneda erschließt sich auch seinem Leser dieses System des Wissens (wenn auch weitgehend theoretisch) erst allmählich. Das Zu-Ende-Lesen der Bücher gewährt erst die Voraussetzung des Verständnisses für ... das Unbekannte. Denn darum geht es hier, und mit dem wird man nicht einfach *be*kannt gemacht – man muß es (nach Hegel) auch *er*kannt haben.

Eine wesentliche Schwierigkeit bei der Verarbeitung seines Materials bereitete Castaneda jedenfalls die Begrenztheit der zur Verfügung stehenden Begriffe in unserer Denkform. Es scheint ein Rahmen abgesteckt worden zu sein, in dem man sich bewegen kann (und darf).[113]
Castaneda hat versucht, innerhalb dieses Rahmens das Phänomen der Zauberei zu beschreiben. Genauer gesagt hat er seine eigene Initiation beschrieben – und das bedeutet einen Fortschritt, bedenkt man, daß die bisherigen wissenschaftlichen Untersuchungen zu diesem Thema von Nicht-Initiierten stammen.[114] Gerade die Nicht-Initiation war bislang immer die Rechtfertigung für die Wissenschaftlichkeit der Untersuchung. Daher rühren die vielfach geäußerten Zweifel an der Wissenschaftlichkeit von Castanedas Büchern; nur sollten sich die Kritiker dann auch die Frage stellen, wie denn überhaupt der Zugang zur Wirklichkeit zu geschehen habe.
Es ist wohl kein Zufall, daß die Arbeiten Castanedas zu dieser Frage noch nicht herausgefordert zu haben scheinen – so, als trüge sie das Risiko in sich, die eigenen Fundamente zu unterspülen.

> »Denk daran, die Welt erschließt sich uns nicht unmittelbar! Dazwischen steht die Beschreibung der Welt. Genaugenommen sind wir also stets einen Schritt weit von ihr entfernt, und unsere Erfahrung der Welt ist stets eine Erinnerung an die Erfahrung. Immerfort erinnern wir uns an den Augenblick, der soeben geschehen und vorüber ist. Wir erinnern, erinnern, erinnern uns.«
> *Don Juan (Castaneda IV:57)*

B. Die Theorie des Wissenden liefert nicht allein eine Ansicht über die sog. »Andere Wirklichkeit«, sondern gleichfalls und notwendig eine Theorie der alltäglichen Wirklichkeit. Dabei stellt die Beschreibung des Zauberers die nötige Ideologiekritik für das dar, was wir uns angewöhnt haben, Wirklichkeit zu nennen.
Nach Meinung des Indianers Don Juan ist diese aber nur die halbe Wahrheit (die des *Tonal*) und bedarf der Ergänzung (der des *Nagual*),

damit man zur »Vollständigkeit seiner Selbst« gelangt, um seiner Bestimmung als menschliches Wesen gerecht zu werden.
Sie ist somit eine komplette anthropologische Theorie, die erläutert, wie der Mensch in der Welt ist – seine Proportion zu »Anderem« – und wie sich diese speziell menschlichen Proportionen auflösen und wieder zusammenfügen lassen.
Castaneda hat im dritten Band (seinem Revisions-Buch) einige resümierende Bemerkungen über seine Einschätzung der Zauberei zu dem damaligen Zeitpunkt (1972 erschienen) geäußert, die ich wiedergeben möchte, weil sie auf Kernpunkte des Verständnisses stoßen und eine geeignete Vorbereitung sind, um die »Erklärung des Zauberers« zu behandeln.

»Bevor ich zum Thema komme, muß ich noch die Grundprämisse der Zauberei erklären, wie Don Juan sie mir darlegte. Für einen Zauberer, sagte er, sei die Welt des alltäglichen Lebens nicht wirklich oder so, wie wir dies annehmen. Für einen Zauberer sei die Wirklichkeit oder die Welt, die wir alle kennen, nur eine Beschreibung.
Um diese Prämisse zu begründen, gab Don Juan sich alle Mühe, mich davon zu überzeugen, daß das, was in meinen Augen die wirklich vorhandene Welt war, nur eine Beschreibung der Welt sei; eine Beschreibung, die mir seit dem Augenblick meiner Geburt eingehämmert worden sei.
Jeder, der mit einem Kind in Kontakt komme, erklärte er, sei ein Lehrer, der unaufhörlich die Welt erkläre, bis zu dem Augenblick, wo das Kind die Welt so wahrnehmen könne, wie sie ihm erklärt wird. Nach Don Juan haben wir keine Erinnerung an diesen folgenschweren Augenblick, einfach weil wir keinen Bezugsrahmen hatten, in dem wir ihn mit etwas anderem hätten vergleichen können. Doch von diesem Augenblick an ist das Kind ein *Mitglied*. Es kennt die Beschreibung der Welt; und es erreicht, glaube ich, die *volle Mitgliedschaft*, wenn es in der Lage ist, alle seine Wahrnehmungen so zu deuten, daß sie mit dieser Beschreibung übereinstimmen und sie dadurch bestätigen.
Für Don Juan besteht die Wirklichkeit unseres alltäglichen Lebens daher aus einem endlosen Fluß von Wahrnehmungsinterpretationen, welche wir, die Individuen, denen eine bestimmte Mitgliedschaft gemeinsam ist, gemeinsam anzustellen gelernt haben.

Die Vorstellung, daß die Wahrnehmungsinterpretationen, welche die Welt konstituieren, im Fluß begriffen sind, stimmt mit der Tatsache überein, daß sie ununterbrochen stattfinden und selten, wenn überhaupt, in Frage gestellt werden. Tatsächlich wird die Realität der Welt, wie wir sie kennen, als so feststehend angesehen, daß die Grundprämisse der Zauberei, nämlich daß unsere Realität nur eine von vielen möglichen Beschreibungen ist, kaum eine Chance hat, als ernsthafte These akzeptiert zu werden.[115] Im Fall meiner Lehrzeit kümmerte sich Don Juan glücklicherweise überhaupt nicht darum, ob ich seine Behauptung als seriös akzeptieren konnte, und trotz meines Widerstands, meines Unglaubens und meiner Unfähigkeit, zu verstehen was er sagte, erläuterte er seine Feststellungen immer wieder. Als Lehrer war Don Juan also bestrebt, mir von unserem ersten Gespräch an die Welt zu beschreiben. Meine Schwierigkeiten, seine Begriffe und Methoden zu erfassen, rührten von der Tatsache her, daß die Einheiten seiner Beschreibung meinen eigenen fremd und mit ihnen unvereinbar waren.[116]

Er war davon überzeugt, daß er mich ›Sehen‹ lehrte, im Gegensatz zum bloßen ›Schauen‹, und daß der erste Schritt zum Sehen darin bestünde, ›die Welt anzuhalten‹.

Jahrelang hatte ich die Vorstellung, ›die Welt anzuhalten‹, als kryptische Metapher aufgefaßt, die in Wirklichkeit nichts besagte. Erst im Verlauf einer formlosen Unterhaltung gegen Ende meiner Lehrzeit geschah es, daß ich ihre Tragweite und ihre Bedeutung als eines der wichtigsten Elemente von Don Juans Wissen voll erfaßte« (Castaneda III:8 f.).[117]

»›Noch hast du es nicht‹, sagte er lächelnd. ›Bei dir scheint nichts zu wirken, weil du so starrköpfig bist. Wärest du weniger starrköpfig, dann hättest du die *Welt* schon lange mit Hilfe einer der Techniken *angehalten*, die ich dich gelehrt habe.‹

›Welche Techniken, Don Juan?‹

›Alles, was ich dir erzählte, war eine Technik, um *die Welt anzuhalten*.‹[118]

Einige Monate nach diesem Gespräch gelang Don Juan das, was er sich vorgenommen hatte, nämlich mich zu lehren, ›die Welt anzuhalten‹.

Dieser gewaltige Moment in meinem Leben zwang mich, die Arbeit von zehn Jahren im einzelnen zu überprüfen. Es wurde mir klar, daß meine ursprüngliche Annahme über die Rolle der psychotropen Pflanzen falsch gewesen war. Sie waren nicht das Wesentliche an der Weltbeschreibung des Zauberers, vielmehr waren sie nur ein Hilfsmittel, um die Beschreibung sozusagen zu zementieren, die ich anders nicht hätte aufnehmen können.[119] Mein beharrliches Festhalten an meiner Normalversion der Realität machte mich fast taub und blind für Don Juans Ziele. Der Gebrauch der psychotropen Pflanzen war daher nur durch meinen Mangel an Sensibilität erforderlich« (Castaneda III:11f.).

»Zusammenfassend kann ich sagen, daß es, als ich meine Lehrzeit begann, für mich eine andere Realität gab, d. h. daß es eine der Zauberei zugehörige Beschreibung der Welt gab, die ich nicht kannte.[120]

Don Juan lehrte mich als Zauberer und als Lehrer diese Beschreibung. Die zehnjährige Lehrzeit, die ich durchmachte, bestand daher in der Entfaltung dieser unbekannten Realität durch ihre andauernde Beschreibung, wobei immer komplexer Teile hinzutraten, je weiter ich fortschritt.[121]

Die Beendigung der Lehrzeit bedeutete, daß ich auf überzeugende und authentische Weise eine neue Beschreibung der Welt kennengelernt hatte und dadurch fähig geworden war, eine neue Wahrnehmung der Welt zu entwickeln, die der neuen Beschreibung entsprach. Mit anderen Worten, ich hatte die *Mitgliedschaft* erlangt.

Don Juan sagte, daß man, um zu ›sehen‹, zuerst die Welt anhalten müsse. ›Die Welt anhalten‹ war tatsächlich eine zutreffende Bezeichnung für bestimmte Bewußtseinszustände, in denen die Realität des alltäglichen Lebens verändert ist, weil der Strom der Interpretationen, der für gewöhnlich ununterbrochen fließt, durch eine Reihe ihm fremder Umstände unterbrochen ist.[122] In meinem Fall bestanden diese meinem normalen Interpretationsfluß fremden Umstände in der zur Zauberei gehörigen Beschreibung der Welt. Für das ›Anhalten der Welt‹ stellte Don Juan die Bedingung, daß man überzeugt sein mußte; mit anderen Worten, man mußte die neue Beschreibung in einem totalen Sinn erlernen, um sie gegen die alte auszuspielen und dadurch die uns allen gemeinsame dogmatische Sicherheit zu zerbrechen, daß die Gültigkeit unserer Wahrnehmungen oder unserer Wirklichkeit der Welt nicht bezweifelt werden könne.[123]

Der nächste Schritt nach dem ›Anhalten der Welt‹ war das ›Sehen‹.

Damit meinte Don Juan das, was ich als ›Reagieren auf Wahrnehmungsreize einer Welt außerhalb der Beschreibung, die wir als Realität zu bezeichnen gelernt haben‹, klassifizieren möchte.
Ich bin davon überzeugt, daß all diese Schritte nur im Sinn der Beschreibung verstanden werden können, der sie angehören;[124] und da es eine Beschreibung war, die er mir von Anfang an zu vermitteln trachtete, darf ich nur seine Lehren als einzigen Zugang zu ihr gelten lassen. Darum lasse ich auch Don Juans Worte für sich selbst sprechen« (Castaneda III:12f.).

> »Ein Kampf im *Tonal* selbst ist eines der sinnlosesten Gefechte, die ich mir vorstellen kann. Das gefestigte Leben eines Kriegers ist dazu bestimmt, dieses Gefecht zu verändern.«
> *Don Juan zu Castaneda (IV:201)*

C. Wie bereits erwähnt, stellen die vier aufeinanderfolgenden Veröffentlichungen Castanedas über seine Lehrzeit einen Vervollständigungsprozeß in seinem Verständnis der Zauberei dar. So verwundert es nicht, wenn erst im letzten Band sich eine gewisse Klarheit (auch für den Leser) einstellt.
Es ist daher interessant, daß es bislang von wissenschaftlicher Seite wenig Resonanz auf diesen vierten Band gibt, der sozusagen erst den Schlüssel liefert für die gesamte Zeit von Castanedas Unterweisungen durch Don Juan (besonders: »Die Strategie des Zauberers«, IV:293ff.). Berücksichtigung fanden meist die ersten drei Bände; es könnte bedeuten, daß offene Fragen durch ihn beantwortet worden sind.
Der Passus, auf den die gesamte Lehre zuläuft, wird im Buch »Erklärung des Zauberers« genannt. Sie handelt vom »Entfalten der Flügel der Wahrnehmung«.[125] (Es wäre verständlich, wenn sich unter diesen Metaphern jemand kaum etwas vorstellen kann, der nicht mit den Texten vertraut ist – darum erscheint es mir unerläßlich, erst ein Gerüst zu erstellen, an dem sich diese Metaphern mit Hilfe von weiteren Textstellen und erläuternden Paraphrasierungen erhellen lassen; so daß zuletzt der gewünschte Effekt sich einstellen möge, nach dem es sich bei der Zauberei – wie sie hier vorgestellt wird – um ein in sich mindestens

ebenso geschlossenes System der »Beschreibung« handelt, wie bei anderen diesbezüglichen Systemen auch.)
Der (mitunter in seiner Wirkung tödliche) Kern der Erklärung des Zauberers handelt vom *Tonal* und vom *Nagual*, dem »einzigen echten Paar«, das es nach Ansicht des Zauberers gibt. Während der vierten Phase seiner Lehrzeit, im Herbst 1971, nach über zehn Jahren also, erhält Castaneda Aufschluß über diesen wichtigen Kern der Lehren.

»›Ich werde dir jetzt etwas über das *Tonal* und das *Nagual* erzählen‹, sagte er und sah mich eindringlich an.
Dies war das erste Mal, seit wir uns kannten, daß er diese beiden Begriffe erwähnte. Aus der anthropologischen Literatur über die Kulturen Zentralmexikos war ich ungefähr mit ihnen vertraut. Ich wußte, daß das ›Tonal‹ (gesprochen tohna'hl) als eine Art Schutzgeist – in der Regel ein Tier – vorgestellt wurde, den ein Kind bei der Geburt erhielt und mit dem es sein Leben lang eine enge Bindung unterhielt. ›Nagual‹ (gesprochen: nah'wa'hl) war der Name des Tieres, in das ein Zauberer sich angeblich verwandeln konnte, oder des Zauberers, der eine solche Verwandlung vornahm.
›Dies ist mein *Tonal*‹, sagte Don Juan und strich sich mit den Händen über die Brust.
›Dein Anzug?‹
›Nein, meine Person.‹
Er klopfte sich auf die Brust, die Schenkel und die Rippen.
›All dies ist mein *Tonal*.‹
Er erklärte, daß jeder Mensch zwei Seiten habe, zwei getrennte Wesenheiten, zwei Gegenstücke, die im Augenblick der Geburt ihr Dasein aufnehmen; das eine heiße das ›Tonal‹, das andere das ›Nagual‹.
Ich erzählte ihm, was die Anthropologen über die beiden Begriffe wüßten. Er ließ mich reden, ohne mich zu unterbrechen.
›Meinetwegen. Was du auch darüber zu wissen glaubst, es ist barer Unsinn‹, sagte er. ›Diese Behauptung gründe ich auf die Tatsache, daß alles, was ich dir über das *Tonal* und das *Nagual* sage, dir unmöglich vorher hätte gesagt werden können. Jeder Idiot wüßte, daß du nichts darüber weißt, denn um mit diesen Begriffen vertraut zu sein, müßtest du ein Zauberer sein, und das bist du nicht. Oder du hättest darüber mit einem Zauberer sprechen müssen, und das hast du nicht.

Vergiß also alles, was du bisher darüber gehört hast, denn es trifft nicht zu!‹

›Es war doch nur als Kommentar gemeint‹, sagte ich.

Er hob die Brauen und schnitt ein komisches Gesicht.

›Deine Kommentare sind fehl am Platz‹, sagte er. ›Diesmal brauche ich deine ungeteilte Aufmerksamkeit, denn ich werde dich mit dem *Tonal* und dem *Nagual* vertraut machen. Die Zauberer haben ein besonderes, einzigartiges Interesse an diesem Wissen. Ich möchte sagen, *Tonal* und *Nagual* sind ausschließlich den Wissenden zugänglich. In deinem Fall ist dies sozusagen der Deckel, der alles abschließt, was ich dich bisher gelehrt habe. Darum habe ich bis jetzt gewartet, um dir davon zu erzählen.

Das *Tonal* ist nicht ein Tier, das über einem Menschen wacht. Eher könnte man sagen, es ist ein Wächter, den man sich als ein Tier vorstellen kann. Aber dies ist nicht die entscheidende Frage.‹

Er lächelte und zwinkerte mir zu.

›Ich will jetzt mal deine eigenen Worte gebrauchen‹, sagte er. ›Das *Tonal* ist die soziale Person.‹ ...

›Das *Tonal* gilt, mit Recht, als ein Beschützer, ein Wächter – ein Wächter, der sich meistens in einen Wärter verwandelt.‹ ...

›Das *Tonal* ist der Organisator der Welt‹, fuhr er fort. ›Vielleicht kann man seine gewaltige Arbeit am besten beschreiben, wenn man sagt, daß auf seinen Schultern die Aufgabe ruht, das Chaos der Welt zu ordnen. Es ist nicht zu weit hergeholt, wenn man – wie die Zauberer – behauptet, daß alles, was wir als Menschen wissen und tun, das Werk des *Tonal* ist.

Im Augenblick zum Beispiel ist es dein *Tonal*, das versucht, unser Gespräch zu verstehen. Ohne dieses gäbe es nur komische Geräusche und Grimassen, und du würdest nichts von alledem verstehen, was ich sage.

Ich sage also, das *Tonal* ist ein Wächter, der etwas Kostbares bewacht, unser ganzes Sein. Daher ist es eine wesentliche Eigenschaft des *Tonal*, daß es bei seinem Tun vorsichtig und bedachtsam ist. Und da seine Taten der bei weitem wichtigste Teil unseres Lebens sind, ist es kein Wunder, daß es sich schließlich bei jedem von uns aus einem Wächter in einen Wärter verwandelt.‹ ...

›Ein Wächter ist großzügig und verständnisvoll‹, erklärte er. ›Ein

Wärter dagegen ist ein Sicherheitsorgan, engherzig und meistens despotisch. Ich behaupte also, daß das *Tonal* bei uns allen zu einem kleinlichen, despotischen Wärter gemacht wird, während es doch ein großzügiger Wächter sein sollte.‹

Zweifellos konnte ich dem Gang seiner Erläuterung nicht folgen. Ich hörte zwar jedes Wort und schrieb es mit, und doch hing ich irgendwie einem eigenen inneren Dialog nach.

›Es fällt mir sehr schwer, dir zu folgen‹, sagte ich.

›Würdest du dich nicht an dein Selbstgespräch klammern, dann hättest du keine Schwierigkeiten‹, sagte er scharf.[126] ...

›Das *Tonal*, das ist alles, was wir sind‹, fuhr er fort. ›Schau dich um! Alles, wofür wir Wörter haben, ist das *Tonal*. Und da das *Tonal* nichts anderes ist als sein eigenes Tun, muß folglich alles in seine Sphäre fallen.‹

Ich erinnerte ihn daran, daß er gesagt hatte, das ›Tonal‹ sei die soziale Person – ein Begriff, den ich selbst ihm gegenüber verwendet hatte, um den Menschen als Endresultat von Sozialisierungsprozessen zu bezeichnen. Falls das ›Tonal‹ dieses Produkt sei, führte ich aus, könne es nicht ›alles‹ sein, wie er gesagt hatte, denn die uns umgebende Welt sei nicht das Produkt einer Sozialisation.

Don Juan verwies mich darauf, daß mein Einwand für ihn gegenstandslos sei, denn er habe mir schon vor langem erklärt, daß es keine Welt schlechthin gebe, sondern nur eine Beschreibung der Welt, die wir uns vorzustellen und als gesichert hinzunehmen gelernt hätten.

›Das *Tonal* ist alles, was wir kennen‹, sagte er. ›Ich meine, dies allein ist ein zureichender Grund, warum das *Tonal* eine so überragende Bedeutung hat.‹ ...

Ich war seltsam betäubt. Ich konnte meine Gedanken nicht sammeln noch ordnen. Tatsächlich spürte und wußte ich ohne den leisesten Zweifel, daß ich nicht zu denken vermochte, und doch wußte ich dies, ohne es zu denken, wenn so etwas überhaupt möglich war.

Ich blickte Don Juan an. Er starrte auf meine Körpermitte. Dann hob er den Blick, und sofort kehrte mein klares Denken wieder.[127]

›Das *Tonal* ist alles, was wir kennen‹, wiederholte er langsam. ›Und dies schließt nicht nur uns als Personen ein, sondern alles in unserer Welt. Man kann sagen, das *Tonal* ist alles, worauf unser Auge fällt.[128]
Bereits im Augenblick unserer Geburt beginnen wir es zu hegen und zu

pflegen. In dem Moment, da wir den ersten Atemzug tun, atmen wir auch Kraft für das *Tonal* ein; es trifft also zu, daß das Tonal eines Menschen eng mit seiner Geburt verbunden ist.
Dieses Faktum mußt du im Sinn behalten. Es ist sehr wichtig, um all dies zu verstehen. Das *Tonal* beginnt mit der Geburt und endet mit dem Tod.‹
Ich wollte alle seine Behauptungen gern noch einmal zusammenfassen. Ich war sogar schon so weit, daß ich meinen Mund aufmachte, um ihn zu bitten, mir die wesentlichen Punkte unseres Gesprächs zu wiederholen, aber zu meiner Verwunderung konnte ich kein Wort hervorbringen. Ich erlebte eine ganz eigenartige Lähmung, meine Zunge war schwer, und ich hatte keinerlei Kontrolle über diese Empfindung.
Ich schaute Don Juan an, um ihm zu verstehen zu geben, daß ich nicht sprechen konnte. Wieder starrte er auf meine Magengegend.
Er hob den Blick und fragte, wie ich mich fühlte. Die Wörter sprudelten nur so aus mir heraus, als sei ein Riegel fortgeschoben worden. Ich erzählte ihm, daß ich gerade das eigenartige Gefühl gehabt hätte, nicht sprechen noch denken zu können, dennoch seien meine Gedanken kristallklar gewesen.
›Deine Gedanken waren also kristallklar?‹ fragte er.
Nun erkannte ich, daß diese Klarheit sich nicht auf meine Gedanken, sondern auf meine Wahrnehmung der Welt bezog.
›Machst du eigentlich irgend etwas mit mir, Don Juan?‹ fragte ich...
›Ich verstehe immer noch nicht, Don Juan, was du mit der Feststellung meinst, daß das *Tonal* alles sein soll‹, meinte ich nach kurzer Pause.
›Das *Tonal* ist das, was die Welt schafft.‹
›Ist das *Tonal* der Schöpfer der Welt?‹
Don Juan kratzte sich am Kopf.
›Das *Tonal* schafft die Welt – das ist nur eine bildliche Redeweise. Es kann nichts erschaffen oder verändern, und doch schafft es die Welt, denn es ist seine Funktion, zu urteilen, zu bewerten und zu bezeugen.[129]
Ich sage, das *Tonal* schafft die Welt, denn es bezeugt und bewertet sie gemäß den Regeln des *Tonal*. Auf ganz seltsame Weise ist das *Tonal* ein Schöpfer, der nichts erschaffen kann. Mit anderen Worten, das

Tonal stellt die Regeln auf, nach denen es die Welt begreift. Also erschafft es sozusagen die Welt.‹ ...
›Das *Tonal* ist eine Insel‹, erklärte er. ›Am besten kann man es beschreiben, wenn man sagt, dies hier ist das *Tonal*.‹
Er strich mit der Hand über die Tischplatte.
›Man kann sagen, das *Tonal* ist wie diese Tischplatte. Eine Insel. Und auf dieser Insel haben wir alles mögliche. Diese Insel ist also die Welt.
Hier gibt es ein persönliches *Tonal* für jeden von uns, und da ist zu jedem gegebenen Zeitpunkt ein kollektives für uns alle, das wir als das *Tonal* der Zeiten bezeichnen können.‹ ...
›Man kann sagen, es ist das *Tonal* der Zeiten, was uns einander ähnlich macht, genau wie es alle Tische in diesem Restaurant sich gleichen läßt. Dennoch ist jeder Tisch für sich ein Einzelfall, genau wie das persönliche *Tonal* eines jeden von uns. Doch das entscheidende Faktum, das wir nicht vergessen dürfen, ist, daß alles, was wir über uns selbst und über unsere Welt wissen, sich auf der Insel des *Tonal* befindet. Siehst du, was ich meine?‹
›Wenn das *Tonal* all das ist, was wir über uns und unsere Welt wissen, was ist dann das *Nagual*?‹
›Das *Nagual* ist derjenige Teil von uns, der uns ganz unzugänglich ist.‹
›Wie bitte?‹
›Das *Nagual* ist der Teil von uns, für den es keine Beschreibung gibt – keine Wörter, keine Namen, keine Gefühle, kein Wissen.‹
›Das ist ein Widerspruch, Don Juan. Wenn es nicht gefühlt oder beschrieben oder benannt werden kann, dann kann es meiner Meinung nach nicht existieren.‹
›Nur deiner Meinung nach ist es ein Widerspruch. Ich habe dich schon gewarnt, bring dich nicht um im Bemühen, dies zu verstehen.‹ [130]
›Würdest du sagen, daß das *Nagual* der Geist ist?‹
›Nein. Der Geist ist nur ein Gegenstand auf dem Tisch. Der Geist ist Teil des *Tonal*.‹ ...
Ich fuhr fort und zählte alle Möglichkeiten der Beschreibung auf für das, was er meinen mochte: Intellekt, Psyche, Energie, Lebenskraft, Unsterblichkeit, Lebensprinzip. Für jeden Begriff, den ich nannte, fand er auf dem Tisch einen Gegenstand, den er als Gegenstück benutzte

und vor mir aufbaute, bis er alle auf dem Tisch befindlichen Objekte auf einem Haufen versammelt hatte.
Don Juan schien die ganze Sache ungeheuren Spaß zu machen. Er kicherte und rieb sich die Hände, sooft ich eine weitere Möglichkeit erwähnte.
›Ist das *Nagual* das höchste Wesen? Der Allmächtige, Gott?‹
›Nein. Auch Gott gibt es auf dem Tisch. Nehmen wir an, Gott sei das Tischtuch.‹
Er machte eine spaßige Gebärde, als wolle er das Tischtuch an den Zipfeln hochheben, um es über die anderen Gegenstände zu breiten, die er vor mir aufgestellt hatte.
›Aber sagtest du nicht, daß Gott nicht existiert?‹
›Nein. Das habe ich nicht gesagt. Ich sagte nur, daß das *Nagual* nicht Gott ist, denn Gott ist ein Gegenstand unseres persönlichen *Tonal* und des *Tonal* der Zeiten. Wie schon gesagt, das *Tonal* ist alles, woraus die Welt sich, wie wir glauben, zusammensetzt – einschließlich Gott, natürlich. Gott hat nicht mehr Bedeutung, als daß er ein Teil des *Tonal* unserer Zeit ist.‹
›In meinem Verständnis, Don Juan, ist Gott alles. Sprechen wir überhaupt über dasselbe?‹
›Nein. Gott ist nur all das, was du zu denken vermagst, daher ist er, genaugenommen, nur einer unter den Gegenständen auf der Insel. Man kann Gott nicht willentlich erleben, man kann nur über ihn sprechen. Das *Nagual* hingegen steht dem Krieger[131] zu Gebot. Man kann es erleben, aber man kann nicht darüber sprechen.‹
›Wenn das *Nagual* keines der Dinge ist, die ich genannt habe, kannst du mir dann vielleicht etwas über seinen Aufenthaltsort sagen? Wo ist es?‹
Don Juan fegte mit der Hand durch die Luft und wies auf den Raum außerhalb der Tischkanten. Er bewegte die Hand, als wollte er eine imaginäre Oberfläche säubern, die über die Kanten des Tisches hinausreichte.
›Das *Nagual* ist dort‹, sagte er. ›Dort, es umgibt die Insel. Das *Nagual* ist dort, wo die Kraft schwebt.
Vom Augenblick unserer Geburt an fühlen wir, daß wir aus zwei Teilen bestehen. Zum Zeitpunkt der Geburt und noch kurz danach sind wir nur *Nagual*. Dann fühlen wir, daß wir, um zu funktionieren, ein Gegen-

stück zu dem brauchen, was wir haben. Was fehlt, ist das *Tonal*, und dies gibt uns von Anfang an ein Gefühl der Unvollkommenheit. Dann fängt das *Tonal* an zu wachsen, und es wird ungemein wichtig, so wichtig, daß es den Glanz des *Nagual* verdunkelt, es zurückdrängt. Von dem Augenblick an, da wir ganz *Tonal* sind, tun wir nichts anderes, als jenes alte Gefühl der Unvollkommenheit zu verstärken, das uns seit dem Augenblick unserer Geburt begleitet und das uns beständig sagt, daß es noch einen anderen Teil braucht, um uns zu vervollständigen.[132]

Von dem Augenblick an, da wir ganz *Tonal* werden, fangen wir an, Paare zu bilden. Wir fühlen unsere zwei Seiten, aber wir stellen sie uns immer nur anhand von Gegenständen des *Tonal* vor. So sagen wir, daß unsere zwei Teile Körper und Seele sind. Oder Geist und Materie. Oder Gut und Böse. Gott und Satan. Aber nie erkennen wir, daß wir nur Gegenstände unserer Insel zu Paaren zusammenfassen, ganz ähnlich wie wenn wir Kaffee und Tee, Brot und Tortillas, Chili und Senf paarweise bezeichnen. Wir sind komische Wesen, sage ich dir. Wir tappen im Dunkel, und in unserer Torheit machen wir uns vor, alles zu verstehen.‹ ...

›Ich fürchte, ich habe nicht die richtige Frage gestellt‹, sagte ich. ›Vielleicht verstünden wir uns besser, wenn ich fragte, was sich im einzelnen in diesem Raum außerhalb der Insel befindet?‹

›Das zu beantworten ist unmöglich. Würde ich sagen: Nichts, dann würde ich das *Nagual* nur zu einem Teil des *Tonal* machen. Man kann nichts anderes sagen, als daß man dort, jenseits der Insel, das *Nagual* findet.‹

›Aber wenn du es das *Nagual* nennst, bringst du es dann nicht ebenfalls auf der Insel unter?‹

›Nein. Ich habe ihm nur einen Namen gegeben, weil ich dich darauf aufmerksam machen wollte.‹

›Na schön! Aber indem ich darauf aufmerksam werde, tue ich doch den Schritt, der das *Nagual* zu einem weiteren Gegenstand meines *Tonal* macht.‹

›Ich fürchte, du verstehst nicht. Ich habe das *Tonal* und das *Nagual* als ein echtes Paar benannt. Etwas anderes habe ich nicht getan.‹

›... sobald wir versuchen, diese andere Seite festzumachen, gelangt das *Tonal* ans Ruder, und als Kommandant ist es ziemlich kleinlich und eifersüchtig. Es blendet uns mit seiner List und zwingt uns, auch noch die leiseste Ahnung von dem anderen Teil des echten Paares, dem *Nagual* auszutilgen‹« (Castaneda IV:135–144).

Don Juan spricht mit Castaneda deshalb so ausführlich über die Lehren, weil er möchte, daß sie ›wirksam‹ werden. Das können sie jedoch erst zu einem gewissen Zeitpunkt – wenn die Zeit reif ist.
»›Ich habe einen Anzug[133] angezogen‹, sagte er unvermittelt, ›um dir etwas zu verstehen zu geben, etwas, was du bereits weißt, was aber einer Klärung bedarf, wenn es für dich wirksam werden soll.[134] Ich habe bis jetzt gewartet, weil Genaro meint, daß du nicht nur gewillt sein mußt, den Weg des Wissens auf dich zu nehmen, sondern daß deine Bemühungen selbst makellos[135] genug sein müssen, um dich dieses Wissens würdig zu erweisen. Du hast es gut macht. Jetzt will ich dir die Erklärung der Zauberer sagen‹« (Castaneda IV:135).
Das *Tonal* und das *Nagual* sind ein Teil dieser Erklärung.

> »Die persönliche Kraft entscheidet, wer von einer Offenbarung profitieren kann und wer nicht. Meine Erfahrungen mit meinen Mitmenschen haben mir gezeigt, daß nur sehr, sehr wenige bereit sind zuzuhören, und von denen, die zuhören, sind noch weniger bereit, in ihrem Handeln zu befolgen, was sie gehört haben. Und von denjenigen, die bereit sind, entsprechend zu handeln, haben noch weniger genügend persönliche Kraft, um von ihren Handlungen zu profitieren.«
> *Don Juan (Castaneda IV:253)*

D. Die Fortführung der als Motto angeführten Rede lautet: »Das Geheimnis um die Erklärung der Zauberer reduziert sich mithin auf eine Routine – eine Routine, die vielleicht ebenso hohl und leer ist wie alle anderen auch.« Castaneda berichtet weiter:
»Dieser Anlaß, sagte er, verlange von ihm, daß er hier, genau auf dem Platz der inneren Wahl meines Wohltäters, mir jeden Schritt rekapituliere, den er in seinem Bemühen getan habe, mir beim Leerfegen und

Neuordnen meiner Insel des ›Tonal‹ zu helfen. Diese Zusammenfassung war äußerst gründlich, und er brauchte dafür etwa fünf Stunden. In brillanter, klarer Form legte er mir bündig Rechenschaft über alles ab, was er mit mir seit dem Tag, als wir uns begegneten, getan hatte. Es war, als sei ein Damm gebrochen. Seine Enthüllungen überraschten mich gänzlich unvorbereitet. Ich hatte mich an die Rolle des aggressiven Fragers gewöhnt; als daher Don Juan – der stets die Rolle des Zögernden gespielt hatte – mir eine so akademische Darstellung der wesentlichen Punkte seiner Lehren gab, da war dies ebenso erstaunlich für mich wie die Tatsache, daß er in Mexico City einen Anzug getragen hatte. Seine Sprachbeherrschung, seine dramatische Pointierung, seine Wortwahl waren so außerordentlich gekonnt, daß ich mir dies rational nicht erklären konnte. Er sagte, daß der Lehrer an diesem Punkt ausschließlich zum einzelnen Krieger sprechen müsse, daß die Art, wie er nun zu mir sprach, und die Klarheit seiner Erklärung Bestandteile seines letzten Tricks seien und daß ich erst ganz am Schluß alles verstehen werde, was er mir entwickelte« (Castaneda IV:255).[136]
Das Ende meint hier das Erlebnis, was für Castaneda ansteht – »die verheerende Begegnung des Kriegers mit... dem, was jenseits dieses Punktes liegt«, wie sich der brujo Don Juan ausdrückt. In diesem Herbst 1971 endet die Lehrzeit für Castaneda. Die Erfahrungen und der Umgang mit dem *Nagual* machen ihn selbst zu einem Zauberer.
Bevor wir auf die Rekapitulation der Lehrzeit (III. Kap., 2) zurückkommen, möchte ich ein paar Schritte vorgreifen und einige Dialogstellen zitieren, die zwei Tage nach dem eben erwähnten »Erlebnis« stattfanden und die Schwierigkeit deutlich machen sollen, über den Bereich des *Nagual* überhaupt nur zu reden, geschweige denn, ihn (wenn es denn ein Bereich sein soll) zu erklären.
»›Man gelangt unmöglich zur Erklärung der Zauberer, solange man nicht willig das *Nagual* benutzt hat, oder besser, solange man nicht willig das *Tonal* genutzt hat, um seine Handlungen im *Nagual* zu verstehen. Um es vielleicht verständlicher auszudrücken, könnte man sagen, daß die Ansicht des *Tonal* vorherrschen muß, wenn man das *Nagual* nutzen will, wie die Zauberer es tun.‹
Ich sagte ihm, ich fände in dem, was er eben gesagt hatte, einen eklatanten Widerspruch. Einerseits hatte er mir erst vor zwei Tagen eine unglaubliche Zusammenfassung all seiner wohlüberlegten Taten in

einem Zeitraum von Jahren gegeben – Taten, die meine Weltsicht verändern sollten. Und andererseits wolle er nun, daß diese gleiche Ansicht vorherrsche.
›Das eine hat nichts mit dem anderen zu tun‹, sagte er. ›Die Ordnung unserer Wahrnehmung gehört ausschließlich zum Bereich des *Tonal*. Nur dort können unsere Handlungen eine Reihenfolge haben, nur dort sind sie wie Leitern, auf denen man die Sprossen zählen kann. Im *Nagual* gibt es nichts dergleichen. Die Anschauung des *Tonal* ist also ein Werkzeug, und als solches ist es nicht nur das beste, sondern auch das einzige Werkzeug, das wir haben.
Gestern abend öffnete sich die Blase deiner Wahrnehmung, und ihre Flügel breiteten sich aus. Mehr kann man darüber nicht sagen. Es ist unmöglich zu erklären, was dir widerfuhr, darum werde ich es nicht versuchen, und auch du solltest es nicht versuchen. Es muß genügen, wenn ich sage, daß die Flügel deiner Wahrnehmung dazu bestimmt waren, deine Ganzheit zu berühren. Gestern abend schwanktest du immer und immer wieder zwischen dem *Nagual* und dem *Tonal* hin und her.[137] Du wurdest zweimal hineingeschleudert, um jeden Irrtum auszuschließen. Das zweite Mal erlebtest du die volle Wirkung der Reise ins Unbekannte. Und deine Wahrnehmung breitete ihre Flügel aus, als irgend etwas in dir deine wahre Natur erkannte. Du bist ein Bündel.
Dies ist die Erklärung der Zauberer. Das *Nagual* ist das Unaussprechliche. In ihm schwimmen all die möglichen Gefühle und Wesenheiten und Ichs wie Kähne im Wasser dahin, friedlich, unabänderlich, ewig. Dann bindet der Leim des Lebens einige von ihnen zusammen. Das hast du selbst gestern abend festgestellt, und auch Pablito hat es festgestellt, und auch Genaro, damals, als er in das Unbekannte aufbrach, und auch ich. Wenn der Leim des Lebens diese Gefühle zusammenbindet, dann wird ein Wesen geschaffen – ein Wesen, das das Gefühl seiner wahren Natur verliert und sich durch den Glanz und Lärm jener Region blenden läßt, in der die Wesen hausen, nämlich das *Tonal*. Das *Tonal* ist da, wo einheitliche Organisation herrscht. Ein Wesen taucht ins *Tonal* ein, sobald die Kraft des Lebens alle dazu nötigen Gefühle zusammenbindet. Ich sagte dir einmal, daß das *Tonal* mit der Geburt beginnt und mit dem Tod endet. Ich sagte dies, weil ich weiß, daß, sobald die Kraft des Lebens den Körper verläßt, alle diese Bewußtseine sich auflösen und wieder dorthin zurückkehren, woher sie kamen, ins

Nagual. Was ein Krieger tut, wenn er in das Unbekannte aufbricht, ist ganz ähnlich wie sterben, außer daß das Bündel seiner einzelnen Gefühle sich nicht auflöst, sondern diese sich ein wenig ausdehnen, ohne ihren Zusammenhalt zu verlieren. Beim Tod jedoch fallen sie auseinander und bewegen sich unabhängig voneinander, als hätten sie nie eine Einheit gebildet.‹

Ich wollte ihm sagen, wie vollkommen seine Erläuterungen mit meiner Erfahrung übereinstimmten. Aber er ließ mich nicht zu Wort kommen.

›Es ist unmöglich, das Unbekannte zu benennen‹, sagte er. ›Man kann es nur erleben. Die Erklärung der Zauberer sagt, daß jeder von uns ein Zentrum hat, von dem aus das *Nagual* erlebt werden kann, den *Willen.* Ein Krieger kann sich also ins *Nagual* vorwagen und sein Bündel der Gefühle auf jede mögliche Weise sich anordnen und umordnen lassen. Ich sagte dir, daß die Ausdrucksform des *Nagual* eine Frage der Persönlichkeit ist. Damit meinte ich, daß es dem einzelnen Krieger selbst überlassen ist, die Anordnung und Umordnung dieses Bündels zu dirigieren. Die menschliche Form, oder das menschliche Fühlen, ist die ursprüngliche Form, vielleicht diejenige, die uns unter allen am liebsten ist.[138] Es gibt jedoch eine endlose Zahl alternativer Formen, die das Bündel annehmen kann. Ich sagte dir ja, daß ein Zauberer jede Form annehmen kann, die er wünscht.[139] Das ist richtig. Ein Zauberer, der im Besitz der Ganzheit seines Selbst ist, kann die Teile seines Bündels dirigieren, so daß sie sich auf jede vorstellbare Weise vereinigen. Die Kraft des Lebens ist es, die alle diese Mischungen ermöglicht.[140] Sobald sie erschöpft ist, gibt es kein Mittel mehr, dieses Bündel zu versammeln.

Dieses Bündel habe ich die Blase der Wahrnehmung genannt. Ich sagte auch, daß diese versiegelt, fest verschlossen ist und daß sie sich bis zum Augenblick unseres Todes nie öffnet. Und doch könnte sie geöffnet werden.[141] Offenbar haben die Zauberer dieses Geheimnis gelernt, und obwohl sie nicht alle die Ganzheit ihres Selbst erreichen, wissen sie um deren Möglichkeit. Sie wissen, daß die Blase sich nur öffnet, wenn man ins *Nagual* stürzt. Gestern habe ich dir eine Zusammenfassung all der Schritte gegeben, die du einhalten mußtest, um diesen Punkt zu erreichen.‹

Er sah mich prüfend an, als erwartete er einen Einwand oder eine Frage. Doch was er gesagt hatte, erübrigte alle Worte. Jetzt verstand ich, daß es ganz folgenlos geblieben wäre, wenn er mir dies alles vor vierzehn Jahren oder zu irgendeinem anderen Zeitpunkt meiner Lehrzeit gesagt hätte.[142] Wichtig war allein die Tatsache, daß ich mit oder in meinem Körper die Voraussetzungen seiner Erklärungen erfahren hatte.[143]

›Ich warte auf deine übliche Frage‹, sagte er, wobei er die Worte langsam artikulierte.

›Welche Frage?‹ fragte ich.

›Die eine, die deiner *Vernunft* auf der Zunge liegt.‹

›Heute verzichte ich auf alle Fragen. Ich habe wirklich keine, Don Juan.‹

›Das ist nicht fair‹, sagte er lachend. ›Es gibt eine besondere Frage, die ich von dir brauche.‹

Er sagte, daß ich, wenn ich nur einen Augenblick meinen inneren Dialog abstellte, erkennen könne, um welche Frage es sich handelte. Plötzlich kam mir ein Gedanke, eine momentane Einsicht, und ich wußte, was er erwartete.

›Wo war mein Körper, während all dies mit mir geschah?‹ fragte ich, und er brach in herzhaftes Lachen aus.[144]

›Dies ist der letzte von den Tricks der Zauberer‹, sagte er. ›Oder sagen wir, was ich dir jetzt enthüllen werde, ist das letzte Stück der Erklärung der Zauberer. Bis jetzt ist deine *Vernunft* aufs Geratewohl meinem Tun gefolgt.[145] Deine *Vernunft* ist bereit zuzugeben, daß die Welt nicht so ist, wie die Beschreibung sie darstellt, daß es mit ihr noch mehr auf sich hat als das, was unmittelbar ins Auge springt. Deine *Vernunft* ist beinahe gewillt und bereit zuzugeben, daß deine Wahrnehmung jene Klippe auf- und abschwebte oder daß irgend etwas in dir oder du insgesamt auf den Grund der Schlucht gesprungen bist und mit den Augen des *Tonal* untersucht hast, was es dort zu sehen gab, ganz als ob[146] du körperlich an einem Seil oder über eine Leiter hinabgestiegen wärst. Dieser Akt, das Untersuchen des Bodens der Schlucht, war die Krönung aller dieser Jahre der Schulung. Du hast deine Sache gut gemacht. Genaro sah sein Quentchen Chance[147], als er einen Stein auf dich warf, auf das *Du*, das am Grund der Schlucht war. Du *sahst alles*. Da wußten Genaro und ich ohne jeden Zweifel, daß du bereit warst, in das Unbekannte geschleudert zu werden. In diesem Augenblick *sahst* du nicht nur, sondern du wußtest auch alles über den Doppelgänger, den Anderen.‹

Ich unterbrach ihn und meinte, er lobe mich unverdientermaßen für etwas, das ganz außerhalb meines Verständnisses liege. Er antwortete, daß ich Zeit benötige, um all diese Eindrücke zu verarbeiten, und daß, sobald ich dies getan hätte, die Antworten nur so aus mir heraussprudeln würden, ganz ähnlich wie bisher die Fragen.

›Das Geheimnis des Doppelgängers liegt in der Blase der Wahrnehmung, und in deinem Fall befand sich diese gestern gleichzeitig auf dem Gipfel der Klippe und am Grunde der Schlucht‹, sagte er. ›Das Bündel von Gefühlen kann dazu gebracht werden, sich augenblicklich überall zu versammeln. Mit anderen Worten, man kann hier und dort gleichzeitig wahrnehmen.‹« (Castaneda IV:296–300).

»›Diese Sprünge waren nur der Anfang‹, fuhr er fort. ›Dann kam deine eigentliche Exkursion in das Unbekannte. Gestern nacht erlebtest du das Unaussprechliche, das *Nagual*. Deine *Vernunft* kann die physische Erkenntnis, daß du ein unbeschreibliches Bündel von Gefühlen bist, nicht abwehren. Deine *Vernunft* würde an diesem Punkt vielleicht sogar zugeben, daß es noch ein anderes Zentrum der Sammlung gibt, den *Willen*, durch den es möglich ist, die außerordentlichen Wirkungen des *Nagual* abzuschätzen oder zu nutzen. Endlich dämmert es deiner Vernunft, daß man das *Nagual* durch den Willen reflektieren kann, obwohl man es niemals erklären kann.

Jetzt aber zu deiner Frage: Wo warst du, während all dies geschah?[148] Wo war dein Körper? Die Überzeugung, daß es ein wirkliches *Du* gibt, ist eine Folge der Tatsache, daß du alles, was du hast, um deine Vernunft versammelt hast. In diesem Punkt räumt deine Vernunft ein, daß das *Nagual* das Unbeschreibliche ist, nicht weil Beweise sie überzeugt hätten, sondern weil es für sie sicherer ist, dies zuzugeben. Deine Vernunft steht auf sicherem Boden, alle Elemente des *Tonal* sind auf ihrer Seite.‹[149]

Don Juan machte eine Pause und sah mich prüfend an. Sein Lächeln wirkte freundlich.

›Laß uns jetzt zu Genaros Platz der »Inneren Wahl« gehen‹, sagte er unvermittelt. Er stand auf, und wir gingen zu dem flachen Stein, wo wir uns vor zwei Tagen unterhalten hatten; den Rücken gegen den Fels gelehnt, machten wir es uns an der gleichen Stelle bequem.

›Es ist stets die Aufgabe des Lehrers, der Vernunft das Gefühl der Sicherheit zu geben‹, sagte er. ›Ich habe deine Vernunft in die Auffassung hineingetrickst, das *Tonal* sei erklärbar und vorhersagbar. Genaro und ich, wir haben uns bemüht, dir den Eindruck zu vermitteln, als entziehe sich nur das *Nagual* dieser Erklärung. Daß der Trick erfolgreich war, beweist die Tatsache, daß es dir im Augenblick, trotz allem, was du durchgemacht hast, immer noch so erscheint, als gebe es einen innersten Kern, den du als dein eigen beanspruchen kannst, deine *Vernunft*. Dies ist eine Luftspiegelung. Deine kostbare *Vernunft* ist nur ein Zentrum der Sammlung, ein Spiegel, der etwas reflektiert, das sich außerhalb von dir befindet. Gestern abend erlebtest du nicht nur das unbeschreibliche *Nagual*, sondern auch das unbeschreibliche *Tonal*.

Der letzte Teil der Erklärung der Zauberer besagt, daß die Vernunft lediglich eine äußere Ordnung reflektiert und daß die Vernunft nichts über diese Ordnung weiß. Sie kann sie nicht erklären, genausowenig wie sie das *Nagual* erklären kann. Die *Vernunft* kann nur die Wirkungen des *Tonal* erleben, aber niemals könnte sie es verstehen oder entschlüsseln. Die bloße Tatsache, daß wir denken und sprechen, weist auf eine Ordnung hin, die wir einhalten, ohne je zu wissen, daß wir es tun, oder was diese Ordnung eigentlich ist.‹[150]

Ich äußerte den Gedanken, daß vielleicht die im Westen betriebene Erforschung der Vorgänge im Gehirn eine mögliche Erklärung bieten könnte, was diese Ordnung sei. Eine solche Forschung, entgegnete er, könne nichts anderes bestätigen, als daß überhaupt irgend etwas geschieht.

›Das gleiche tun die Zauberer mit ihrem *Willen*‹, sagte er. ›Sie sagen, daß sie durch den *Willen* die Wirkungen des *Nagual* erleben können. Ich kann nun hinzufügen, daß wir durch die *Vernunft*, ganz gleich, was wir mit ihr tun oder wie wir es tun, lediglich die Wirkungen des *Tonal* erleben. In beiden Fällen gibt es keine Hoffnung, je zu verstehen oder zu erklären, was dies ist, das wir da erleben.

Gestern abend war es das erste Mal, daß du mit den Flügeln deiner Wahrnehmung geflogen bist.[151] Du warst noch sehr ängstlich. Du bewegtest dich nur im Rahmen der menschlichen Wahrnehmung. Ein Zauberer kann diese Flügel benutzen, um andere Sensibilitäten zu erreichen, etwa die einer Krähe, eines Kojoten, einer Grille oder die Ordnung anderer Welten dort im unendlichen Raum.‹

›Meinst du auf andere Planeten, Don Juan?‹

›Selbstverständlich! Die Flügel der Wahrnehmung können uns an die entlegensten Grenzen des *Nagual* oder in die unvorstellbaren Welten des *Tonal* tragen.‹

›Kann ein Zauberer zum Beispiel zum Mond fliegen?‹[152]

›Natürlich kann er das‹, antwortete er. ›Aber er könnte wohl keinen Sack voll Mondgestein mitbringen.‹

Wir lachten und scherzten über diese Feststellung, aber es war ihm völlig ernst damit gewesen.

›Und damit sind wir beim letzten Teil der Erklärung der Zauberer‹, sagte er. ›Gestern nacht zeigten Genaro und ich dir die letzten beiden Punkte, die die Ganzheit des Menschen ausmachen, das *Nagual* und das *Tonal*. Ich habe dir einmal gesagt, daß diese zwei Punkte außerhalb von uns und doch nicht außerhalb liegen. Dies ist das Paradox der leuchtenden Wesen.[153] Das *Tonal* eines jeden von uns ist nur ein Reflex jenes unbeschreiblichen Unbekannten, das mit Ordnung erfüllt ist. Das *Nagual* eines jeden von uns ist nur ein Reflex jener unbeschreiblichen Leere, die alles enthält‹« (Castaneda IV:300 ff.).

»Ich muß auch hinzufügen, daß nur wenige Krieger die Begegnung mit dem Unbekannten überstehen, die euch bevorsteht, nicht so sehr, weil sie schwer wäre, sondern weil das *Nagual* über alle Maßen verlockend ist, und Krieger, die zu ihm aufbrechen, halten die Rückkehr ins *Tonal* oder in die Welt der Ordnung, des Lärms und des Leidens, für eine wenig erstrebenswerte Aussicht« (Castaneda IV:309).[154]

2 Exkurse in »Die Lehren des Don Juan«

A. *Eine abstrahierte Rekapitulation*

> »Ein Mann macht sich auf zum Wissen, wie er sich zum Krieg aufmacht, hellwach, voller Furcht und Achtung und absoluter Zuversicht. Wer sich auf andere Weise zum Wissen oder zum Krieg aufmacht, begeht einen Fehler, und wer immer ihn macht, wird seine Schritte ewig bereuen.«
> *Don Juan (Castaneda I:54)*

Die Wahl

Der Zauberer (brujo) nennt den Lehrling (apprentice) einen *Escogido*, einen Erwählten. Dies nicht nur, weil er, der brujo, ihn erkannt hat, sondern weil *Macht*[155] ihn erwählt hat. Die Auswahl wird dem brujo angezeigt durch ein Omen.[156] Dieses veranlaßt den brujo, sich beim Escogido »einzuhaken«.[157] Es geschieht durch einen festen Blick und die Beeinflussung durch den *Willen* – die Einwirkung der Fasern unterhalb des Nabels also –, die dem Betroffenen ein taubes Gefühl vermitteln.

Voraussetzung für die Wahl durch die Macht ist ein gutes *Tonal*. Es liefert den Boden – die persönliche Verfassung –, auf dem das gedeihen könnte, was in den Büchern mit »Wissen« gemeint ist. Der brujo versucht, den so Gebannten zu veranlassen, gewisse Handlungsmaximen in sein Leben aufzunehmen. Er wird motiviert, die Ereignisse gleichzeitig »hinzunehmen« (Demut) und doch nicht »nachzugeben« (Makellosigkeit).[158] Dieser Eintritt in die Beschreibung der Zauberer macht ihn zum Lehrling.

Der Prozeß (des Lernens)

Die Alternativbeschreibung des Zauberers steckt den Rahmen der Lehre ab. Der Verlauf selbst wird wiederum durch die Macht (bzw. ihre Zeichen) bestimmt, die der brujo zum Anlaß nimmt, gewisse Entscheidungen zu treffen, die dem Ablauf Richtung geben und ihn leiten.

Bei den rituellen Praktiken handelt es sich wesentlich um die Verknüpfung verschiedener Realitätsbeschreibungen und darin notwendig auftretende Übergangsphänomene. Die Anleitungen zu diesen Erfahrungen von Ereignissen obliegen dem Lehrer (Don Juan). Für ihn ist Carlos Castaneda der *Escogido*. Die Führung durch den Lehrer in das traditionelle Wissen der Zauberer besteht eigentlich in der Überwachung der Abläufe[159] – Don Juan hat jedoch eine Abweichung von der ursprünglichen Lehre vorgenommen.[160]

Zunächst wird der Lehrling zum Jäger.[161] Er lernt, sich in einem ihm lebensfremden Kontext zu bewähren – in der Wüste oder in den Bergen. Diese Überforderung dient einem taktischen Zweck: die ständige Aufmerksamkeit erzeugt einen Erschöpfungszustand, der den Lehrling aufnahmebereit macht für das, was der Zauberer ihm anzubieten hat. In »normaler« Verfassung wäre die Widerstandskraft seines *Tonal* so stark, daß sie nur zu überflüssigen Verzögerungen führen würde.[162]

Durch das Leben nach den besagten Handlungsmaximen ändern sich nach Ansicht der Zauberer die »Elemente der Insel des *Tonal*«. Der Jäger/Lehrling gelangt an die »Entscheidung seines Lebens« (Castaneda IV:317). Er hört entweder auf, oder entscheidet sich endgültig für das Leben als »Krieger« (= einer, der Macht jagt).

Nur ein Krieger kann den »Pfad des Wissens« überstehen. Er lernt das *Träumen*.[163] Durch die positive Entscheidung des Adepten für den lebenslangen Weg des Wissens wird der Prozeß des Lernens, der bisher durch die Person des Lehrers verkörpert und geleitet wurde, ergänzt durch die dem Lehrling unbewußte Wahl des »Wohltäters«.[164]

Für diesen ist der Lehrling kein Escogido mehr, sondern ein *protegido*, ein Schützling (Castaneda IV:256). Der Wohltäter ist der Führer ins *Nagual* (Castaneda IV:250, 321). Er vollendet sozusagen die Lehrzeit, indem er von außen die Blase der Wahrnehmung öffnet, während der Lehrer vorher mit der »Reinigung der Insel« des *Tonal* beschäftigt gewesen ist.

Das Ergebnis (der Lehre)

Das Ergebnis der Lehrzeit ist, daß der Krieger selbst zum Zauberer wird. Ihm wird die »Erklärung des Zauberers« enthüllt, aus der er seinen Gewinn ziehen mag. Er kennt die Beschreibung der Zauberer nun als Alternativbeschreibung zur alltäglichen Beschreibung und kann sich in ihr ebenso frei bewegen wie in seiner ursprünglich gewohnten.

Er kann sie benutzen (daß er sich dabei nicht zu erkennen gibt, ist seine »kontrollierte Torheit«, vgl. Castaneda II:69f.). Ob er allerdings ein *Wissender* (man of knowledge) wird, das entscheidet nicht er, sondern – wie gewöhnlich – die Macht.[165]

Erst der Wissende jedoch ist zur »Vollständigkeit seiner Selbst« gelangt, weil er *sieht*. Er hat sein magisches Erbe wiedererlangt, dessen er beraubt wurde von der Geburt an durch seine Mitmenschen – die schwarzen Magiere (Castaneda IV:33), wie der Zauberer sie nennt.

B. ›Fliegen‹

> »Bin ich ein Mann oder ein Vogel? Ich bin ein Mann, der weiß, wie man zum Vogel wird.«
> *Don Juan (Castaneda I:72)*

An der Frage, ob Castaneda wirklich geflogen ist oder nicht, entzündete sich nicht zuletzt eine Diskussion über seine Glaubwürdigkeit. Hatte er hiermit das Maß eines erträglichen wissenschaftlichen Spielraums überschritten? Sollte von der Beantwortung dieser Frage tatsächlich ein endgültiges und zuverlässiges Urteil über den Wahrheitsgehalt seiner Schriften abhängen, oder ist die Antwort möglicherweise gar nicht entscheidend, weil die Frage mißverständlich gestellt sein könnte?

Will man sich nicht von vornherein für das Gewohnte entscheiden, dann stellt sich eine für die Diskussion unerwartete, für die redliche Behandlung jedoch unumgängliche weitere Frage. Nämlich die, wodurch zu entscheiden wäre, wer Recht hat und wer nicht – konkreter: Wer befindet sich eigentlich auf einem »trip«?[166] Derjenige, der in den gewohnten Bahnen denkt, oder der, welcher die gewohnten Bahnen mittels Machtpflanzen oder anderer »Techniken« verläßt?

Da geklärt werden soll, was mit »fliegen« gemeint ist, oder – noch entscheidender – was mit »*wirklich* geflogen« bezeichnet werden soll, verweise ich zunächst auf die frag-würdige Textgrundlage, aus der heraus das Problem überhaupt entstanden war und zum Brennpunkt mehrerer wissenschaftlicher Beiträge wurde:

»Bevor ich an diesem Abend wegfuhr, mußte ich ihn schließlich fragen: ›Bin ich wirklich geflogen, Don Juan?‹

›Das hast du mir doch gesagt, oder nicht?‹

›Natürlich, Don Juan. Ich meine, ist mein Körper geflogen? Bin ich wie ein Vogel davongeflogen?‹

›Du stellst mir immer Fragen, die ich nicht beantworten kann. Du bist geflogen. Dafür ist ja der zweite Teil des Teufelskrauts da.[167] *Wenn du öfter davon nimmst, wirst du das Fliegen ganz beherrschen. Es ist keine so einfache Sache. Ein Mensch fliegt mit Hilfe des zweiten Teils des Teufelskrauts. Das ist alles, was ich dir sagen kann. Was du wissen willst, hat keinen Sinn. Vögel fliegen wie Vögel, und ein Mensch, der Teufelskraut genommen hat, fliegt auch so (el enyerbado vuele asi).‹*

›Wie die Vögel fliegen? (Asi como los pajaros?)‹

›Nein, er fliegt wie ein Mensch, der das Kraut genommen hat (no, asi como los enyerbados).‹

›Dann bin ich nicht wirklich geflogen, Don Juan. Ich bin in meiner Vorstellung geflogen, nur in Gedanken. Wo war mein Körper?‹[168]

›In den Büschen‹, erwiderte er scharf, aber gleich begann er wieder zu lachen. ›Die Sache mit dir ist, daß du die Dinge nur auf eine Art verstehst. Du glaubst nicht, daß ein Mensch fliegt. Und doch kann ein BRUJO in Sekundenschnelle tausend Meilen zurücklegen, um zu sehen, was vor sich geht. Er kann seinen Feinden auf große Entfernung einen Schlag versetzen. Nun, fliegt er also oder fliegt er nicht?‹

›Wirklich, Don Juan, du und ich sehen die Dinge verschieden. Angenommen, um nur ein Beispiel zu geben, einer, mit dem ich studiere, wäre hier bei mir gewesen, als ich das Teufelskraut nahm. Wäre es ihm möglich gewesen, mich fliegen zu sehen?‹

›Da bist du wieder mit deinen Fragen, was würde geschehen, wenn ... Es ist sinnlos, so zu reden. Wenn dein Freund oder irgend jemand anderes die zweite Dosis des Krauts nimmt, kann er nicht anders als fliegen. Wenn er dich also nur beobachtet hätte, hätte er dich vielleicht fliegen sehen oder auch nicht. Das hängt von ihm selbst ab.‹

›Aber ich meine, Don Juan, wenn du und ich einen Vogel fliegen sehen, sind wir uns einig, daß er fliegt. Aber wenn zwei meiner Freunde mich hätten fliegen sehen, wie ich es letzte Nacht tat, hätten sie dann beide geglaubt, daß ich geflogen bin?‹

›Ja, vielleicht. Du glaubst, daß Vögel fliegen, weil du sie fliegen sahst. Fliegen

ist eine bekannte Sache bei Vögeln. Aber du stimmst nicht anderen Dingen zu, die Vögel tun, weil du sie niemals bei Vögeln gesehen hast. Wenn deine Freunde von Männern wüßten, die mit dem Teufelskraut fliegen, würden sie sich einig sein.‹
›Ich will es noch anders sagen, Don Juan. Ich wollte sagen, wenn ich mich mit einer schweren Kette an einem Felsen festgemacht hätte, wäre ich dann genauso geflogen, weil mein Körper nichts mit meinem Fliegen zu tun hatte?‹
Don Juan sah mich ungläubig an. ›Wenn du dich an einen Felsen kettest‹, sagte er, ›dann befürchte ich, daß du mit einem Felsen an seiner schweren Kette fliegen mußt‹« (Castaneda I:106ff.).

Laurence Foss hat in seinem Beitrag »Does Don Juan really fly« versucht, den Sachverhalt zu kategorisieren, indem er das gewöhnliche, alltägliche und auch das wissenschaftlich-objekte Denken als »straight-thinking« und das, was davon abweicht, als »non-straight-thinking« faßt. »Non-straight-thinking« ist für ihn gleichbedeutend mit »stoned-thinking«, ... »whether or not induced by chemicals, may stipulate different truth conditions« (ders. 1973:370). »Straight-thinking« dagegen setzt er ab als »drugged by tradition« (ebd.:313).
Indem er letztlich beide Positionen als beeinflußt oder gedopt ausweist, hält er sie unentschieden gegeneinander – Wahrheit wird abhängig von der Perspektive. »For the one scenarist, Don Juan surely does not fly; for the other, he may indeed« (ebd. 315). Damit verbleibt er auf dem Niveau der Erörterung im I. Buch Castanedas.
Theodor Roszak geht in seinen Reflexionen einen Schritt weiter, wenn er (in »Where the Wasteland ends«) fragt, warum der Zauberer es nicht ebenso sehen kann, wie der Lehrling oder sonst jemand, der die Wirklichkeit von der Halluzination scheiden will und an seiner Sicht der Dinge festzuhalten gedenkt. Er gibt daraufhin die folgende Antwort:

»It is not because he cannot distinguish between the way a bird flies and the way a person flies. That is obvious to him as it is to us. He is neither feebleminded nor mad. What he sticks at is the ontological priority of the distinction: which is more real than which? ›Did I really *fly?‹ It is the prejudicial adverb that makes the trouble. The dispute between the two men leads us back to Plato's cave,*

where all significant philosophical controversy must return sooner or later. Which reality is the substance and which the shadow? The old sorcerer is at the same disadvantage as the sun-stunned philosopher who must explain daylight to those who have lived all their life in darkness.
For Don Juan, the real experience of flying belongs to an old and formidable tradition« (ders., 1974b:355).

Die Kunst des Fliegens als alte Tradition der Schamanen ist in der Tat in der ethnologischen Literatur zahlreich überliefert. Ihre Ausübung aber setzt »persönliche Macht« voraus, darum sieht nur derjenige jemand anderes fliegen, der diese Kräfte hat, oder gar *sehen* kann. Und *sehen* können nur Zauberer. Solche, die den »Pfad des Wissens« weit genug gehen konnten – anders ausgedrückt: jene, denen »Macht« die Chance gab, so weit zu gehen.
Darum gibt Don Juan Castaneda auch auf die Frage, ob jemand anderes ihn hätte fliegen sehen können die Antwort: »Das hängt von ihm selbst ab.« Es hängt nämlich davon ab, ob der Beobachter *sehen* kann.[169] Oder es hängt davon ab, ob der Betreffende ebenfalls die zweite Dosis des Teufelskrautes eingenommen hat – denn dann »kann er nicht anders als fliegen«.[170]
Die angewendeten Machtpflanzen, zu denen auch das Teufelskraut gehört, führen den Lehrling zu seinem »Verbündeten«, und dieser ist ein Aspekt des *Nagual* (Castaneda IV:312). Das Wesentliche aber ist dabei, daß der Verbündete außerhalb des einen der beiden Zentren der Person, nämlich *Verstand*, angesiedelt ist. Somit entgeht der Verbündete auch den Kontrollen des Verstandes, und die Erklärungen, die der Verstand geben würde, um ungewöhnliche Phänomene (zu denen das »Fliegen« von Menschen auch gehört) in sein System einzugliedern, greifen nicht mehr.
Roszak ist der Ansicht, die zugrunde liegende Erfahrung sei deshalb nicht erklärbar, weil sie quasi das non-verbale Fundament für Erklärungen abgibt und das Symbol oder die Metapher (z. B. des Fliegens) als naheliegender, wenn nicht unumgänglicher Ausdruck dessen untrennbar dazugehört.

»Experience and symbol taken together are what we might call a ROOT-MEANING: an irreducible sence of significance, a foundation the mind rests

and builds upon. For thought must begin somewhere, with some rudimentary material. These are the root meanings. ... Root meanings cannot be explained or analyzed; ... They are the diamond that cuts all else« (ebd.:356).

Nach Meinung Roszaks besteht Castanedas Problem darin, daß er (aber nicht nur er) von diesen »root meanings« so weit entfernt ist, daß er sie nicht mehr versteht. Die Entfernung scheint mit dem Abstand zwischen Magie und Wissenschaft zu korrelieren.
»Castaneda lives amid abundant reflections of the vision-flight, but, like most of us in the modern west, he has grown up hopelessly away from the root meanings. So when Don Juan takes him back to the source, he fails to recognize it for what it is, and asks: ›Did I really fly?‹ And than all sorts of absurdities and pseudoproblems ensue« (ebd.:357).
In einer Abhandlung, betitelt »Können Hexen fliegen?« (1976) hat sich Hans-Peter Duerr mit besagtem Phänomen befaßt. Duerr untersucht die sehr interessante Frage, inwieweit man sich bei der Betrachtung fremder Phänomene darauf einlassen darf, seinen wissenschaftlichen Standpunkt zu relativieren – wenn nicht gar zu verlassen. Er zitiert Radcliffe-Brown, der von den viktorianischen Ethnologen zu sagen pflegte, »sie seien nach der Maxime vorgegangen: Wenn ich ein Pferd wäre, dann würde mir das Gras nicht schmecken« (ders. 1976 a:60). So, wie es ein Pferd aber nicht weiter stört, ob das Gras den Ethnologen nun schmeckt oder nicht, so interessiert es den Zauberer auch nicht, ob und wie der Wissenschaftler die Erfahrung des Fliegens in seine Disziplin einbringen kann. Das kann allenfalls das Problem der Anthropologen oder der Erkenntnistheoretiker sein. Wenn sie tatsächlich ein Erlebnis hatten, welches »sie in einer gewissen Verlegenheit zurückließ: flogen oder verwandelten sie sich wirklich, oder bildeten sie sich lediglich ein, daß sie flogen oder sich verwandelten oder hatten sie unter dem Einfluß des Teufelskrauts und der anderen Drogen nur eine Halluzination[171] oder aber taten sie etwas, das sich einer Beschreibung mit Hilfe unserer Umgangs- und Wissenschaftssprache schlicht entzieht?« (ders. ebd.:59 f.)
Wenn es sich ihrer entzieht, was dann?
»Unsere Schwierigkeiten, sie (die Zauberei D. T.) zu verstehen, gehen zweifellos auf die Fremdartigkeit der Sinneinheiten zurück, mit denen sie arbeitet« (Castaneda II:15).

Handelte es sich um andere Sinneinheiten, würde das eine prinzipielle Inkommensurabilität bedeuten, wie Paul Feyerabend sie laut Duerr vertritt?

»... eine solche radikale Unvergleichbarkeit hätte zur Folge, daß gar nicht mehr gesagt werden könnte, man habe ganz verschiedene Beschreibungen derselben Sache, desselben Erlebnisses vor sich. ... Den verschiedenen Lebensformen entsprächen im wortwörtlichen Sinne verschiedene Wirklichkeiten, die sich in jenen ›zeigten‹, um diesen Wittgensteinschen Begriff zu verwenden« (ebd.:63).

Soweit zu gehen ist Duerr nicht bereit.[172] Er beruft sich darauf, daß wenn jedes Weltbild vollständig die Erfahrung bestimmte, jedes Weltbild letztlich nur über sich selber spräche.

Selbstverständlich handelt es sich um verschiedene Weltbilder – um Beschreibungen nämlich, und sicherlich bestimmen sie jeweils die Erfahrungen. Das ist es doch gerade, weswegen eine Verunsicherung des Ethnologen vorgenommen werden muß. Damit er seiner Beschreibung entkommt und glaubt, was er erfährt. Und das ist der Zweck der Initiation.

Duerr schreibt selbst, daß der Ethnologe aus dieser gefährlichen Initiation »wohl kaum mehr als derselbe zurückkehren dürfte« (ebd.:63). Sicher nicht, denn er hätte erstmalig die fatale Erfahrung gemacht, daß etwas an seinem bisherigen Interpretationssystem der Wirklichkeit nicht so fest ist, wie er geglaubt hatte.

Hat er sich ein wenig geändert, wird er behaupten müssen, es gäbe nichts zu übertragen, sondern höchstens zu verstehen. Hat er sich grundlegend durch dieses Erlebnis gewandelt, wird er u. U. schweigend aus dieser Diskussion verschwinden und die längste Zeit Wissenschaftler gewesen sein; bzw. die Gewißheit wissenschaftlicher Forschung in bezug auf gewisse Phänomene in Zweifel ziehen – ohne sich bemüßigt zu fühlen, diese zu begründen.

Aber zu einer »solchen Initiation sind die meisten Ethnologen sowieso nicht bereit, denn sie befürchten – mit Recht –, sie verlören damit ›the scientific outlook and perspective‹. Aber damit sagen sie nur, daß ihnen ihr scientific outlook wichtiger ist als das Verstehen fremder Kulturen.« (ebd.:73)

Mit Recht befürchten sie es, argumentiert Duerr; das aber wäre doch das Eingeständnis des gar-nicht-verstehen-könnens, und was dann noch zu verstehen übrig bleibt, kann doch von niemand mehr allen Ernstes als das gesehen werden, was ursprünglich verstanden werden sollte?

C. *Machtpflanzen*

> »Don Juan verstand und erklärte die Pflanzen als Vehikel, die einen Menschen zu gewissen unpersönlichen Kräften oder ›Mächten‹ hinführen, und die Zustände die sie hervorriefen, als Begegnungen, die ein Zauberer mit diesen ›Mächten‹ haben mußte, um die Kontrolle über sie zu erlangen.«
> *Carlos Castaneda (II:11)*

Hubert Fichte hat in seinem Buch *Xango*, in den ›Anmerkungen zu den rituellen Pflanzen der afrobrasilianischen Religionsgruppe«, die für ihn unschwer anfallende Frage gestellt: »Gelingt es ... mittels chemischer Beeinflussung die Persönlichkeit des Menschen zu verändern?« (ders. 1976:323).[173]

Meiner Ansicht nach ist diese Frage ergänzungsbedürftig seitens der Blickrichtung des Betroffenen, denn hier fragt der Beobachter. Der Betroffene muß aber prüfen, ob sich für ihn nicht die Wirklichkeit und somit die Welt langfristig verändert hat;[174] d. h. ob er seine »Mitgliedschaft« durch Drogen verliert.

In der psychologischen Literatur finden sich Berichte über Tests an Versuchspersonen mit pflanzlichen oder chemischen Substanzen, Testberichte, die diese Veränderung beschreiben. Darin wird stets impliziert, daß der Zustand ohne Einnahme solcher »Drogen« der Normalfall sei.[175] Sicher ist er es in gesellschaftlicher Hinsicht – jedenfalls was zivilisierte Gesellschaften angeht –, aber ob er es in erkenntniskritischer oder gar ontologischer Hinsicht auch sein muß?

Castaneda ging so lange von dieser Vorstellung aus, bis er ein Erlebnis hatte, das diese Ansicht verwarf.[176] Er erkannte, daß er die Rolle der psychotropen Pflanzen aufgrund der üblichen Haltung innerhalb seines kulturellen Kontexts falsch eingeschätzt hatte. Diese anfängliche Fehleinschätzung führte dazu, daß er bestimmte Teile seiner Aufzeichnungen vernachlässigte, sogar ausschied, weil er glaubte, sie seien für die Arbeit ohne Belang. Diese Aussonderung ging zurück auf sein ur-

sprüngliches akademisches Anliegen und auf eine List Don Juans, der bestrebt war, die Aufmerksamkeit seines Lehrlings von den Kernpunkten abzulenken[177], und führte zu einer »Hervorhebung des Bewertungsbereiches« *Pflanzen*. Diese Betonung führte zudem, wie erwähnt, zu einer Fehleinschätzung Castanedas, der, entsprechend seiner Wertstarre, über zehn Jahre hinweg diese Fixierung nicht zu lösen und überwinden vermochte. Es bedurfte dafür eines massiven Eingriffs, und erst durch ein daraufhin eintretendes Ereignis kam ihm zu Bewußtsein, was Überlegungen oder Zweifel nicht geschafft hatten.[178] Hierbei haben allerdings Machtpflanzen eine wichtige Rolle gespielt.[179]
Der Zauberer muß meist auf Machtpflanzen zurückgreifen[180], weil beim Schüler anfangs die Kraft des *Willens* noch nicht genug ausgebildet ist, um sich aus der »Gewißheit der Mitgliedschaft« zu befreien.[181]
Don Juan verwendete nach Castaneda drei Arten von Pflanzen:
- Peyote (lophophora williamsii), den er »Mescalito« nannte;
- Stechapfel (dature inoxia), genannt »la yerba del diablo«[182];
- Pilze (psylocebe mexicana?) »los honguitos« (= ›humito‹).

»Durch Einnahme jeweils eines dieser Halluzinogene rief er in mir, seinem Schüler, gewisse Zustände verzerrter Wahrnehmung bzw. veränderten Bewußtseins hervor, die ich als ›Zustände einer anderen Realität‹ bezeichnen will. Ich verwende bewußt das Wort ›Realität‹, denn es war eine wesentliche Voraussetzung von Don Juans Anschauungsweise, daß die Bewußtseinszustände, die durch die Einnahme jeder dieser drei Pflanzen hervorgerufen wurden, keine Halluzinationen, sondern konkrete, wenn auch außergewöhnliche Aspekte der alltäglichen Wirklichkeit waren. Don Juan behandelte diese Zustände nicht ALS OB sie wirklich wären, sondern ALS wirklich« (Castaneda II:11).
Die verwendeten Machtpflanzen lassen sich unterteilen in:
- Peyote und
- die Verbündeten: »la yerba del diablo«
  »humito«.

Sie unterscheiden sich dadurch, daß »Mescalito« (Peyotl) keine Regel hat, wohingegen die Verbündeten eine haben. Nur Wesen, die mittels einer Regel oder eines Gesetzes (Castaneda I:219) manipuliert werden konnten, waren sog. »Verbündete«.[183]

Peyotl[184]

»Peyotl, das wußte ich, ist nicht für die Weißen bestimmt. ... Und ein Weißer ist für diese Roten Männer einer, den die Geister verlassen haben.«
Antonin Artaud[185]

»Peyote nannte er ›Mescalito‹, den er als wohlwollenden Lehrer und Beschützer der Menschen bezeichnete. Mescalito lehrte die ›richtige Lebensweise‹. Peyote wurde gewöhnlich bei den MITOTES genannten Zusammenkünften der Zauberer eingenommen, zu denen die Teilnehmer sich ausdrücklich mit der Absicht versammelten, sich in der richtigen Lebensweise unterrichten zu lassen.« (Castaneda II:11)

Überaus präzise und komplex äußert sich für mein Empfinden Artaud:

»... Ciguri ist der Gott, der das Richtige vorher weiß, der Gott des Gleichgewichtes und der Selbstbeherrschung. Wer wahrhaftig *ciguri getrunken hat, das richtige Maß Ciguris, des* Menschen, *nicht des unbestimmten* Gespenstes, *der weiß, wie die Dinge beschaffen sind, und kann nicht mehr den Verstand verlieren, weil Gott in seinen Nerven ist, und von da her lenkt er sie.*

Ciguri trinken bedeutet aber gerade, die Dosis nicht überschreiten, denn Ciguri ist das Unendliche, und das Geheimnis der therapeutischen Wirkung der Heilmittel ist an die Menge gebunden, in der unser Organismus sie aufnimmt. Das Notwendige überschreiten bedeutet, die Wirkung stören« (ders. 1975:19f.).

»Ich fragte ihn, wie Mescalito die richtige Lebensweise lehre, und Don Juan antwortete, daß Mescalito zu leben zeige« (Castaneda I:55).

»Mescalito führt dich von dir selbst fort, um dich zu lehren. Ein Verbündeter führt dich fort, um dir Macht zu geben« (ebd.: 56).

Castaneda liefert im ersten Buch mehrere Berichte über seine Begegnung mit Mescalito. Einmal erscheint er ihm als Hund, dann als pilzartiger Gnom. Die entscheidende Einsicht jedoch ist, daß Mescalito außerhalb von ihm selbst existiert – im Gegensatz zu den Verbündeten.

»Ich kaute vierzehn buttons. Ich zählte sie sorgfältig. Ich kaute den letzten nicht zu Ende, denn ich hörte das vertraute Dröhnen, das die Gegenwart von Mescalito anzeigte. Alle sangen rasend, und ich wußte, daß Don Juan und alle

andern das Geräusch wirklich gehört hatten. Ich wollte nicht glauben, daß ihre Reaktion eine Antwort auf ein Zeichen war, das einer von ihnen gegeben hatte, nur um mich zu täuschen[186].

In diesem Augenblick fühlte ich, wie mich eine große Woge der Weisheit verschlang. Eine Mutmaßung, mit der ich drei Jahre gespielt hatte, wurde jetzt zur Gewißheit. Ich hatte drei Jahre gebraucht, um zu erkennen oder vielmehr herauszufinden, daß was immer in dem Kaktus LOPHOPHORA WILLIAMSII *enthalten ist, nichts mit mir zu tun hatte, um als Wesen zu existieren; es existierte als Ganzes allein dort draußen. Jetzt wußte ich es«* (Castaneda I:120).

ie Ereignisse sind für Castaneda so verwirrend, daß er meint, sie nicht verstanden zu haben. Daher bittet er Don Juan um eine Erklärung: Der vertröstet ihn: *»Du brauchst Zeit, um wirklich zu sehen und zu verstehen, was Mescalito sagen will, du solltest über seine Lektionen nachdenken, bis sie dir klarwerden«* (ebd. 158).

Am nächsten Tag (11.9.64) drängt Castaneda Don Juan erneut, ihm seine visionären Erlebnisse zu deuten.

»›Siehst du jetzt, wie dumm es ist zu fragen, ob er wie eine Person ist, zu der du sprechen kannst?‹ sagte Don Juan. ›Er ist mit nichts vergleichbar, was du je gesehen hast. Er ist wie ein Mann, aber gleichzeitig ist er überhaupt nicht wie ein Mann. Es ist schwierig, dies Leuten zu erklären, die nichts über ihn wissen und alles auf einmal über ihn wissen wollen. Und dann sind seine Lektionen so geheimnisvoll, wie er selbst es ist. Soweit ich weiß, kann kein Mensch seine Handlungen voraussagen. Du stellst ihm eine Frage, und er zeigt dir den Weg, aber er sagt es dir nicht auf die gleiche Weise, wie du und ich miteinander sprechen. Verstehst du jetzt, was er tut?‹

›Ich glaube nicht, daß ich Schwierigkeiten habe, das zu verstehen. Was ich nicht herausfinden kann, ist seine Bedeutung.‹

›Du hast ihn gebeten, dir zu sagen, was mit dir nicht stimmt, und er gab dir die ganze Beschreibung. Daran kann kein Zweifel sein! Du kannst nicht so tun, als hättest du nicht verstanden. Es war kein Gespräch und doch war es eins. Dann fragtest du ihn etwas anderes, und er antwortete dir genau in der gleichen Weise. Ich bin nicht sicher, ob ich verstehe, was er gemeint hat, weil du es vorgezogen hast, mir deine Fragen nicht zu sagen.‹

Ich wiederholte sorgfältig die Fragen, an die ich mich erinnerte: ich ordnete sie so, wie ich sie ausgesprochen hatte; ›Tue ich das Richtige? Bin ich auf dem richtigen Weg? Was soll ich mit meinem Leben anfangen?‹ Don Juan sagte, daß die Fragen, die ich gestellt hatte, nur Worte seien; es sei besser, die Fragen nicht auszusprechen, sondern sie von innen heraus zu stellen‹« (Castaneda I:124). Don Juans Deutung der Lektion Mescalitos ist diese:

»Er sagte, ›Du glaubst, es gäbe zwei Welten für dich – zwei Wege. Aber es gibt nur eine. Der Beschützer hat dir das mit unglaublicher Klarheit gezeigt. Die einzige Welt, die dir offen steht, ist die Welt der Menschen, und du hast nicht die Wahl, sie zu verlassen. Du bist ein Mensch! Der Beschützer zeigte dir die Welt des Glücks, in der es keinen Unterschied zwischen den Dingen gibt, weil niemand da ist, der nach dem Unterschied fragt. Aber das ist nicht die Welt der Menschen. Der Beschützer hat dich aus ihr aufgerüttelt und dir gezeigt, wie ein Mann denkt und kämpft. DAS ist die Welt des Menschen. Und ein Mensch zu sein bedeutet, zu dieser Welt verdammt zu sein. Du hast die Eitelkeit zu glauben, in zwei Welten zu leben, aber das ist nur deine Eitelkeit. Es gibt nur eine Welt für uns. Wir sind Menschen und müssen mit der Welt der Menschen auskommen.‹
Ich glaube, das war die Lektion!« (ebd.:125).

Das bedeutet natürlich nicht, daß es nur die alltägliche Welt gibt (vgl. Castaneda IV:63, 223).

Die Verbündeten

> »Zum Glück ist es nicht die Vernunft, die den Verbündeten zusammensetzt. Der Körper ist es. Du hast den Verbündeten in verschiedenen Graden und bei verschiedenen Gelegenheiten wahrgenommen. Jede dieser Wahrnehmungen wurde in deinem Körper gespeichert. Die Summe dieser Teile ist der Verbündete.«
> *Don Juan (Castaneda IV:110)*

Die beiden Pflanzenarten, die in den ersten beiden Büchern als »Verbündete« bezeichnet worden sind, waren Vehikel, da sie erst diese einzigartigen Wahrnehmungen möglich gemacht haben. Die Wirkung der Pflanzen war, die Einflußsphäre des *Verstandes* zurückzudrängen.

Später war die Einnahme der Pflanzen nicht mehr nötig. Castaneda hatte genügend »persönliche Macht« angesammelt, um die Übergewichtigkeit des *Tonal* willentlich auszugleichen (vgl. Castaneda IV:207 f.).
Es ging jedoch darum, die Verbündeten von Mescalito (d. h. dem Geist[187], der in Peyotl ist) zu unterscheiden.

»›Ein Verbündeter‹, sagte er, ›ist eine Macht, die ein Mann in sein Leben einbeziehen kann, damit sie ihm hilft, ihm rät und ihm die nötige Kraft zu großen und kleinen, richtigen oder verkehrten Taten gibt. Dieser Verbündete ist notwendig, um das Leben eines Mannes zu erhöhen, seine Handlungen zu lenken und sein Wissen zu fördern. Ein Verbündeter ist wirklich eine unentbehrliche Hilfe zum Wissen.‹ Don Juan sagte dies mit großer Überzeugung und Nachdruck. Er schien seine Worte vorsichtig zu wählen. Er wiederholte den folgenden Satz viermal: ›Ein Verbündeter wird dir zeigen, Dinge zu sehen und zu verstehen, die dir ein Mensch unmöglich klarmachen könnte.‹[188]
›Ist ein Verbündeter so etwas wie ein beschützender Geist?‹[189]
›Er ist weder ein Beschützer noch ein Geist. Er ist eine Hilfe.‹
›Ist Mescalito dein Verbündeter?‹
›Nein! Mescalito ist eine andere Art Macht. Eine einzigartige Macht! Ein Beschützer, ein Lehrer.‹
›Worin unterscheidet sich Mescalito von einem Verbündeten?‹
›Er kann nicht so gezähmt und benutzt werden, wie ein Verbündeter gezähmt und benutzt wird. Mescalito ist nicht in uns.‹ ...«
»... sagte Don Juan, verlangt der Gewinn eines Verbündeten die genaueste Lehre und das Befolgen der Stufen oder Schritte ohne eine einzige Abweichung. Es gibt viele solcher verbündeten Mächte in dieser Welt, sagte er, aber ich kenne nur zwei von ihnen. Und er würde mich zu ihnen und ihren Geheimnissen führen, aber es wäre mir überlassen, einen *von ihnen zu wählen, denn ich könnte nur einen haben ...«*
›Ein Verbündeter ist eine Macht, die einen Mann über seine eigenen Grenzen hinaustragen kann. Auf diese Weise kann ein Verbündeter Dinge zeigen, wie es kein Mensch kann ...‹
Ich bat ihn, mir diesen Punkt ausführlich zu erklären oder den unterschiedlichen Effekt beider zu beschreiben. Er sah mich lange an und lachte. Er sagte, daß das Lernen durch Gespräche nicht nur unnütz, sondern eine Dummheit

sei, weil das Lernen die schwierigste Aufgabe ist, der sich ein Mann zuwenden kann.« (Castaneda I:44 ff.)

»In Don Juans Lehren gab es zwei Verbündete. Der erste war in den Datura-*Pflanzen enthalten, die allgemein als Jimson Weed bekannt sind. Don Juan nannte diesen Verbündeten mit einem der span. Namen für diese Pflanzen* Yerba del Diabolo *(Teufelskraut). Seiner Meinung nach war jede der Spezies der* Datura[190] *ein Träger des Verbündeten. Jeder Zauberer mußte jedoch ein Feld von einer Spezies anlegen, die er sein eigen nannte, nicht nur in dem Sinn, daß die Pflanzen sein privates Eigentum waren, sondern auch in dem Sinn, daß man sie mit ihm persönlich identifizierte.*
Don Juans eigene Pflanzen gehörten zu der Spezies der Inoxia; ...
Der zweite Verbündete war in einem Pilz enthalten, den ich zum Genus der Psilocybe *zählte; es war wahrscheinlich* Psilocybe Mexicana, *aber die Klassifikation geschah nur versuchsweise, denn es gelang mir nicht, ein Muster zur Laboranalyse zu beschaffen. Don Juan nannte diesen Verbündeten* Humito[191] *(kleiner Rauch)«* (Castaneda I:166 f.).
»Ein Verbündeter als Begriff enthielt die folgenden Vorstellungen und ihre Verzweigungen: (1) ein Verbündeter war gestaltlos[192]; (2) ein Verbündeter wurde als eine Qualität wahrgenommen; (3) ein Verbündeter konnte gezähmt werden; (4) ein Verbündeter hatte eine Regel.« (Castaneda I:167)

Castaneda schreibt genauestens über diese »zweite Einheit der operativen Ordnung«, wie er es genannt hat – den Verbündeten. Diese Betrachtungen stehen im ersten Buch und sind daher mit entsprechender Vorsicht zu betrachten, da ihm zum damaligen Zeitpunkt wesentliche Einblicke in das System des Zauberers noch verstellt gewesen sind. Der Begriff des Verbündeten erlangt später eine Variationsbreite, von der hier noch gar keine Rede ist.

IV. Kapitel
Epilog metaphysischer Art

1 Wahrnehmung und ihre Voraussetzung

»Unser Irrtum ist, daß wir glauben, die einzig anerkennenswerte Wahrnehmung sei das, was durch unsere *Vernunft* gefiltert ist.«
Don Juan (Castaneda IV: 278)

War die Aufgabe der Logik die Untersuchung des richtigen Denkens, die über diese rein formale Behandlung hinausgehende Betrachtung dessen, was wir objektive Wirklichkeit nennen, die Erkenntnistheorie, so kennzeichnet das bereits konsultierte Lehrbuch die »Wissenschaft von den Voraussetzungen der Erfahrung des Wirklichen« als Metaphysik.[193]

Will man wissen, wie es überhaupt zu Wahrnehmungen kommt, so müssen demnach die Voraus-Setzungen untersucht werden. Diese Annahme impliziert, daß mit den vorhandenen Mitteln auch ein gültiges Ergebnis erzielt werden könne. Fraglich wird dies dann, wenn sich herausstellen sollte, daß die Einschränkung auf die Mittel, die bei der Untersuchung benutzt zu werden pflegen, die Beantwortung der Frage gerade unmöglich machen.

Castanedas Erfahrungen kommen in dem üblichen Spektrum der Glaubwürdigkeit nicht vor. Das liegt jedoch weniger an seinen Erfahrungen als vielmehr am Spektrum der Glaubwürdigkeit. Man müßte also zusätzlich untersuchen, warum dieses Spektrum seinerseits auch wiederum nur eine Auswahl zuläßt. (Dies ist übrigens ein Punkt, den Don Juan in enger Verbindung zur europäischen Kolonisierung Amerikas betrachtet. Wir betreten hier ein historisches Gebiet, das der Neuzeit angehört.)[194]

Der Begriff der Wahrnehmung basiert auf der Vorstellung eines sozialen Konsensus – das darüber hinaus gehende Erleben fällt hiernach in den Bereich der Einbildung.[195] Halluzinationen wären demnach Wahrnehmungen, die nicht in den sozialen Konsens integriert werden – solange sie mit geltenden Wertvorstellungen kollidieren. Nach dieser

Definition wäre der »spezielle Konsens«, von dem Castaneda berichtet und der nicht sozial, sondern von einem *brujo* bestätigt wird, eine solche Einbildung.
Glücklicherweise hält sich die »Blase der Wahrnehmung« nicht streng an Definitionen.[196] Woran sie sich hält, ist Gewohnheit. Diese Art der jeweiligen Gewohnheit ist sozial fundiert und unterliegt epochalen Veränderungen.[197]
Die soziale Bekräftigung der Wahrnehmung ist an einen Zweck gebunden – einen menschlichen Zweck (in genetischem, nicht in humanistischem Sinne). Man nennt diese Haltung (nach Max Weber) Zweckrationalität. Die ausgeprägteste Form dieser Rationalität wird durch die Arbeit – im weitesten Sinne – verkörpert. Ihrem Zweck, der Produktion der Dingwelt, wird die menschliche Sinneskapazität gemeinhin untergeordnet – jedenfalls in der zivilisierten Welt. Arbeit wird begriffen als Auseinander-Setzung mit der Natur.

»Sie verwandelt die Wirklichkeit oder das, was ist, *in ein Universum des Gegebenen, des objektiv Vorhandenen, das einem Subjekt gegenüber und zur Verfügung steht. Sie verstellt die Wirklichkeit, wie Bataille sagte, durch eine Welt der Dinge, die beliebig produzierbar und entsprechend auch beliebig zerstörbar sind«* (Bergfleth, G., 1975:366f.).

Auf *diese* Wirklichkeit richtet sich die soziale Wahrnehmung. Aber das ist nicht die Welt (sagt der Zauberer; vgl. Castaneda II:187f.). Wenn man in der Erörterung der Wahrnehmungsvoraussetzungen hier stehenbleibt, dann ergibt die Analyse eine Verzerrung der Wahrnehmung durch gesellschaftliche »Filter« (eine Analyse, wie sie E. Fromm unternommen hat).[198] Sie beschreibt, wie es dazu kommt, daß Worte gefühlt und Empfindungen gedacht werden, d. h. wie Wahrnehmung über Sprache und Denken realisiert wird. Dieser Ansatz gehört zu jenen, die sich mit der Selektion als Mechanismus der Wahrnehmung befassen.
Walter Benjamin äußerte die Vermutung, in früheren Zeiten hätte der Mensch sein okkultes Wissen durch »Ähnlichkeit«[199] erhalten und während des Prozesses der Zivilisierung sei dieses in die Sprache und die Schrift transformiert worden. Will man es auffinden, so muß man seiner Ansicht nach dort suchen. Üblicherweise wird in der abendländischen Tradition das Problem der Wahrnehmungsvoraussetzungen

methodologisch zu lösen versucht.[200] (Wenn nicht zu lösen, so doch mindestens zu erklären.) Methodologisches Denken, bezogen auf dieses Problem kann aber nur ein »beschränkt-ökonomisches« sein (vgl. Bergfleth, G., 1975:341). Aus einer solchen Theorie der Bedürftigkeit entspringt die Ideologie des Mangels, mit der gewöhnlich die Entwicklung der Neuzeit legitimiert wird.
Uns geht es jedoch um das Auffinden des »Fremden«, des »ganz anderen« – das ist das, was der brujo *Nagual* nennt. George Bataille hat, um diese »nicht-logische Differenz« zu treffen, einen »Diskurs der Sprengung« versucht. Seine Methode nennt er Heterologie.

»Die Heterologie hat die Fremdheit des Heterogenen zum Gegenstand: dasjenige, was 'ganz anders *ist', was derart ausgeschlossen ist aus der homogenen Gesellschaft, daß es* inkommensurabel *wird. Wenn das Heterogene dem homogenen Weltverhältnis entgegengesetzt ist, dann nicht wie das Negative dem Positiven oder wie die Nichtidentität der Identität, sondern wie die* Ausscheidung *(excrétion) der* Aneignung *(appropriation). Das heißt auf eine Weise, die weder dialektisch noch sonstwie vermittelt werden kann und die die Theorie selbst in Frage stellt. Wir können sagen, daß es sich um eine* Theorie der Abweichung *handelt, die die* Abweichung von der Theorie *betrifft, wenn wir den besonderen Status, den die Theorie hier einnimmt, bezeichnen wollen –: eine Theorie, die sich so auf die Abweichung bezieht, daß sie sich zersetzt und selbst zur Abweichung wird«* (Bergfleth, G., 1975:307).
»Die Heterologie ist also auf das gerichtet, was in der Wissenschaft ebenso wie in der Philosophie unter den Tisch fällt: den Abfall, der von ihnen zwar erzeugt wird, aber als etwas, das immer zugleich ausgeschieden und verdrängt werden muß« (ders. ebd.:309).

Das Heterogene ist dem Homogenen entzogen. Das Homogene ließe sich in der Terminologie des brujo als *Tonal* bezeichnen. Der Ring der Macht, der hier wirksam ist, wäre der des *Tun*. Aber es gibt eben noch jenen zweiten Ring der Macht, den des *Nicht-Tun*. Die Vertrautheit mit dem unermeßlichen *Nagual* erreicht der brujo über seinen *Willen*, wenn er *sieht*. Dann verändert sich die Welt. Sie ist nicht mehr was sie war und bleibt nicht länger, was sie ist.
Der brujo Don Juan behauptet, der Umgang mit dem *Nagual* sei bei den Zauberern – oder besser gesagt, den *Wissenden* – erst durch die

Kolonisierung und nach der Unterwerfung der Indianer durch die Spanier bis zu diesem Grade der Perfektion gediehen. Das Eindringen der Europäer nahm den Indianern ihr *Tonal* – nicht nur das *Tonal* ihrer Zeit[201], sondern es verlor auch ein jeder sein persönliches *Tonal*.

»›Man kann sich leicht vorstellen, daß die Herrschaft der Weißen für den durchschnittlichen armen Indianer die reine Hölle ist. Und doch ist es eine Ironie, daß sie für andere Indianer der reine Segen war.‹
›Von wem sprichst du? Welche anderen Indianer meinst du?‹
›Die Zauberer. Für die Zauberer war die Conquista die Herausforderung ihres Lebens. Sie waren die einzigen, die nicht durch sie zerstört wurden, sondern sich ihr anpaßten und sie zu ihrem besten Vorteil nutzten.‹
›Wie war das möglich, Don Juan? Ich hatte stets den Eindruck, daß die Spanier keinen Stein auf dem anderen gelassen haben.‹
›Nun, vielleicht stürzten sie alle Steine um, die in Reichweite ihres eigenen *Tonal* lagen. Im Leben der Indianer aber gab es Dinge, die für den weißen Mann unbegreiflich waren. Diese Dinge bemerkte er nicht einmal.[202] Vielleicht hatten die Zauberer einfach Glück, oder vielleicht war es ihr Wissen, das sie rettete. Nachdem das *Tonal* der Zeit und das persönliche *Tonal* jedes einzelnen Indianers ausgetilgt waren, hielten die Zauberer sich an das einzige, was unangefochten geblieben war, das *Nagual*. Mit anderen Worten, ihr *Tonal* nahm Zuflucht bei ihrem *Nagual*. Dies hätte nicht geschehen können, es sei denn unter den qualvollen Lebensbedingungen eines unterworfenen Volkes.[203] Die heutigen Wissenden sind das Produkt dieser Bedingungen, und sie sind die besten Kenner des *Nagual*, da sie ganz allein auf dieses angewiesen waren. Bis dahin ist der weiße Mann niemals vorgedrungen. Tatsächlich hat er nicht mal eine Ahnung, daß es existiert‹« (Castaneda IV:155 f.).

Castaneda sieht sich genötigt, Einwände aus der europäischen Denktradition zu erheben. Nachdem der brujo sie sich angehört hat, entgegnet er:

»›Ich höre dich reden‹, sagte er, ›aber du sagst nichts. Das *Nagual* ist weder Erfahrung noch Intuition, noch Bewußtsein. Diese Begriffe und alles andere, was du ins Feld führen magst, sind nur Gegenstände auf

der Insel des *Tonal*. Das *Nagual* hingegen ist nur Wirkung. Das *Tonal* beginnt bei der Geburt und endet mit dem Tod, aber das *Nagual* endet niemals. Das *Nagual* ist grenzenlos. Ich habe gesagt, das *Nagual* sei dort, wo die Kraft schwebt. Das war nur eine Benennung. Aufgrund seiner Wirkung läßt das *Nagual* sich vielleicht am besten als Kraft verstehen. Als du dich zum Beispiel heute nachmittag wie betäubt fühltest und nicht sprechen konntest, da habe ich dich allerdings beschwichtigt, das heißt, mein *Nagual* wirkte auf dich ein.‹
›Wie war das möglich, Don Juan?‹
›Du wirst es nicht glauben, aber das weiß niemand. Ich weiß nur, daß ich deine ungeteilte Aufmerksamkeit wollte, und dann fing mein *Nagual* an, auf dich einzuwirken. Und dies weiß ich auch nur, weil ich seine Wirkung sehen kann, aber ich weiß nicht, wie es wirkt‹« (Castaneda IV:157).

Der Umgang mit dem *Nagual* wird auf ein Ziel hin erprobt: die »Vollständigkeit seiner Selbst«.
Sie wird von den Menschen in der Regel deswegen nicht erreicht, weil sie sich ihres magischen Erbes nicht bewußt zu werden vermögen. Dieses Erbe besteht in der Fähigkeit, sich über den Körper hinaus auszudehnen. Diese Ausdehnung setzt eine Auflösung all der »Beschreibungen der Wirklichkeit« voraus, die unser Denken und Handeln bestimmen – solange wir über das eine Zentrum der Person: den *Verstand*, organisiert sind. Das zweite Zentrum, der *Wille*, ist die Ausgangsbasis für die Exkursionen ins *Nagual*; d. h., von hier aus treten wir das magische Erbe an. Es besteht darin, mittels der leuchtenden Fasern, aus denen Menschen bestehen und die Bewußtsein haben, die Welt zu erfahren bzw. wahrzunehmen. Dabei ist es von sekundärer Bedeutung, ob sich diese Wahrnehmungen innerhalb oder außerhalb des Individuums zutragen.

»Das *Tonal* deiner Zeit verlangt, daß du behauptest, alles, was mit deinen Gefühlen und Gedanken zu tun hat, finde in dir statt.[204] Das *Tonal* der Zauberer sagt, im Gegenteil, alles ist draußen. Wer hat nun recht? Keiner von beiden. Drinnen oder draußen – darauf kommt es wirklich nicht an« (Castaneda IV:147).[205]
»Die Ganzheit unseres Selbst ist eine sehr dehnbare Sache«, sagte er.

»Wir brauchen nur einen sehr geringen Teil davon, um die kompliziertesten Aufgaben des Lebens zu bewältigen. Doch wenn wir sterben, dann sterben wir mit der Ganzheit unseres Selbst. Ein Zauberer stellt sich die Frage: Wenn wir schon mit der Ganzheit unseres Selbst sterben, warum dann nicht mit dieser Ganzheit leben?« (Castaneda IV:148f.)

Es kommt deshalb nicht darauf an, ob sich alles innen oder außen abspielt, weil lediglich die Verbindung, der Zustand der Verschmelzung, von Interesse ist.
Wenn wir aufgrund maßgeblicher Veränderungen sagen »Ich sehe die Welt mit anderen Augen«, dann kommt hierin sprachlich die Akzentverschiebung in der Wahrnehmung zum Vorschein. Es wird konzediert, daß eine andere Sicht (der Dinge) wirklich geworden und nicht bloß möglich ist. Gewöhnlich bedarf es aber eines sehr starken Anstoßes, um diese alternative Sichtweise zu bewirken.
Denn so, wie wir die Welt zu erfahren lernen, sind auch unsere Wahrnehmungen dimensioniert, d. h. eingeschränkt. Unsere Wahrnehmungen aber geben uns den einzigen Aufschluß über die Wirklichkeit. In dem Maße, in welchem unsere Wahrnehmung somit durch Gesellschaft verschnitten ist, ist auch »unsere« Welt zugerichtet.
Die a-priorische Kanalisation unserer Wahrnehmung durch die Organisation unseres Verstandes richtet sich demgegenüber nicht auf die kulturelle Unterschiedlichkeit des Welt-*Bildes*, sondern auf unser Wahrnehmen als Gattungswesen in Vergleich zu anderen lebenden Wesen. Dem Wissenden geht es nicht nur darum, die kulturspezifische Absprache zu überwinden und abzulegen, sondern auch um eine Überschreitung dessen, was unsere Konvention als gattungsspezifisch definiert hat. Diese Definition ist eine, die das magische Erbe vernachlässigt hat – in der Annahme, gerade das vernachlässigen und ausgrenzen zu müssen, was der Vernunft im Wege stand und daher der wahren Erkenntnis ebenso. Das *Nagual* kommt hier nicht vor und all das, was in seiner Nähe sich befand und befindet, gilt als irrational. Der Vorwurf der Irrationalität jedoch dokumentiert und »bezeugt grundsätzlich den Herrschaftswillen der Rationalität«[206] (Bergfleth, G., 1975:383).
Rationalität[207] meint die Instrumentalisierung des Gehirns; die Anwendung der Vernunft auf die buchstäbliche Umwälzung der Natur.[208] Dieses Konzept kann man auch als Realismus bezeichnen – und

ein Realist[209] ist jemand, der es versteht, mit der ihm »gegebenen« Wirklichkeit zurechtzukommen bzw. sie zu nutzen.[210] Diese Konzeption ist eine Erfindung, und es gehört zur Raffinesse ihrer Apologie, zu behaupten, sie sei es nicht.

2 Die leuchtenden Wesen

Wenn der brujo von Wahrnehmung spricht, meint er die über die Sinnlichkeit hinausreichende Erfahrung der Ganzheit. Die Begrenzung der Wahrnehmung auf Sinnlichkeit würde eine Fixierung auf die Übereinkunft bedeuten, nach der lediglich fünf Sinne anerkannt sind. In diesem Konzept ist die Sinnlichkeit das Korrelat der Abstraktionsfähigkeit der Vernunft. Sinnlichkeit steht für die Unterwerfung der inneren Natur des Menschen und die Beschneidung der Wahrnehmungsmöglichkeiten des Organismus.[211]
Dem brujo geht es darum, die Auflösung des Subjekt-Status' zu betreiben, indem er das Ich des Lehrlings manipulativ entgrenzt. Dies soll geschehen durch die Wirkung von Machtpflanzen oder der diversen »Techniken«. Für ihn ist der Rausch oder die Ekstase nicht einfach ein Produkt der Droge, sondern auch eine Freisetzung des Individuums von der betörenden Wirkung der Gesellschaft, die eine Beschreibung der Welt geliefert hat, die so mächtig in ihrer Wirkung ist, daß das Subjekt ohne die Hilfe dieser Eingriffe gar nicht fähig wäre, auch nur zu *denken*, daß es sich um eine Absprache handeln könnte.
Die Verschmelzung des Ich / *Tonal* mit dem *Nagual* hebt die Subjekt-Objekt-Dichotomie auf. Der Umgang mit dem *Nagual*[212], den der brujo lehrt, ist offensichtlich die Wahrnehmung dieser Selbst-Verflüchtigung und Verschmelzung mit der Welt. Durch das Vergehen des Subjekts erübrigt sich das Vorhaben einer »metaphysischen Objektabgrenzung«. Es hebt sich auf.[213]
Erst das analytische Denken vollzieht die Trennung wie ein Skalpell. Denken teilt und fügt wieder zusammen. Der Intellekt unterliegt jedoch derselben Zweckrationalität, die ihn überhaupt erst hervorgebracht hat; d. h., es wird von ihm nur das für vernünftig gehalten, was einen (menschlichen) Zweck hat.[214]

Der Sinn, den man nach dieser Ausrichtung allem Seienden gibt, existiert demnach nur im Denken – und die Instrumentalisierung der Vernunft, der *Verstand*, hat im neuzeitlichen mentalen Bewußtsein als Beleg seine Wirklichkeit –, aus deren Vorhandensein er seine prominente Position ableitet und alle übrigen Möglichkeiten der Erkenntnis defizient erscheinen läßt.[215]

Das *Wissen* der brujos ist nach Aussage Don Juans eine Reaktion auf den Kontakt mit dieser Bewußtseinsform. Es zielt darauf ab, dem *Verstand* die »Krone zu nehmen«, ihn gleichwohl aber zu schützen und ihm eine ihm gemäße Position anzuweisen. Wahrnehmung muß daher von der Kontrolle des Verstandes gelöst werden, weil dieser stets die Tendenz hat, unsere Erfahrungen mit dem Bild, was wir von der Wirklichkeit haben, in Übereinstimmung zu bringen – und das hat zur Folge, daß alle die Erfahrungen, die unser »Bild« grundsätzlich in Frage stellen würden, ausgesiebt werden. Diese zeigen die Ergänzungsbedürftigkeit des *Tonal* an, denn in den Erfahrungen, die sich nicht integrieren lassen und dennoch bewußt werden – sozusagen unerlaubt das Filter passiert haben –, liegen Durchbrüche des *Nagual* vor. Über sie wird nicht länger hinweggegangen, als wäre nichts gewesen, da das bestehende Bewußtsein durch dieses Bewußt-werden oder Dämmern ergänzt wird.

Das magische Erbe, von dem bei Don Juan die Rede ist, besteht darin, die »Vollständigkeit seiner Selbst« über den *Willen* herzustellen. Die Ergänzung findet über die Wahrnehmung statt – und der Begriff der Wahrnehmung wird erweiterungsbedürftig bis zu dem Punkt, wo er kein Begriff mehr sein kann, weil die Erfahrung dem Denken des Verstandes entzogen ist. Dies ist die Selbstvergessenheit[216] des Menschen, in dem Sinne, als sich Bewußtsein nicht mehr auf den Verstand allein bezieht, sondern ebenso auf die leuchtenden Fasern, mit deren Hilfe sich die Welt erfassen und *sehen* läßt (vgl. Castaneda IV:122f.).

Das Subjekt wird leuchtendes Wesen.

»›Wir sind Wahrnehmung. Wir sind Bewußtsein. Wir sind keine Objekte, wir haben keine feste Konsistenz, wir sind grenzenlos. Die Welt der festen Objekte ist ein Mittel, unsere Wanderschaft auf Erden angenehm zu machen. Sie ist nur eine Beschreibung, geschaffen, um uns zu helfen. Wir – oder besser: unsere *Vernunft* – vergessen gern, daß die

Beschreibung nur eine Beschreibung ist, und so schließen wir die Ganzheit unseres Selbst in einen Teufelskreis ein, dem wir, solange wir leben, kaum entrinnen können.‹

›Wir sind wahrnehmende Wesen‹, fuhr er fort. ›Die Welt, die wir wahrnehmen, ist jedoch eine Illusion. Sie ist entstanden durch eine Beschreibung, die man uns seit dem Augenblick unserer Geburt erzählt hat.

Wir sind leuchtende Wesen, sind mit zwei Ringen der Kraft geboren, aber wir benutzen nur einen davon, um die Welt zu erschaffen. Dieser Ring, der sich schließt, bald nachdem wir geboren sind, ist die *Vernunft* – und ihr Begleiter das *Sprechen*. Gemeinsam hecken die beiden die Welt aus und halten sie in Schwung.

Die Welt, die deine *Vernunft* erhalten möchte, ist also im Grunde eine Welt, geschaffen durch eine Beschreibung und ihre dogmatischen, unumstößlichen Regeln, welche die *Vernunft* zu akzeptieren und zu verteidigen lernt.

Das Geheimnis der leuchtenden Wesen ist, daß sie noch einen weiteren Ring der Kraft haben, der gewöhnlich nie benutzt wird, den *Willen*. Der Trick der Zauberer ist der gleiche Trick, wie ihn die normalen Menschen anwenden. Beide haben sie eine Beschreibung. Der eine, der normale Mensch, erhält sie mit Hilfe seiner *Vernunft* aufrecht, der andere, der Zauberer, erhält sie mit seinem *Willen* aufrecht. Beide Beschreibungen haben ihre Regeln, und die Regeln sind wahrnehmbar, doch der Vorteil des Zauberers liegt darin, daß der *Wille* umfassender ist als die *Vernunft*‹« (Castaneda IV:111 f.).

Castaneda mußte lernen, das Filter der Vernunft abzustreifen und die Wahrnehmung freizusetzen, ohne sich an die Grenzen der Sinnlichkeit zu halten.

Dabei bestritt der brujo ihm nicht die Wirklichkeit unserer Lebenswelt – was er anzweifelte, ist deren Realität. Als Zauberer bot er ihm eine Alternativbeschreibung an. Als Wissender hat er keine Beschreibung mehr (d. h. er kennt und benutzt beide), aber er weiß, wo er die Welt zu suchen hat: dazwischen.[217]

Der Fall Castaneda oder »Wir sind alle Idioten, und du bist da keine Ausnahme!«

»Es ist eine Schande, daß Wissenschaft in diesem Lande bis zu einem Punkt heruntergekommen ist, wo Carlos Castaneda und seine Umtriebe als Werke der Wissenschaft ernstgenommen, ja sogar offiziell akzeptiert werden konnten.«
Das Zitat dieser Leserzuschrift, veröffentlicht in der *New York Times Book Review* diente einem Schreiber der *Frankfurter Allgemeinen Zeitung* am 16. November 1976 als Deckung, um in seiner Rezension des vierten Buches von Castaneda mächtig gegen den Autor vom Leder ziehen zu können.
Beim erstmaligen Lesen des Artikels war ich schlicht belustigt über die verzweifelt rüden Beschuldigungen und Verwünschungen, die Rezensent Lothar Baier in seinem Verriß ausstößt und die auf den ersten Blick seine Gegenargumentation sogar schlüssig erscheinen lassen; bis mich ein schriller Ton, der da irgendwo mitschwang, aufhorchen ließ und mir den Eindruck gab, es müsse mehr dahinterstecken als blinde Wut.
Seither habe ich auch noch keinen anderen Beitrag zu Castaneda finden können, der augenfälliger vorführen könnte, wie eine hysterische Abwehrreaktion aussieht, der es von vornherein darum zu tun ist, mit solcher Art »Wissenschaft« aufzuräumen – wo nicht mehr argumentiert wird, sondern vielmehr stets erneut zugetreten. Als müßte man ein Feuer, das immer wieder aufglimmt, austrampeln.
Ich frage mich, was Castaneda eigentlich getan hatte, daß er sich soviel Unmut zuzog und ein »geschickter Schriftsteller und notorischer Lügner« geschimpft wird?
Nun, er hatte über seine Lehre bei einem indianischen Zauberer Bücher geschrieben. Mit dem Anspruch des Wissenschaftlers, Informationen über Heilpflanzen sammeln zu wollen, hatte er seine Erkundungen 1960 begonnen und irgendwann bemerkt, daß ihn die Angelegenheit sowohl wortwörtlich nicht mehr losließ, als sich auch unaufhaltsam

sein wissenschaftlicher Standpunkt verflüchtigte, mit dessen Hilfe er bis dato immerhin gewohnt war, *die Welt* zu erklären.

»Wie bitte?«

»Ja, genau das!«

Von 1961 bis 1965 ließ er sich von einem Yaqui-Indianer mit Namen »Don Juan« darin unterweisen, in jene »andere« Realität, die Welt des Zauberers, einzudringen und sich in ihr zurechtzufinden – sie zu »benutzen«, ebenso wie man die alltägliche Welt für seine Zwecke nutzt, weil beide Welten lediglich »Beschreibungen« sind, wie Don Juan behauptet.

Diese vier Jahre markieren die erste Phase der Lehrzeit. Castaneda hatte die beängstigenden Unterweisungen schließlich abgebrochen, weil er es zunehmend mit der Angst zu tun bekam, und war somit, wie vom Zauberer vorausgesehen, dem ersten »Feind eines Wissenden«, erlegen. Diese Unterbrechung sollte sich jedoch nicht als Hindernis für die erneute Aufnahme der Lehre im Jahre 1968 herausstellen.

Zwischenzeitlich war es dem damaligen Studenten glücklicherweise gelungen, seine Notizen zu verarbeiten und sie an der *University of California*, Los Angeles, als Dissertation unterzubringen. Als sie dann als Buch erschien, zeichneten die als konservativ bekannten »Regents of the UCLA« für das Copyright verantwortlich und lösten damit einen Großteil der nachfolgenden Auseinandersetzungen aus. Wäre es ein Roman (wie jetzt bei Pirsig) gewesen oder eine Fiction-story oder etwas entsprechend wissenschaftlich »Verdächtiges«, dann hätte man sich die Mühe ersparen dürfen, darauf ernsthaft eingehen zu müssen.

Hier handelt es sich aber um eine Doktorarbeit im Bereich Anthropologie – nicht um irgendeine, sondern um diejenige, der es vorbehalten bleiben sollte, genau den Nerv des herkömmlichen »objektiven« Wissenschaftsverständnisses zu treffen. Und das alles, ohne zu bohren.

In diesem Buch wird exemplarisch demonstriert, wie tragfähig Kriterien der Wissenschaft sind, wenn es darum geht, mit der Verarbeitung von Erfahrungen, die in vielerlei Hinsicht nicht »ins Bild« passen, wirklich ernst zu machen.

Castaneda hatte es gewagt, seine Erfahrungen mit der Zauberei einschließlich der Schlußfolgerungen, die sich fast von selbst daraus zie-

hen, wenn man schon anfängt, darüber nachzudenken, anstatt die Finger davon zu lassen, als Wissenschaft zu bezeichnen.
Damit trat er in einen äußerst ranzigen, weil sehr alten Fettnapf namens »objektive Wirklichkeit«. Um dieses Gebilde zu konstruieren, hatte die Wissenschaft einen jahrhundertelangen Aussonderungsprozeß geführt, in dem es darum ging, ebensolche nicht-alltäglichen Erfahrungen in die Sphäre der Erkenntnis nicht einzulassen. Und da kommt nun jemand daher und behauptet, ausgerechnet das, was er in diesem ignorierten Bereich erfahren hätte, sei wirklich passiert.
Der fehlte denen gerade noch, der Castaneda.
Als genügte es nicht schon, überhaupt darüber zu schreiben – nein, er muß auch noch einen Anspruch auf Wissenschaftlichkeit formulieren. Jedenfalls in diesem ersten Buch. Und selbst als er in den folgenden drei Büchern den Anspruch fallenläßt und Reportagen schreibt, führen seine Beschreibungen doch dazu, die handelsüblichen Reflektionen über Erkenntnis, Wissen, Wahrheit etc., jene »letzten Dinge«, über die Philosophen schon so lange reden, zu Selbstgesprächen auf tautologischer Basis zu degradieren. Der traditionelle Reflexionskontext wird nämlich nicht einfach überschritten, sondern schleunigst verlassen. Das, was der Zauberer Castaneda zeigte und was er ihn lehrte, ging in buchstäblich unbeschreiblich haarsträubender Weise über das normale Fassungsvermögen hinaus. Ein Effekt, der mich mehrmals veranlaßte, die Bücher beiseitezulegen, die geistigen Brocken zu verstauen und meinem Verstand unauffällig einen angemessenen Verdauungszeitraum anzubieten.
Nach meinem Eindruck sind es die Implikationen dessen, was in den Büchern berichtet wird, welche die Unruhe in die Diskussion bringen und jene schrillen Töne der Kritik erzeugen, von denen ich zu Anfang sprach. Sie signalisieren, daß Castaneda den Punkt getroffen hat, auf den es ankommt.
Der »brujo« Don Juan hatte nämlich behauptet, es gäbe eine Ansicht der Welt, von der normale Menschen keine Ahnung hätten. Überhaupt sei die übliche Ansicht der Welt nur eine »Beschreibung«, die man durch seine Mitmenschen von der Geburt an so lange eingehämmert kriegt, bis man die Dinge (wen?) so sieht, wie die anderen auch. Dann ist man »Mitglied« geworden. Die Eintrittskarte dazu ist die Sprache, und der ganze Trick nennt sich soziologisch »Sozialisation«. Um sich

der Richtigkeit dieser Welt immer wieder erneut zu versichern, bedient man sich des »inneren Dialoges«, eines Systems der Rückkopplung, mit dem man sich selbst bestätigt, daß das, was man »Baum« nennt, auch das ist, was man gelernt hat, daß es zu sein hat – weswegen man es so nennt. Vorher kommt das Feedback von den »anderen«.
»Das ist ein *Baum*, Klausie!«
»Nein, kein Waum, ein Baum! Mit Bö.«
Das Schönste daran ist natürlich, daß man nix merkt. Die Selbstverständlichkeit sitzt so tief, daß niemand darauf kommt, daran zu zweifeln. Borniert weisen wir auf die »objektive Realität« um uns hin, gewiß, sie zu kennen. Alles Absprache, meint der Zauberer. Um zu belegen, daß er recht hat und es sich tatsächlich so verhält, wie er behauptet, versetzt er Castaneda in für ihn ungewöhnliche Lebenssituationen, mit denen der nicht so ohne weiteres fertig wird, weil ihm die Routine hier fehlt. Und sobald sie nicht mehr abstützt, ereignen sich die bekannten Vorfälle aus den Büchern, denen der brave Anthropologe fassungslos gegenübersteht. Er begreift gar nichts mehr und schiebt all das, was er nicht versteht, auf die Wirkung der psychotropen Pflanzen – bis ihm nach gut zehn Jahren dämmert, daß er mit dieser Einschätzung auf einen Trick seines Verstandes hereingefallen war und daß er ihn mit dieser Technik davor geschützt hatte auszuhaken.
Das nun, was ihn veranlaßte, seine Notizen neu zu überarbeiten und seine Schriften zu korrigieren, das »monumentalste Ereignis in meinem Leben«, wird von den Zauberern »Anhalten der Welt« genannt. Es geschieht, wenn man den erwähnten »Inneren Dialog« unterbricht. Dann bricht das Bestätigungssystem des Verstandes zusammen und die übliche alltägliche »Beschreibung der Welt« kann nicht länger aufrechterhalten werden.
Zur Erreichung dieses Zieles hatte der Zauberer Castaneda verschiedene Techniken beigebracht, mit deren Hilfe sich diese angestrebte Unterbrechung bewerkstelligen ließ. Dabei wendet sich der Zauberer stärker an den Körper des Lehrlings, denn der Verstand kann außergewöhnliche Wahrnehmungsvorgänge als Irrtum aussieben, der Körper dagegen nicht. Er »weiß«, was er erfahren hat.
Hat der Lehrling die »Welt angehalten«, so ist er reif genug, um eine »alternative Beschreibung« zu erlernen – die des Zauberers. Sie ist der

Zustand zu jener »anderen Realität«, von der Castaneda seit Jahren Kostproben erhalten, die er aber stets abgelehnt hatte.
Um diese totale existentielle Ambivalenz zu überleben, lehrt der »brujo« ihn, »wie ein Krieger« zu leben, weil nur ein Krieger die »Mäßigkeit und Stärke aus seinem Leben ziehen« kann, die er benötigt, um den »Pfad des Wissens« zu überstehen.
Die Vollendung dieser Initiation in die »andere Welt« wird durch die Wahl eines »Wohltäters« eingeleitet, den der Lehrling, wenn er durch seine Lebensweise genug Macht »angesammelt« hat, »erkennt«. Dieser ist die ergänzende Person beim Bemühen des Lehrers, die »Blase der Wahrnehmung« des Lehrlings zu »säubern«. Der Lehrer bereitet von innen vor, und der Wohltäter operiert von außen. Dabei wird die Vorstellung vermittelt, die Welt, die wir kennen, sei eine Insel – die des »tonal« – auf der sich alles befindet, was wir kennen; und sie müsse gereinigt werden. Alle Gegenstände müssen um den einen Kern neu gruppiert werden – um den Verstand. Das geschieht auf der rechten Seite, damit die linke Seite frei wird für den »Willen«, mit dem der Adept in das Reich des »nagual«, das Ungewußte, vordringen kann.
Der Wille ist etwas, was uns zur Verfügung steht, um wie die Zauberer zu »wissen«. Wir haben es jedoch vergessen, weil der Verstand sich über die ganze Insel ausgebreitet hat und so die übliche Verwirrung im Geiste erzeugt. Verstand tritt hier demnach nicht als Ideologiekritiker auf, als den er sich gern selbst bezeichnet, sondern als Ideologe. Welche Überraschung.
Während seiner Ausflüge ins »nagual«, begleitet von seinem Wohltäter Don Genaro, erlebt Castaneda so unglaubliche Sachen, daß hier meist auch die Kritik massiv einsetzt. Wer glaubt denn schon, daß man »fliegen« kann?
Aber ein Trost bleibt uns:
»Wir haben immer Angst, verrückt zu werden, dabei sind wir es bereits.«
Wollen wir hoffen, daß Don Juan recht hat, oder?

Poor little Nagual

Ich hatte es ja geahnt.
Seitdem einige wissen, daß ich mich zuweilen damit beschäftige, Carlos Castaneda gegen blindwütige und ähnlich (mono)logische Kommentare und Beurteilungen zur Seite zu stehen, war anläßlich der Veröffentlichung seines fünften Buches *Der zweite Ring der Kraft* mit einer Anfrage zu rechnen. Sie kam dann auch, und da ich zusagte, werde ich hier nicht umhinkommen, das Visier runterzuklappen und zu überlegen, was zum Erscheinen dieser Schrift wohl zu *sagen* wäre.
Nun ist aber nicht nur zu dem Buch selbst allerhand zu sagen, sondern auch zu seiner Aufnahme beim Publikum. Weil mir das Buch jedoch immer mehr bedeutet als jede pampige Reaktion darauf, spare ich mir mal meine diesbezüglichen Bemerkungen bis nachher auf und bringe erstmal das Geraune der kulturellen Kulissenschieber. Also erinnern wir uns. Nachdem 1975 der vierte Band *Der Ring der Kraft* heraus war und uns und Castaneda im Zweifel darüber gelassen hatte, ob er nun wirklich am Schluß in die Schlucht gesprungen war oder nicht, kam im August 1979 der besagte fünfte Band auf den deutschen Markt und empfing seine Leser mit ebendieser drei Jahre alten Frage.
Da konnte man mit leicht gekräuselten Lippen und in ansatzweise entrüstetem Ton die vorgetragene Mutmaßung hören, jetzt werde der Castaneda wohl langsam eine Fortsetzungsgeschichte.
Sicher, wer hatte nach dem so abschließend wirkenden vierten Band damit gerechnet, daß es weitergeht? Vielleicht nicht einmal er selbst. Zudem – die ganz Neugierigen können sich wieder hinsetzen – wird im nächsten Jahr ein sechster Band veröffentlicht werden. Dabei mußte jeder, der das Vorwort zum fünften Band aufmerksam gelesen und nach beendeter Lektüre des Buches etwas vermißt hatte, wissen, daß eine Ergänzung fällig ist. So wird jedes seiner Bücher zu einer Ergänzung. Selbst für Castaneda will es nicht mehr sein als Material zu einem Puzzle, welches das endgültige Bild zwar nicht klarer, aber vollständiger macht. Der gesamte Prozeß der Ansammlung des Wissens ist jedenfalls der Weg des Kriegers Carlos Castaneda. Seine Eigenart liegt, im Gegensatz zu dem seiner akademischen Beurteiler, darin, daß es

keine Möglichkeit gibt, zu prüfen, an welchem Punkt der Entwicklung man sich gerade befindet. Das heißt totale Ambivalenz – keine Sicherheit, kein Feed-back, keine Zensuren. Dafür aber ein Examen nach dem anderen. Helmut Salzinger interpretierte diese Struktur als notwendig – damit der Krieger in seinen Bemühungen nicht nachläßt.
Im Widerspruch zu all den schlauen Heinis, die sich darüber amüsieren, daß Castaneda sich so schwerfällig anstellt, wenn's darum geht, etwas zu kapieren, finde ich diese Stutzigkeit ganz sympathisch an ihm – hätten wir doch ohne sie schwerlich seine Bücher. Und um die geht es doch. Mir jedenfalls.
Stößt man sich daran, daß Castaneda auch zu Beginn seines neuesten Buches wieder nicht genau weiß, ob er nun mit Pablito sprang oder nicht, dann kann man auf den Gedanken kommen, er sei ja eigentlich vom Erkenntnisniveau her nicht viel weiter als zu Anfang seiner Lehrzeit im ersten Buch. Ich denke, diese Art oberflächlicher Diagnose kann nur für diejenigen etwas an sich haben, die sich gern durch die Tücke vorschneller Gewißheit einschläfern lassen. Sie ist bekanntlich in unseren Breiten leicht zu haben.
Dagegen braucht es gar nicht zu verwundern, daß er wiederum alles, was vorfiel, aufschrieb – nimmt man zu seinen Gunsten an, er tat es, weil er so wenig verstand. Erfahrungsgemäß erschloß sich der Sinn des Gesagten für Castaneda sowieso erst, wenn er seine Notizen überarbeitete:
»Don Juans Worte hatten immer eine doppelte Wirkung auf mich gehabt: einmal, wenn ich zum erstenmal hörte, was er sagte, und dann wieder, wenn ich zu Hause nachlas, was ich aufgeschrieben und inzwischen vergessen hatte.« Es scheint einfach seine Methode zu sein, wieder ins Lot zu kommen. Seine Notizen werden der letzte Haltegriff seiner Vernunft nach ungewöhnlichen Erfahrungen im Laufe der Lehrzeit.
Auch im fünften Buch kommt Castaneda mit seinem üblichen Anliegen angereist – er will sich vergewissern. Diese Gewohnheit läßt ihn erneut in eine unerwartete und somit äußerst gefährliche Situation nichtsahnend hineintrotten. Er findet nämlich völlig veränderte und zunächst unübersichtliche Verhältnisse vor. So sind z. B. weder Don Juan noch Don Genaro anwesend – wenn auch ihr Geist, den sie in ihren jeweiligen Lehrlingen über die Jahre zurückgelassen haben, in

jeder Zeile spürbar ist. Statt dessen trifft er auf Gegner, die er völlig unterschätzt, weil er sie zu kennen glaubt. Ehe er sich darauf einstellen kann, gerät er in einen erbarmungslosen Kampf, der ihm die Mobilisierung all seiner angesammelten persönlichen Macht abverlangt. Die Anforderungen, die in diesen Kämpfen um Leben und Tod an ihn gestellt werden, sind für Zauberer gedacht und nicht mehr für Zauberlehrlinge.

Frauen, die er früher nie beachtet und für Pablitos Verwandtschaft gehalten hatte, sind zu Hexen geworden – von Don Juan ausgebildet –, die ihm nach dem Leben trachten, weil sie seine persönliche Macht benötigen, um ihren Weg als Kriegerinnen fortsetzen zu können. Denn er, Castaneda, ist der »Maestro« oder »Nagual«, wie die Frauen ihn nennen, und nach dem Verschwinden Don Juans als dessen Nachfolger bestimmt – falls er ihre Attacken überlebt. Nach einem ausgeklügelten Plan, der sämtliche Alternativen einbezieht, hat der Drahtzieher Don Juan das Geschehen geplant und den Verlauf festgelegt. Als Castaneda nun nach langer Zeit nach Mexiko zurückkommt, ist das Signal gegeben für alle, die an dieser Schlacht teilnehmen müssen. Er selbst weiß natürlich von nichts – wie immer. Und in dieser Ahnungslosigkeit liegt, denke ich, auch die Begründung für den dramatischen Aufbau seiner Bücher. Als Leser möchte man ihn auch diesmal gelegentlich warnen – selbst wenn man nicht weiß, was ihn konkret erwartet. Natürlich nicht! Hier findet sich aber auch die Antwort auf die Frage, warum einige seiner Beurteiler sich ihm so überlegen fühlen. Dabei operieren sie mit einer Vorgabe, die von niemand anders stammt als von Castaneda selbst. Es ist dies ein Buch, das viel über menschliche Verhältnisse sagt – sowohl die der alltäglichen Welt, der Gunst oder Abhängigkeit unseres Geschlechts als auch über unser magisches Erbe. Für die Förderer des analytischen Skalpells läßt sich sicher eine Menge destillieren. Auch könnte man die Spuren und Muster verfolgen, die er diesmal hinterlassen hat – ganz zu schweigen von der Inspiration, die er mir gegeben hat und die bereits die seltsamsten Richtungen anvisierte. Aber das hebe ich noch eine Weile auf und lausche vorerst auf das ignorante Schweigen und die Kontroverse, die sich daraus ergibt.

Eins jedoch ist sicher: Der Zauberer löst sich aus sozialen Verhältnissen, weil sie ihm in der Erkenntnis und Vervollkommnung seiner Vollständigkeit hinderlich sind. Im *Zweiten Ring der Kraft* wird offenkundig, daß die »Vollständigkeit seiner selbst« eine Sache ist, die jeder sozialen Bestrebung entgegengesetzt ist. Je weiter sich der Krieger auf dem Pfad des Wissens in Richtung auf diese Vollständigkeit bewegt, desto stärker entfernt er sich von der menschlichen Gemeinschaft. Er wird in einem bestimmten Sinne a-sozial.

Daher ist die Grundlage der Zauberei ungesellschaftlich – und dieser spezielle Bereich des Mensch-Seins ist es auch! Insofern kann keine Untersuchung der sozialen Aspekte allein Auskunft geben über die Natur des Menschen. Da aber jegliche Untersuchungsmethode auf der Basis gesellschaftlicher Verhältnisse entsteht – im besonderen Wissenschaft –, sind solcherlei Gewächse, die sich mit der Frage befassen, ob Castanedas Texte nun wahr sind oder nicht, mit Vorsicht zu genießen. Jeder Pilzsammler weiß, daß sie in gewisser Hinsicht keinen Pfifferling wert, sogar höchst giftig sind, weil: Sie betäuben unsere Wahrnehmungsfähigkeit. Sie machen aus unserem Körper, der als Empfänger für die »leuchtende Welt« gedacht ist, einen bequemen Klumpen Fleisch und oben drauf, da sitzt der Kopf – und der weiß natürlich sowieso Bescheid.

So, jetzt übergebe ich das Wort an Norman O. Brown!

»Demokratisches Ressentiment leugnet, daß es irgend etwas geben könnte, was nicht von allen gesehen wird; in der demokratischen Akademie ist die Wahrheit der öffentlichen Bestätigung unterworfen; Wahrheit ist, was jedem Dummkopf einleuchtet« (*Love's Body*).

Nagual Junior

Ein fragmentarischer Essay über den metaphysischen Horizont

»... eins steht fest: auf sich allein gestellt hat die Wissenschaft keine Chance, ihre Schlußfolgerungen zu rechtfertigen. Und die Ablehnung irgendeiner Art von zugänglichem Beweismaterial ist in jedem Falle ein Verrat an jenem fundamentalen Rationalitätsstreben, das für Wissenschaft und Philosophie gleichermaßen das bewegende Motiv ist.«
Alfred North Whitehead

I. Transzendenz

Nachdem ich im Januar 1981 den Aufsatz *»Die Linien der Welt greifen – Carlos Castaneda und die Anthropologie«*[1] abgeschlossen hatte, stieß ich in den darauffolgenden Monaten auf Bücher, die eine enge geistige Verwandtschaft zu Castanedas Beschreibungen des *nagualischen* Komplexes aufwiesen. Mitte Mai erhielt ich dann ein ziemlich druckfrisches Exemplar von Castanedas sechstem Buch *The Eagle's Gift* aus der Hand meines Bruders. Als ich darin über das Konzept der *Absicht* (*intent*) und die *Gabe des Adlers* las, hatte ich das Gefühl, einige metaphysische Ahnungen würden sachte konturiert werden, obwohl einer theoretischen Gestalt subtile Widerstände entgegenstanden.
Die erwähnten Bücher behandelten größtenteils die *Durchgaben* von sogenannten Trance-Medien, deren theoretische Verarbeitung sowie Überlegungen zur Bedeutung der Astrologie[2] als psychologischer Deutungsmethode. Quellen, die man derzeit wissenschaftlich für obskur halten dürfte, obwohl sie älteste Referenzen aufzuweisen haben.
Im Epilog meines o. a. Aufsatzes hatte ich von einem Schwund des *weißen* Wissens gesprochen, das gewisse Spuren zu lesen verlernt habe. Der amerikanische Anthropologe Stan Wilk äußerte in diesem Zusammenhang, daß »bereits das Eingeständnis der Grenzen der Wissen-

schaft die Suche nach außerwissenschaftlicher Erkenntnis notwendig (macht), nicht als Gegensatz zur Wissenschaft, sondern als Schritt über sie hinaus, als mythischen Schritt« (Wilk 1982:400). Damit ist ein Stichwort gefallen, das auch bei Castaneda mehrfach erscheint. Beispielsweise, wenn er sagt, Don Juan *lebe einen Mythos*. Wie man nach der Lektüre des 6. Buches weiß, lebt nicht nur Don Juan einen Mythos, sondern sämtliche Krieger seiner Kriegergesellschaft[3], sofern sie nicht die *kontrollierte Torheit* im Umgang mit ihrer sozialen Umwelt praktizieren, um ihn zu verbergen. Aber selbst diese Verhaltensweise ist Teil des Mythos. Den Kriegern und Kriegerinnen geht es darum, einen verlorenen Anteil ihrer Ganzheit wiederzufinden. Dazu müssen sie sich erstmal ihre spirituelle Unwissenheit eingestehen und annehmen, daß es so etwas Unbegreifliches wie das *Nagual* oder die *zweite Aufmerksamkeit*[4] überhaupt gibt. Die Techniken, die den Mitgliedern dazu dienen, ihre Wahrnehmungsintensität zu steigern und über die Hautgrenze des physischen Körpers hinauszugelangen, decken sich – soweit ich es beurteilen kann – mit den Praktiken der Mystiker in Ost und West.

Wenn wir also den *mythischen Schritt* tun, den Wilk fordert, dann wenden wir uns eigentlich unserer eigenen historischen, wenn nicht gattungsgemäßen Vergangenheit wieder zu. Das Sakrale wird als integraler Bestandteil des Bewußtseins wiedererkannt.

»Wer den Kräften der Natur nahe ist,
teilt ihre Geheimnisse.«
Antonin Artaud

II. Schwing(ung)en

Die Gemeinsamkeit von Castanedas Beschreibungen und den *Durchgaben* der Trance-Medien liegt in der Behauptung, daß dieser Bereich dem Menschen als Verbindung zu den Kräften des Universums (bei Castaneda der Adler[5] genannt) dienen und die Erdbindung relativieren kann. Während nämlich die *erste Aufmerksamkeit* sich ausschließlich auf die Emanationen der Erde richtet, justiert sich die *zweite Aufmerksamkeit* auf die des Universums.

Die *kopernikanische Wende* besteht somit in der Erfahrung, daß die Steigerung der Wahrnehmungsintensität durch die Aktivierung der *zweiten Aufmerksamkeit* vermittels des *Willens* nichts mit der symbiotischen Koppelung der fünf Sinne an den Verstand zu tun hat, obwohl sie durch die Augen eingeleitet wird.[6] Vielmehr wird der Körper als Empfänger sozusagen *energetischer*[7] Bilder – beispielsweise der leuchtenden Hülle – gewahrt und benutzt. Wie es scheint, ist durch eine Erhöhung der Wahrnehmungsschwingung[8] – das *Entfalten der Flügel* – ein bewußtes Verlassen der irdischen Dreidimensionalität möglich.
Der Religionsforscher Mircea Eliade hat darauf hingewiesen, daß »die ekstatischen Erlebnisse des Schamanen ... in großem Maße dazu beigetragen (haben), eine mythische Geographie des Todes zu schaffen und in ein System zu bringen, das einer spezifischen Todesmythologie zugehört« (ders. 1977:117). Die Beschreibungen Castanedas sind Protokolle seiner Erfahrungen an jener Schwelle, an der das alltägliche Bild der Welt *problematisch* wird. Sie zeigen, daß wir uns an die Schamanen halten müssen, wenn wir mehr über jene Nahtstelle wissen wollen, deren Ort sie uns seit jeher angeben, den wir aber zu ignorieren gelernt haben.

> »Jede Ekstase neigt dazu, den Blick auszulöschen.«
> *Mircea Eliade*

III. Universale »Durchgaben«

Die *Durchgaben*, die Trance-Medien erhalten, unterscheiden sich inhaltlich voneinander. Während Arthur Ford Kontakt zu Verstorbenen aufnahm und sich mit den theoretischen Konsequenzen seiner medialen Fähigkeit für die auf das physikalische Paradigma fixierte Wissenschaft beschäftigte, empfing Jane Roberts von einer sich *Seth* nennenden Wesenheit einen Text, der von dieser als Buch geplant war[9] und von der ewigen Natur der Realität sowie dem damit in Beziehung gesetzten eingeschränkten Wahrnehmungsvermögen der derzeitigen Menschen handelt.[10] Indessen gab Edgar Cayce[11] hauptsächlich Ratschläge für die Behandlung von Kranken, äußerte sich in einigen seiner *readings* (Lesungen) allerdings auch über die Aufgabe der Erde im Sonnensystem. Demzufolge gehört die Erde der dritten Dimension zu und dient dem All sozusagen als Laboratorium, worin sich der Geist materialisieren läßt. Das Universum wird hier als Lehrstätte der Seele angesehen, die auf allen Planeten gewohnt haben muß, um sich zu vollenden. Derjenige Planet, der im Horoskop dem *Medium Coeli*, kurz MC genannt, am nächsten steht, wird als letzte Wohnstatt der Seele angenommen. Infolgedessen ist das Erdenleben ein Durchgang durch die dritte Dimension und ihre Form: die Bindungen und Beschränkungen der Materie. (La Gorda betont Castaneda gegenüber immer wieder, daß ein makelloser Krieger seine menschliche Form verlieren müsse, um frei zu sein.) Durch die vorherigen Wohnstätten hat die Seele jedoch noch eine Ahnung von den weiteren Dimensionen des Weltalls, den subtilen oder feinstofflichen (in denen man sich, wie Don Genaro, in Luft auflösen kann[5]).

Der zentrale Punkt in Castanedas Büchern scheint mir genau die Verdeutlichung der Technik zu sein, vermittels welcher der Mensch unter Einsatz subtiler Anteile seiner Bewußtheit Verbindung mit dem Universum aufnehmen kann. Mag die Beschreibung derartigen Erlebens sich für manchen auch wie Abenteuer-Literatur lesen – so gehört sie meines Erachtens doch in den Bereich para-normaler Wahrnehmungen, theoretisch betrachtet in den der Metaphysik. In diesem vergessenen Zweig der Philosophie geht es darum, die Ahnungen an jene weiteren Dimensionen der Realität zu verdichten und Wissen darüber zu erlangen. Folgt man Don Juan und seinen *Tolteken*[12], so gelingt dies nur praktisch über die Aktivierung des *Willens*, der einen unter Umgehung der fünf Sinne in die *zweite Aufmerksamkeit* versetzt und mit ihr in die *andere Welt* – die Welt, die nur für geschlossene Augen sichtbar wird: die mystische.[13]

»Der *Traumkörper* kann zum Beispiel durch eine Wand gehen, weil er die *Absicht* kennt, sich in Luft aufzulösen. Der physische Körper kennt die *Absicht*, zu essen, aber nicht die des Auflösens.«
La Gorda zu Castaneda

IV. Traumkörper

Carlos Castaneda hat eine Spur gefunden, die im *toten Winkel unserer Kultur* brachliegt: die Traumspur, die gleichzeitig über ein eigenes Gedächtnis verfügt. Indem er sie verfolgte und in ihre Domäne eindrang, gelangte er an Bruchstücke eines mysteriösen Mosaiks einer Weltbeschreibung, die er aus diesem als nicht existent verdrängten Bereich in unsere normale Welt der *ersten Aufmerksamkeit* einbrachte. Durch die Veröffentlichung seiner Bücher[14] könnte er für unsere Epoche zu einer Art *Sprecher*[15] geworden sein; jemand, der unbekannte Daten über die Natur der Realität weitergibt.
Der einstige anthropologische Feldforscher Castaneda, den das System, das er erforschen wollte, geschluckt hat, wurde als Krieger erst zu einem Vermittler – um den Preis des Verlustes seines *Lebens als normaler Mensch*[16], wie er betont. Seine Eindrücke haben eine Erweiterung des geistigen Horizonts bewirkt und uns auf Silhouetten aufmerksam gemacht, die dann ins Bild kommen, wenn wir unsere gewöhnliche Sehweise modifizieren und in die Sphäre der Gesichte entrücken.
Sobald wir die gängige Annahme, daß wir als Wesen in einem physischen Körper nicht aus ihm herauskönnen, als *problematisch* ansehen, können wir mit der Hypothese arbeiten, daß es einen erweiterten *Körper* gibt. Arthur Ford hat auf die Bedeutung einer solchen Hypothese hingewiesen: »Es gibt kaum eine Disziplin unseres Denkens – Philosophie, Wissenschaft, Kunst, Religion und Medizin –, deren Grundlagen nicht durch die Vorstellung verändert würden, daß in uns ein Energie- oder Astralkörper existiert. Wir haben ihn den *sekundären* Körper genannt, aber vielleicht ist es in Wirklichkeit der *primäre* Körper. Vielleicht sind wir durch ihn auf vitalere Art mit allen Dingen im Universum verbunden, als wir bisher wußten« (ders. 1978:297 f.).
Die vitalere Art der Verbindung mit den Dingen im Universum kommt auch in dem Konzept der *Absicht* zum Ausdruck, das von Castaneda im sechsten Buch beschrieben wird. Er berichtet von dem

Krieger Silvio Manuel, der die *Absicht* der Dinge anrufen konnte, um sie erscheinen zu lassen: »Der Nagual (so wird Don Juan von den übrigen Lehrlingen genannt; Anm. d. Verf.) hat uns allen gezeigt, was er mit seiner *Absicht* vermochte... Er konnte Dinge erscheinen lassen, indem er die Absicht anrief... Er sagte, daß er die *Absicht* vieler Dinge kenne und sie alle herbeirufen könne, indem er sie beabsichtigte. Der Unterschied zwischen ihm und Silvio Manuel war, daß Silvio Manuel – als Meister der *Absicht* – die *Absicht* aller Dinge kannte... Der Nagual hatte in seinem Leben die *Absicht* von hundert Dingen gelernt, aber Silvio Manuel ging bis an die Quelle aller Dinge. Er zapfte sie an. Er brauchte gar nicht die *Absicht* irgendeines Dinges zu lernen. Er war eins mit der *Absicht*. Sein Problem war, daß er keine Wünsche mehr hatte, weil die selbst keine Wünsche hat, und darum brauchte er den Nagual, um sich seines Willens zu bedienen. Mit anderen Worten, Silvio Manuel konnte alles tun, was der Nagual wollte. Der Nagual steuerte Silvio Manuels *Absicht*. Aber da auch der Nagual keine Wünsche hatte, taten sie die meiste Zeit gar nichts« (Castaneda IV:154f.). Soweit La Gorda zu Castaneda.

Es erscheint mir nicht unberechtigt, in der *Absicht* ein Äquivalent zur *Essenz* zu erkennen, die in der abendländischen Philosophie der *Existenz* – also der Erscheinung – gegenübersteht. Das Sichtbare ist nur das Zeichen, hinter dem sich der Kern des Phänomens verbirgt. Dieses Thema des Vordringens durch die Oberfläche der Erscheinung durchzieht sämtliche Bücher Castanedas. Dabei bewegt er sich – ohne es auszusprechen – auf einer Art erkenntnistheoretischem Generalnenner, den Eliade folgendermaßen ausgedrückt hat: »Es geht nicht um einen selbstgefälligen und letztlich sterilen Pseudo-Enzyklopädismus, sondern darum, die tiefe und unteilbare Einheit der Geschichte des menschlichen Geistes nicht aus den Augen zu verlieren. Das Bewußtsein dieser Einheit der Geistesgeschichte der Menschheit ist eine noch junge, und noch nicht genügend integrierte Entdeckung« (ders. 1978:10).

»Die Lösung des Identitätsproblems heißt: verlorengehen.«
Norman O. Brown

V. Beschlagener Spiegel

Castaneda hat seinen Beitrag von der mexikanischen Basis des Zugangs aus[17] geleistet, ohne ethnographisch zu versanden. Aufgrund der nicht nur anthropologisch bedeutsamen Erfahrungen, die er innerhalb der Domäne des menschlichen Geistes erfuhr, steht die Auseinandersetzung um seine Bücher auch in einem weitaus größeren Problemfeld, als die Frage nach der ethnographischen Glaubwürdigkeit vermuten und die nach der Authentizität ließ.

Die Rückseite des Spiegels, in den wir blicken, wenn wir Castaneda lesen, zeigt eher die Unterdrückung des mythischen Faktors in der westlichen Zivilisation, deren Anliegen seit der Neuzeit darin besteht, die äußeren Aspekte der materiellen Realität[18] zu manipulieren und die Integration, von der Eliade spricht, zu verhindern.

Ich weiß nicht, ob es mir gelungen ist, die vagen Umrisse der anfangs genannten Gestalt hervortreten zu lassen, glaube aber, daß Castanedas Bücher die Richtung des Weges angeben, auf dem die Bedeutung jenes zusätzlichen Faktors[19] unserer Erkenntnisfähigkeit *einleuchten* wird.

Stan Wilk*
Don Juan nach reiflicher Erwägung

> »Der Messias wird kommen sobald der ungehinderte Individualismus durch Glauben möglich wird – wenn niemand da sein wird, diese Möglichkeit zu zerstören und niemand aufgrund ihrer Zerstörung leiden muß; hinfort werden sich die Gräber selbst öffnen... Der Messias wird nur kommen, wenn er nicht länger nötig ist; er wird nur kommen am Tag nach seiner Ankunft; er wird kommen, nicht am letzten Tag, sondern am allerletzten.«
> *Franz Kafka*

> »Zu wissen und noch dazu zu denken, daß man nicht weiß, ist am besten.«
> *Lao-Tse*

Als Student und Anthropologie-Lehrer anerkenne ich Carlos Castanedas Beschreibung der schamanischen Lehrzeit als ein bedeutsames Bemühen. Durch seine Anstrengungen wird etwas von der Macht der Lehre Don Juans dem Leser mitgeteilt. Nach meinem Verständnis stellen die Don-Juan-Bücher keine Attacke auf, sondern eher eine Ergänzung der sozialwissenschaftlichen Anthropologie dar.

In der Einführung zu *Eine andere Wirklichkeit* erzählt Castaneda von einer Unterhaltung, die er mit Don Juan über Wissen hatte: »Ich meinte das akademische, die Erfahrung transzendierende Wissen, während er von direktem Wissen über die Welt sprach« (Castaneda II:9). Im Verlauf dieser Unterhaltung erklärte der alte Schamane, daß Carlos nicht

* Stan Wilk lehrt am *Department of Sociology and Anthropology des Lycoming College* in Williamsport, Pennsylvania, USA. Sein Beitrag erschien 1980 in der von R. deMille herausgegebenen Anthologie *The Don Juan Papers*. Wilk veröffentlichte zu Castaneda folgende Beiträge: *»Coming of Age in Sonora«*, *»American Anthropologist 79, 1977«* und *»Schamanismus und Humanismus: Ozeanische Anthropologie und die Insel des Tonal«*, in: Duerr, H. P. (Hrsg.), *Der Wissenschaftler und das Irrationale*, Bd. 1.

vollständig sei. Ich glaube, daß eine ernste Betrachtung der Lehren Don Juans, der schamanischen Vollständigkeit, zu einer ausgeglicheneren, d. h. vollständigeren anthropologischen Disziplin führen kann. Lao-Tse, eine andere schamanische Figur, deren Existenz umstritten ist, hat angeblich gesagt: *»Wer die Menschen kennt, der ist klug. Wer sich selbst kennt, der ist erleuchtet« (33/59).*
Don Juan hat der akademischen Anthropologie eine Chance gegeben, ihr Selbstverständnis zu bereichern. Mit Don Juans Hilfe können wir zu Carlos stoßen, in einer Nachprüfung der symbolischen Realitäten, dem *tonal* unseres Berufes. Don Juans Lehren haben ihre Wurzeln in der Vergegenwärtigung, daß die Existenz der Welt, wie wir sie kennen, notgedrungen die Existenz des Menschen in der Welt impliziert und daß dieser Mensch notwendigerweise den Mythos in sich trägt. Demgemäß bieten sich die Lehren als Basis für die Betrachtung der Werte in der Anthropologie und der menschlichen Angelegenheiten überhaupt an.
Anthropologie als Sozialwissenschaft und Anthropologie als »Mythenschaffende« sind keine sich gegenseitig ausschließenden Bestrebungen. Sie sind Aspekte eines in sich abgeschlossenen Prozesses, den wir auf unsere eigenen Kosten verleugnen. Wie Castanedas Werk letzten Endes zeigt, ist die Existenz beider, die des wissenschaftlichen Anthropologen wie die des Schamanen, zweifelhaft. Es ist von solch einem existentiellen Umfang, daß wir Don Juans skeptische Ermahnung annehmen sollten, um uns selbst ernst zu nehmen. Wie Lao-Tse anmerkte: *»Eine Reise von tausend Meilen beginnt unter unseren Füßen.«*

Daher rät Don Juan Carlos, den Tod ebenso wie seine Doktorväter als seine Ratgeber zu akzeptieren. In den Augen des alten Schamanen wird Anthropologie in Menschlichkeit umgewandelt, genau wie ein akademischer Diskurs seinen Platz in der Sphäre des menschlichen Bewußtseins hat. Um dieses Kunststück fertigzubringen, trifft der obskure Indianer den Anthropologen am gleichen Ausgangspunkt, ausgestattet mit existentiellem Mysterium, dem *nagual*, dem unbehauenen Klotz des Lao-Tse. Für mich stellt Castanedas Bericht von der schamanischen Lehrzeit einen umfassenderen Dialog zwischen primitiv und zivilisiert, Subjekt und Objekt dar, als die überwiegende Mehrzahl typisch anthropologischer Studien.

Wie Don Juan lehrt: *Zauberei ist Einmischung*, und sein Thema von Carlos' Erkundigungen drängt sich in seinen Versuch, übliche Anthropologie zu betreiben. Don Juan setzt seinen Finger auf den neuralgischen Punkt anthropologischer Bemühungen: »Die Dinge, die Menschen tun, können niemals wichtiger sein als die Welt. Darum ist für den Krieger die Welt ein unendliches Wunder und das, was die Leute tun, eine endlose Torheit« (Castaneda II:188). Wie einem jeder Primitive bestätigen kann, ist Respekt in einer Welt der Verwandtschaftsbeziehungen diejenige Haltung, die jede respekterheischende Persönlichkeit erwerben sollte.

Entsprechend vorteilhaft gesehen werden alle Symbole, schamanische als auch wissenschaftliche, kreative Reisen, vermenschlichende Pfade: »Sie führen nirgendwohin. Sie sind Pfade, die durch den Busch oder in den Busch gehen.« Die Frage nach menschlicher Bestätigung, *Herz*, ergibt sich aus dieser vorteilhaften Sicht als ein gültiges Kriterium für die Abschätzung des Symbolischen: »Für mein eigenes Leben kann ich sagen, daß ich lange, lange Pfade gegangen bin, aber ich bin nicht irgendwo. Die Frage meines Wohltäters hat jetzt Bedeutung. Ist dies ein Pfad mit Herz?« Aus dieser Perspektive kann der Naivität der Frage nach rein materieller Nützlichkeit kraftvoll begegnet werden. Die Objektivität einer *wertfreien* anthropologischen Vorstellung kann fruchtbar ausgeglichen werden durch die Subjektivität einer *wertlosen* anthropologischen Vorstellung. So wie Don Juan zu Carlos spricht, spricht er zu uns allen: »Soweit ich sehe, willst du an deinen Überzeugungen festhalten, ungeachtet der Tatsache, daß sie dir nichts bringen. Du willst derselbe bleiben, sogar auf Kosten deines Wohlergehens.«

Wissenschaftliche Anthropologie ist nur eine weitere Kerbe im Klotz, wie Lao-Tse wohl sagen würde. Waren die Belohnungen entmenschlichender Beschreibungen der Welt der Menschlichkeit, hervorgebracht im Namen der Wissenschaft, so großzügig, daß sie die Möglichkeit zum Dialog mit einer Vielzahl anderer menschlicher symbolischer Kerben ausschließen? Könnte nicht so ein Dialog den Anstoß geben zu einer Verständigung über eine bisher unerkennbare Vermenschlichung? Indem die wissenschaftliche Anthropologie faktisch sichere Bereiche als irrelevant bezeichnet, maskiert sie ihre mythische Identität. Don Juans schamanischer Subjektivismus kann versteckte und typisch ambivalente Vorstellungen des menschlichen Wesens, enthalten in sog. wiss. Beschreibungen, enthüllen. Seine Lehren können uns helfen, über unsere paradoxen Klauseln berufsmäßigen Glaubens Klarheit zu erhalten. Zusammen mit Carlos können wir lernen, zwingende menschliche Symbole im Bereich des Jenseits zu erfassen, besser noch als wenn wir in Opposition zu den als existent gegebenen und angenommenen Fakten stünden. Indem er dem Menschen unserer eigenen Erfahrung einen zentralen Platz in anthropologischer Beschreibung gab, indem er die konkrete Realität menschlicher Gefühle betonte, hat Castaneda eine objektive Darstellung notwendiger Subjektivität zurückgegeben, in die jede anthropologische Untersuchung eingebettet ist. Berufsmäßige Reflexivität ist genau wie die Suche nach der Seele eine kraftvolle und oft erschreckende Tätigkeit. Was wäre, wenn jemand sein Innerstes nach außen kehrte, nur um zu entdecken, daß da gar nichts ist? Daher lehrt Don Juan, daß Furcht der erste Feind eines Wissenden ist und es darf erwartet werden, daß die Anthropologie, genau wie der einzelne, ihre Abwehr aufgebaut hat, *Schilde*, die alles so aussehen lassen, wie es im *tonal* ist. In dieser Hinsicht erkennt die schamanische Botschaft an die Anthropologie die Notwendigkeit zur Relativität. Heute gibt es keine Wahl mehr zwischen einer wissenschaftlichen und einer unwissenschaftlichen Anthropologie, zwischen Fakten und Werten, zwischen Theorien und Mythen. Sie alle sind in der versuchenden Natur menschlicher Existenz miteinander verbunden. Genau wie die Entweder/Oder-Wahl des Absolutismus unterbreitet Don Juan uns die schamanische Herausforderung, eine verhältnismäßig ausgeglichene Position auf dem schmalen Grat der Unterscheidung aufrechtzuerhalten. Don Juans schamanische Herausforderung an die Anthropologie ist nichts weniger als die Notwendigkeit, Toleranz für die Höhen symbolischen Überblicks und die Tiefen experimenteller Verwirklichung zu entwickeln. Wie Don Juan lehrt: »Du denkst, da sind zwei Welten – zwei Pfade. Aber da ist bloß einer. Der Beschützer hat dir das mit unfaßbarer Klarheit gezeigt.«

Wenn wir die Relativität im Herzen menschlicher Aufmerksamkeit fördern wollen, müssen wir einen versuchenden Ton in unseren Beschreibungen menschlicher Existenz verfolgen. Die persönliche Jagd Carlos Castanedas hat die wissenschaftliche Dichotomie von Subjektivität und Objektivität zu einem Bewußtseins-Kontinuum ausgeglichen, mit dem wir zu mehr oder weniger Aufmerksamkeit gelangen können. Sein Werk hat einen Ausgleich geschaffen zwischen der Herausforderung, wissenschaftliche Hypothesen zu festigen, und der Herausforderung, die menschliche Existenz zu bestätigen. Es hat den Feind der Wissenschaft, die Ignoranz, mit der schamanischen Quelle der Kraft, einem auf Erfahrung basierenden Mysterium, ausgeglichen. Es hat die sozialwissenschaftliche Verdinglichung menschlicher Symbole mit der schamanischen Vermittlung menschlicher Gefühle ausgewogen. Die Lehren Don Juans enthüllen, daß eine vollständige anthropologische Disziplin nicht nur eine Wissenschaft der Menschlichkeit zelebrieren darf, sondern auch eine Religion, nicht als Selbstzweck, vielmehr als einen ewig fruchtbaren Beginn zelebrieren soll. Anthropologie muß, den Mythos wie die Wissenschaft anerkennend, das Primitive wie das Zivilisierte ausloten, wenn sie die Gesamtheit des Menschlichen in ihrer kreativen Umfassung entfalten will.

Die wissenschaftliche Studie des Mythos und ihr Zwilling, die mythische Studie der Wissenschaft, könnten die kindlichen Götter eines neuen Zeitalters lange erwarteter menschlicher Reife sein. Falls solch eine Zeit der Toleranz in Sicht sein sollte, wird sie sicherlich die sozialwissenschaftliche Botschaft eines kollektiven Determinismus mit der schamanischen Botschaft von individueller Freiheit, Kraft und Verantwortlichkeit ausgleichen.

C. Scott Littleton*
Eine »Emic«-Darstellung der Zauberei

Carlos Castaneda
und das Entstehen einer neuen Anthropologie

Es braucht kaum gesagt zu werden, daß die ersten vier von Carlos Castaneda publizierten Bücher *Die Lehren des Don Juan, Eine andere Wirklichkeit, Reise nach Ixtlan* und *Der Ring der Kraft* mit ungeheurer Wucht auf die zeitgenössische Kultur trafen, auf die populäre wie auch die übrige. Sie wurden rezensiert, diskutiert, kritisiert, analysiert, gepriesen und verdammt in fast jedem größeren gedruckten Kommunikationsträger, von der *N.Y. Review of Books* (Leach 1969), *Harpers* (Cravens 1973a), *Christian Century* (Boyd 1973) und der *N.Y. Times* (Jellenek 1972; Reisman 1972, First 1974) bis *Time Magazine* (Hughes 1972; Titelgeschichte 1973), *Seventeen* (Cravens 1973b) und *Penthouse* (Wallace 1972). Literarische Kritiken wie die von Joyce Carol Oates (1972) kamen hinzu, und der schillernde Anthropologe wurde so etwas wie eine Berühmtheit in verschiedenen literarischen und gelehrten Kreisen (vgl. Noel 1975) – gar nicht davon zu reden, wie sich die Gegenkultur verhielt. Fast jedes College oder jede Universität beherbergt einen harten Kern von Castaneda-Freaks, für welche die »Lehren des Don Juan« so etwas wie eine neue Gnosis geworden sind – eine Reflektion der Ängste und Sehnsüchte vielleicht, die ein grundlegendes Mißtrauen gegenüber allgemeingültigen Wahrheiten entwickelte, seien sie nun wissenschaftlich oder religiös.

Noch während all dieses Aufruhrs haben sogar Anthropologen oft die Tatsache aus den Augen verloren, daß Castaneda ein ausgebildeter Anthropologe ist, der hauptsächlich – abgesehen von seiner Popularität – für andere ausgebildete Anthropologen schreibt (vgl. Leach 1969).

* C. Scott Littleton lehrt am *Department of Sociology and Anthropology* des *Occidental College* in Los Angeles, USA. Sein Beitrag *»An Emic Account of Sorcery: Carlos Castaneda and the Rise of a New Anthropology«* erschien 1976 im *Journal of Latin American Lore*, University of California, L.A., USA.

Deshalb werde ich mich in diesem Beitrag nicht mit der vieldebattierten Frage nach der Authentizität dessen, was er aufgeschrieben hat, befassen; sagen kann ich nur, daß ich keinen Grund zu der Annahme habe, daß ein Spuk vorliegt – ich habe ihn zu lange und zu gut gekannt, um seine professionelle Glaubwürdigkeit anzuzweifeln. Eher sehe ich meine Aufgabe darin, dazu Stellung zu nehmen, in welcher Hinsicht Castanedas Werk in die gegenwärtigen theoretischen und methodologischen Begriffe des anthropologischen Spektrums paßt, und weiter eine wichtige Implikation dieses Werks für die zukünftige Entwicklung der Disziplin zu erforschen, der wir beide, er und ich, stark verbunden sind.[1]

Der erste Satz der Kurzfassung seiner Dissertation (Grundlage von *Reise nach Ixtlan*) verdeutlicht seine grundlegende theoretische und methodologische Ausrichtung: »Dies ist eine *Emic*-Darstellung einer Lehrzeit der Zauberei, wie sie von den amerikanischen Indianern des modernen Mexiko praktiziert wird.« Das Schlüsselwort hierbei ist *Emic*, und um Castanedas Ausrichtung zu verstehen, ist es nötig, etwas über eine der wichtigsten theoretischen und methodologischen Kontroversen in der zeitgenössischen Anthropologie zu sagen: die sog. Emicetic-Kontroverse.

Das Wort *Emic* wurde geprägt von dem großen anthropologischen Linguisten Kenneth L. Pike, der 1954 darauf hinwies, daß es zwei grundsätzlich verschiedene Wege gibt, in denen menschliches Verhalten – außersprachliches genauso wie sprachliches – beschrieben und analysiert werden kann. Um diese zwei Wege zu charakterisieren, verwies Pike auf die linguistische Dichotomie zwischen Phonetik (Lautschrift) und Phonemik. Phonetik beschäftigt sich mit objektiven Studien von Sprachlauten per se, mit der Art, wie sie überall artikuliert und/oder durch die Menschen voneinander geschieden werden; wohingegen Phonemik sich auf das Studium endgültiger kontrastierender Sprachlaute konzentriert, die für jede gegebene Sprache charakteristisch und von denen alle Äußerungen in dieser Sprache abgeleitet sind. Zum Beispiel, das Konzept des unausgesprochenen apicodentalen Stops oder der Sprachlaut »t« gehören zur Phonetik. Es ist grundsätzlich ein äußerliches Konzept und hat seine notwendige Relevanz für jegliche spezifische Sprache, klassifikatorische Ziele ausgenommen. Daher können unausgesprochen apicodentale Stops in Französisch,

Deutsch, Englisch, Suaheli gefunden werden und vielleicht sogar in der Mehrzahl der Sprachen der Welt. Wenn es um den spezifischen Stellenwert geht, den der betreffende Klang innerhalb des Klangsystems der englischen Sprache innehat, d. h. die Art, in der »t« zu den etwa 45 anderen Basis-Erklärungen unserer (gemeint ist die engl. Sprache bzw. deren amerik. Ausprägung; Anm. D. T.) Sprache kontrastiert, sind wir auf das innere Niveau der Analyse gewechselt, weil »t« nun als ein Phonem verstanden werden kann; als eine der grundlegenden strukturellen Einheiten in der englischen (gegenüber Französisch, Deutsch oder Suaheli) Phonologie.

Wie Pike befand, hatte diese fundamentale linguistische Dichotomie Implikationen für die Beschreibungen und die Analyse menschlichen Verhaltens insgesamt. Daher wird der Etic-Nachdruck wie der des Phonetikers auf universale Kategorien gelegt, auf empirische Generalisierungen, die jeder Kultur äußerlich sind. Tatsächlich sind die meisten traditionellen Kategorien, die von Anthropologen in ihren Studien über sog. primitive Kulturen gebraucht werden – Klan, Kreuz-Vettern-Basen-Heirat, sogar das Konzept der Zauberei selbst –, *etic* im Charakter und als Elemente innerhalb dieser eben gebrauchten Bezeichnungen *Etic*-Darstellungen. Wenn der Brennpunkt des Ethnographen sich auf die abgeschlossene Welt der Bedeutungen verschiebt, die in den Köpfen seiner Informanten (Goodenough 1964) existieren, d. h. auf die Hauptbezeichnungen und Bedeutungskategorien, die von den Mitgliedern einer einzelnen Kultur geteilt werden, und die Termini, mit denen sie die Welt definieren, dann ist die daraus resultierende Darstellung eine emic-Darstellung, eine Darstellung analog zur phonemischen Analyse einer spezifischen Sprache.

Während der letzten zwei Jahrzehnte gab es eine starke Debatte über die Erwünschtheit und Nützlichkeit von emic – im Gegensatz zu etic-Beschreibungen. Die Pro-emic-Leute, die sich öfter selbst Ethnoscientists oder einfach Praktizierende einer *neuen Ethnographie* nennen, haben die Ansicht vertreten, daß wir nur dann damit beginnen können, ein volles und reichhaltiges Verständnis dessen zu entwickeln, was es tatsächlich heißt, ein Mitglied einer gegebenen Kultur zu einer gegebenen Zeit zu sein, wenn wir unsere Beschreibungen ausschließlich in Kategorien strukturieren, die für den aktiv Teilhabenden relevant (d. h. emic) sind.[2] Eine große Anzahl anderer Gelehrter mit vergleichbarer ausgezeichneter Reputation haben diese neue Richtung scharf abgelehnt. Wie die emic-Gegner meinen, würde eine totale Konzentration auf interne Bedeutungen und Bezeichnungen die Anthropologie in eine Sackgasse des kulturellen Relativismus führen und deshalb von vornherein alle übergreifenden Generalisierungen über die menschliche Gattung, speziell deren Evolution, verhindern. Obgleich die letzten Jahre einer Wiederannäherung der beiden Positionen zeigten, ist die Leidenschaft (Eifer?) der beteiligten Gelehrten gelegentlich doch ziemlich intensiv geworden. Tatsächlich brach 1967, auf dem Höhepunkt der Kontroverse, in der Bar des Washingtoner Hilton-Hotels während des jährlichen Treffens der *American Anthropological Association* ein Streit aus. Ich erinnere mich, in der Nähe eines verwirrten, nicht-anthropologischen Hotelgasts gesessen zu haben, der mich, während er Rufe wie *»dreckiges etic-Schwein«* und *»dummer emic-Idiot«* hörte, fragte, worum das Theater eigentlich ginge. Ich fing an zu erklären, besann mich dann aber eines Besseren, da unter den gegebenen Umständen meine Erklärungen mehr Zeit benötigt hätten, als jeder von uns zur Verfügung hatte. Er ging weg, zweifellos davon überzeugt, alle Anthropologen seien verrückt, und vielleicht hatte er recht!

Ohnehin hat sich Castaneda entschlossen, dem emic-Pfad zu folgen und dabei die neue und nicht die alte Ethnographie zu praktizieren. Und die Ergebnisse seiner Nachforschungen müssen im Lichte dieser Wahl gesehen werden. Solche Konzepte wie *»die Welt anhalten«, »Verbündeter«* und *»Mescalito«, »nagual«* und *»tonal«* gar nicht erwähnt, sind alle gründlich *emic* im Charakter und nicht notwendigerweise anwendbar in der Beschreibung durch jedes andere metaphysische System. Castaneda ist nicht damit beschäftigt – oder war bisher nicht damit beschäftigt, eine Beschreibung von Don Juans Weltsicht in Begriffen übergreifender universaler Kategorien zu wagen, sondern hat sich eher auf die Bedeutungen und Bezeichnungen konzentriert, die dieser bemerkenswerte Mann verwendet hat, um sein eigenes Universum zu definieren – oder, vielleicht genauer, die einzelnen Bezeichnungen und Konzepte, die Don Juan und seine Zaubererkollegen benutzen, um zwischen der *alltäglichen* und *nichtalltäglichen* Wirklichkeit hin und her zu wechseln. Indem er sich so verhielt, hat er es geschafft, ein vollausgebildeter Teilnehmer dieser exotischen Weltsicht zu werden, etwas, das eine Menge *Ethnoscientists* befürworten, aber während ihrer eigenen Feldforschungen selten oder nie erreicht haben. Tatsächlich ist dieses Erreichen einer *vollen Mitgliedschaft* in der Welt der Zauberer, wie sie von Don Juan und seinen Freunden praktiziert wird – diese wurde unterstrichen durch Castanedas berühmten Sprung von jenem zentralmexikanischen Felsen in den angstauslösenden wiewohl verführerischen Bereich des *nagual* (Castaneda 1974:287) – einzigartig in den Annalen anthropologischer Feldforschung. Während eine wachsende Anzahl meiner Kollegen eng an einem unvermittelten Verhältnis zu Schamanen und *curanderos* (wie Barbara Myerhoff an der *University of Southern California* und Douglas Sharon an der UCLA) arbeiten, hat es noch niemand geschafft, sich soweit anzunähern wie Castaneda.

Es sollte selbst bei oberflächlicher Lektüre der Bücher Castanedas klar werden, daß der Prozeß, durch den man ein Voll-Mitglied von Don Juans Welt wird, nicht leicht war. Es hat beinahe 15 Jahre gedauert und, wie Castaneda herausstreicht, ist noch in keiner Weise abgeschlossen. Trotzdem ist es genau dieses größtenteils erfolgreiche Bemühen, in die Bedeutungswelt seines Informanten einzudringen, ein Teilnehmer dieser Welt zu werden und nicht bloß ein Beobachter, das Castanedas Werk von anderen emic-Darstellungen abhebt und zu dieser Anziehungskraft für Nicht-Anthropologen beigetragen hat. Es ist, dies gebe ich zu bedenken, die emic-Darstellung par excellence – ungeachtet der Tatsache, daß hier das Verhältnis zwischen Ethnograf und Informant außerhalb dessen steht, was wir traditionellerweise als solchen Kontext definiert haben (Spicer 1969). Don Juan kann nicht innerhalb des spezifischen Rahmens der indianischen Yaqui-Kultur verstanden werden, wie Spicer (1954) und andere geschrieben haben, und Spicers Beobachtungen (1969:321), daß er (Don Juan) höchstwahrscheinlich »eine derjenigen Personen aus Mexiko oder Arizona ist, die, obwohl sie vielleicht aus einer Yaqui-Familie stammen, doch nie am Gruppenleben der Yaqui teilgenommen haben, oder wenn, dann nur gelegentlich«, scheint nahe der Wahrheit zu liegen. Doch was immer sein Hintergrund sei, Castanedas Mentor ist zusammen mit den anderen verstreuten Zauberern, die in späteren Büchern erwähnt werden, der Erbe einer Art, die Welt zu betrachten, die sicherlich genauso anspruchsvoll ist wie jede andere Weltsicht, die in Indien, Tibet oder in jeder anderen Tradition, *zivilisiert* oder *primitiv* entwickelt wurde.

Eng verwandt mit der emic- oder Ethnoscience-Stellungnahme ist eine andere Methodologie, auf die Castaneda auch offen hingewiesen hat: nämlich die Phänomenologie, d. h. die philosophische und epistemologische Schule des Denkens, die behauptet, daß die Welt, wie wir sie kennen, lediglich der Konsensus unserer Glossen (Deutungen) über sie ist, daß wir deshalb die Welt – oder zumindest unsere eigene Welt – erschaffen, indem wir darüber sprechen. In moderner Zeit entwickelt, obwohl ihre Wurzeln bis zu Plato zurückreichen (Husserl 1931, 1973; Schütz 1967) wurde Phänomenologie die Grundlage einer zeitgenössischen Schule für soziologische Forschungen, bekannt als *Ethnomethodologie*, deren Hauptvertreter Harold Garfinkel ist (1967; vgl. Mehan/Wood 1975). Garfinkel, ein Soziologe an der UCLA und Mitglied in Castanedas Doktor-Komitee, hatte auf die Art und Weise, wie Castaneda versuchte, die Begriffe für die Lehren Don Juans zu bilden, großen Einfluß.[3] Tatsächlich ist sein Einfluß klar erkennbar in Castanedas Beobachtung (1973:IV), daß:

die Behauptung des Zauberers dahingeht, daß die Welt insgesamt oder unsere physikalische Umgebung, die als fraglose, unabhängige und transzendentale Objektivität erscheint, das Produkt der Übereinstimmung der Wahrnehmenden über die Natur dessen ist, was sie wahrnehmen. Anders ausgedrückt: Wir, die Wahrnehmenden, sind die dynamischen Teile der Welt, weil wir sie nicht nur mit Bedeutung erfüllen, sondern auch mit *Form*. Daher ist die wahrgenommene Wirklichkeit unserer Umgebung der sozialen Übereinstimmung eher angemessen als ihrer objektiven Natur.

Abgesehen von Castanedas Vertrauen in die von Garfinkel und anderen vertretene Rhetorik ist die grundlegende Annahme hier, daß Don Juan auch ein Phänomenologe ist und daß seine eigene Rhetorik essentiell ebenso geartet ist wie die von Castaneda verwendete. Kurz gesagt, würde dies heißen (scheinen), daß Phänomenologie, wie so viele andere Dinge, unabhängig voneinander zweimal entwickelt wurde: im Deutschland der Jahrhundertwende und im gegenwärtigen Sonora.

Es gibt wenigstens zwei weitere Modelle in der gegenwärtigen Anthropologie, die eine Beziehung zu Castanedas Forschung zu haben scheinen. Eine davon ist Claude Lévi-Strauss' (1966:16–36) Konzept der *bricolage* – das ist der Prozeß, worin scheinbar disparate Ideen und Konzepte kombiniert und wiederverbunden werden, um eine völlig neue Konzeption derselben objektiven Realität hervorzubringen. Der französische Anthropologe betrachtet »bricolage« als eine fundamentale Facette des *wilden Denkens*, und in der Person des Don Juan haben wir das, was sich auf den Archetypus des »bricoleur« bezieht, speziell in der letzteren Wahrnehmung der anderweitigen *alltäglichen* Wirklichkeit der Arizona-Sonora-Wüste, dessen Endresultat eine völlig neue Wirklichkeit ist, komponiert aus den gleichen essentiellen Elementen. Von einem Lévi-Strauss'schen Standpunkt aus hat sogar ein wichtiger Vorgang von »bricolage« stattgefunden; die Welt wurde *angehalten*, wie Don Juan es ausdrücken würde, und dann wiedererrichtet in Begriffen eines neuen Konsensus. Für Lévi-Strauss ist dies die Art, wie das *wilde Denken* arbeitet: ein kontinuierlicher Prozeß der Umwandlung, eine Wirklichkeit verwandelt sich in eine andere ad infinitum. Sicher, es gehört mehr dazu als dies, betrachtet man das, was Don Juan tut und sagt, aber ich denke, die Parallele zu einander fundamentalen Konzepten des Strukturalismus ist auffällig und der Erwähnung wert.

Das andere in Frage stehende Modell bezieht das Konzept der Skelettierung mit ein, das nach Mircea Eliade (1964), Adolf Jensen (1963) und anderen, ein grundlegender Aspekt aller schamanistischen Initiationen ist. Es bezieht die Vorstellung ein, daß er – in diesem Fall Castaneda – symbolisch seines Fleisches entledigt (d. h. seiner früheren Konzeption von der Natur der Wirklichkeit) und dann sozusagen wiedergeboren wird, mit einem neuen und *nicht-alltäglichen* Körper sowie einer völlig verschiedenen Konzeption der Welt wie der Mächte und Kräfte, die sie beherrschen. Castanedas Rückkehr aus dem *nagual* nach einer langen und schwierigen Periode der Vorbereitung durch seinen Mentor paßt gut in dieses Modell; man darf annehmen, daß der *Todessprung* vom Felsen und seine folgenden Begegnungen mit einer Reihe von *tonals* oder Anweisungen – gar nicht erwähnt sein schließliches Wiederauftauchen in einer gewohnten Umgebung – das höhepunktartige Ritual von Tod und Wiedergeburt bildet, das universal mit schamanistischen Initiationen assoziiert wird. Die Tatsache, daß Carlos Castaneda sich noch nicht selbst als voll ausgebildeten Zauberer ansieht – wahre Zauberer, versichert er, seien fähig, andere Personen gegen ihren Willen in andere Bedeutungen zu ziehen, etwas, zu dem er bisher nicht fähig war –, tut der Tatsache keinen Abbruch, daß er tatsächlich durch diesen Skelettierungsprozeß gegangen ist.

Es gibt jedoch eine noch profundere Implikation in Castanedas Forschung, eine, die vielleicht einen Indikator abgibt für die fundamentale Verschiebung in der Haltung bei einer wachsenden Anzahl zeitgenössischer Anthropologen, besonders bei Anthropologen, die mit der Analyse dessen beschäftigt sind, was gemeinhin *übernatürliche Phänomene* genannt wird. Man muß dabei im Gedächtnis behalten, daß – ausgenommen die Ideen von C. G. Jung (1958) – beinahe jede Haupttheorie der Wissenschaft vom 19. und 20. Jahrhundert (anthropologische und andere) über den Ursprung und/oder die Funktion der magisch-religiösen Glaubensvorstellungen der Menschen in der Annahme wurzelte, daß trotz ihrer augenscheinlich subjektiven Wichtigkeit innerhalb der Kulturen (unsere eigene eingeschlossen) diesen Glaubensvorstellungen über und von sich selbst unsinnige Tendenzen innewohnen, die letztlich als Überbleibsel unserer kollektiven Vorstellung zu gelten haben. Freud z. B. behauptet in seinem einflußreichen Buch *Die Zukunft einer Illusion* (1928), daß alle übernatürlichen Glaubenssysteme, sogar die ausgefeiltesten von ihnen, nur Illusionen sind, basierend auf *kindlichen Phantasien*, und daß die Wissenschaft allein die Bedeutung wahren *Erwachsenseins* ermitteln könne.[4] Frazer verkündete im letzten Kapitel seines *Der goldene Zweig* (1922:711–714) die Dämmerung des wissenschaftlichen Zeitalters, eines Zeitalters, das die charmanten Fabeln unserer Vorfahren zerstören würde. Nichtsdestoweniger hat Lévi-Strauss unter den zeitgenössischen Theoretikern seine Position deutlich herausgestellt – während er für eine zentrale Tendenz in der menschlichen Psyche argumentierte –: Religion und Magie sind Phänomene, die objektiv studiert werden müssen, fast wie die Psychologen das Verhalten von Ratten im Labyrinth studieren; sie haben keine, wie auch immer geartete, Gültigkeit (vgl. Lévi-Strauss 1972:215).

Aber wenn man Castaneda liest oder aufmerksam zuhört, kann man einen ganz anderen Geist entdecken. Um sicher zu gehen: Er fährt fort, phänomenologische und ethnoscientistische Rhetorik zu adoptieren, und spricht von *Übereinstimmungen, emic-Darstellungen* und so weiter. Nichtsdestotrotz findet man unterhalb dieser Rhetorik eine wichtige Modifikation der traditionellen anthropologischen Haltung gegenüber dem *Übernatürlichen* (d. h. magisch-religiösen Phänomenen). Wie Carlos Castaneda es einst in einer Unterhaltung sagte, ist es nun möglich anzunehmen, daß Zauberei wenigstens *problematisch* ist, d. h. daß sie schließlich sehr wohl einige Gültigkeit haben könnte. Tatsächlich, die Idee, daß Magie und die mit ihr assoziierten Phänomene viel mehr als ein nur kulturelles Überbleibsel sein könnten, geht durch alle vier Bücher, besonders die letzten zwei. Die Wichtigkeit dieses Haltungswechsels kann nicht hoch genug eingeschätzt werden, weil er vielleicht einen ganz neuen Geist bezüglich der Nachforschungen ankündigt – nicht einfach eine *neue Ethnografie*, sondern eine neue *Anthropologie* an sich, eine Anthropologie, die mit der Annahme beginnt, daß die in Frage stehenden Phänomene tatsächlich *problematisch* und *nicht* unsinnig sind. Tatsächlich habe ich seit dem Erscheinen von *Die Lehren des Don Juan* (1968) weitere Beispiele dieser neuen Geisteshaltung entdeckt: Symposien bei professionellen Treffen, die mit Anthropologie und dem Übernatürlichen beschäftigt waren, ein neuer Respekt für die hochgeistige Erörterung, wenn auch nicht immer für das, worüber gewöhnlich als *primitive Glaubensvorstellungen* hinweggegangen wurde; sogar eine Bereitwilligkeit bei einigen, zuzugeben, daß es vielleicht einen kompletten Satz (Sammlung) von Gesetzen und Prozessen *da draußen* geben könne, die aus dem Rahmen der Wissenschaft, wie wir sie kennen, herausfallen und die traditionelle magisch-religiöse Praktiker wie Don Juan schon lange entdeckt und verstanden haben. Es mag gut sein, daß wir nicht nur eine einzige *außerordentliche (nicht-alltägliche) Wirklichkeit* entdecken, ein endgültiges emic-Modell, nach dem alle Menschen überall gesucht haben seit dem Heraufdämmern des menschlichen Bewußtseins. Daß einige wenige Menschen – die Schamanen, Propheten, Seher, Zauberer und Mystiker in fast allen menschlichen Gemeinschaften, von Nord-Mexiko bis Tibet[5] – erfolgreicher danach gesucht haben als der Rest von uns, ist eine Annahme, die, im Lichte dessen, was Castaneda entdeckt hat, nicht einfach übergangen werden kann.

Carlos Castaneda ist allerdings nicht voll verantwortlich für den Haltungswechsel bei einer wachsenden Anzahl meiner Kollegen. Nichtsdestoweniger möchte ich darauf hinweisen, daß wir in seiner Schuld stehen hinsichtlich des Kampfes, den er führte, um die Anthropologie aus der hyperrationalen Zwangsjacke zu befreien, in der sie seit ihrer Gründung steckte.

Ob die neue Geisteshaltung in der Forschung letztlich die Gültigkeit der Ideen von einigen oder allen der vielen esoterischen Traditionen besiegeln wird, unter ihnen die von Don Juan, bleibt natürlich weiterhin offen. Ich persönlich habe meine Zweifel, da ich bekennen muß, daß ich immer noch an einigen Überbleibseln meiner rationalistischen Ausbildung hänge. Ich denke jedenfalls, daß wir an der Schwelle einiger größerer Durchbrüche im Verständnis der Mächte und endgültigen Möglichkeiten (Potentiale) der menschlichen Psyche stehen. Gesicherte Entwicklungen in der Parapsychologie weisen bereits in diese Richtung, unter ihnen überzeugende Versuche zur Technik, die als Kirlian-Fotografie bekannt ist, nämlich daß wir alle das besitzen, was auf Auras um unsere Körper hinausläuft (oder wenigstens um unsere Fingerspitzen; vgl. Moss 1974:22–61; Krippner und Rubin 1974), auf Auras, die mit den Phänomenen übereinstimmen, können die Mystiker und Physiker seit undenklichen Zeiten beschrieben haben.

Darüber hinaus haben mir meine Physiker-Freunde erzählt, daß eine Reihe von Untersuchungen laufen, die in Kürze unsere Zeit-Vorstellungen revolutionieren werden, von ihrer Beziehung zum Raum und zur Energie ganz zu schweigen. Wenn wir tatsächlich zu einem gründlicheren Verständnis dieser äußerst grundlegenden Phänomene gelangen, werden wir in der Lage sein, ein Großteil der Dinge zu erklären, die jetzt fast überall auf der Welt als übernatürlich definiert werden, von der Prophetie zum *magischen Flug*. Kurz gesagt, wir werden uns vielleicht vergegenwärtigen, daß unsere gegenwärtigen Konzeptionen von Zeit, Raum, Materie, Energie und der menschlichen Psyche wenig besser sind als die von australischen Eingeborenen, wenn sie fragen, warum Regen fällt oder was passiert, nachdem die Sonne untergeht.

In seinem letzten Buch, betitelt *On the Margin of the Visible* (1974) (»An der Grenze des Sichtbaren«), das von okkulten Phänomenen handelt und vom Rahmen, in dem diese Phänomene soziologischer Analyse zugänglich sind, hat Edward Tiryakian bemerkt, daß vielleicht jetzt die Periode da ist, in der wir ein neues kulturelles Paradigma bestätigen können, das dasjenige ersetzt, das vielleicht seine kreative Energie verloren hat. Und vielleicht ist es die esoterische Tradition, die erneut in Erscheinung treten und als ein neuer Verstärker wirken wird. Wenn man dem *richtigen Pfad* der esoterischen Tradition folgt, könnte es möglich sein, ein neues kulturelles Paradigma zu verwirklichen – eine Synthese von Wissenschaft und Religion.

Ob und wann dieses neue Paradigma auftaucht, das so evident in den

Büchern von Castaneda enthalten ist – die neue Geisteshaltung der Forschung, diese *neue Anthropologie* wird sicherlich eine wichtige Rolle bei ihrem Entstehen spielen. Und dies, gebe ich zu bedenken, ist möglicherweise die wichtigste Implikation in Castanedas Werk – nicht nur für die Anthropologie im besonderen, sondern für unsere umfassenden Konzeptionen darüber, wer wir sind und was unsere Beziehung zum Kosmos bedeutet.

Anmerkungen

Die Wirklichkeit und der Wissende

I. Kapitel

1 Salzinger, Helmut: Und es gibt sie doch, in: Frankfurter Rundschau, 15.7.72.
»Die einzige Möglichkeit, jemals das Wissen wiederzuerlangen, auf das Lao-Tse sich in seinem Diktum ›Die aber wissen, sprechen nicht‹ bezog, besteht darin, die Frage ›Wie sollen wir wissen?‹ der existentiell vitaleren Frage ›Wie sollen wir leben?‹ unterzuordnen. Diese Frage stellen, heißt darauf bestehen, daß der primäre Zweck menschlicher Existenz nicht darin besteht, immer mehr Wissen anzuhäufen, sondern Tag für Tag Lebensformen zu entdecken, die unsere gesamte Natur umfassen ...« (Roszak, Th., 1973:331).
»Über die Schriftstellerei hat er sich nicht gerade mit Hochachtung ausgesprochen – was bei glänzenden Schriftstellern, wie Platon einer war, des öfteren vorkommt. Doch er sagt geradezu, daß er den innersten Kern seiner Lehre niemals einer Schrift anvertrauen und so der Mißgunst und dem Unverständnis preisgeben würde. Darüber, sagte er, ›gibt es keine Schrift von mir, und es wird nie eine geben; denn es läßt sich nicht wie anderes, das man erlernen kann, aussprechen, sondern es ... entsteht plötzlich, wie von einem springenden Funken entzündet, ein Licht in der Seele, das von nun an sich selbst erhält‹« (Störig, H.-J., 1969:156).

2 Indirekt wird diese Äußerung noch einmal aufgegriffen, als von der ›Erklärung des Zauberers‹ die Rede ist, vgl. Castaneda IV:296f. D.h., wer wirklich wissen will, muß sich schon einer Initiation unterziehen. Sonst wird er eben nicht wissen. *»Wahres existentielles Wissen kann eben niemals gelehrt, niemals nur ›mitgeteilt‹ werden«* (Gelpke, Rudolf, o.J.:107).

3 Die dann 1968, mit dem Copyright der ›Regents of the University of California‹ versehen, als erstes Buch der »Lehren« ein Bestseller wurde. Die zweite Phase der Lehrzeit, von 1968 bis 1970, begann, als Castaneda ein Exemplar dieses Buches zu Don Juan brachte. *»Er befühlte den Einband mit der flachen Hand, wendete das Buch ein paarmal hin und her und reichte es mir zurück. Stolz wallte in mir auf. ›Du sollst es behalten‹, sagte ich. Er schüttelte den Kopf und lachte leise. ›Lieber nicht‹, sagte er und fügte mit breitem Grinsen hinzu: ›Du weißt ja, wofür wir in Mexiko Papier verwenden‹.«* (II:20) Es fragt sich sogleich, warum Castaneda dem Zauberer ein Buch geben wollte? Konnte der Englisch? Aber wie erwähnt: Stolz wallte in ihm auf...

4 vgl. dazu Castaneda III:29; Castaneda IV:58, 82, 100, 201, 242, 294f., 360

5 Der zweite Abschnitt der Lehrzeit, die Castaneda seinerzeit aus Furcht – dem ersten Feind eines Wissenden – abgebrochen hatte, wurde allerdings wiederum durch ein akademisches Interesse eingeleitet. »*Ich habe aufgegeben und bin jetzt bei dir, nicht weil ich etwas lernen möchte, sondern nur, weil ich dich um eine Erklärung im Zusammenhang mit meiner Arbeit bitten möchte.*« (II:27) »*Sobald ich in der Frühe erwachte, erzählte ich Don Juan ohne weitere Einleitung, daß ich ein System zur Erklärung dessen, was bei einem Peyotetreffen, einem Mitote stattfand, entworfen hatte. Ich zog meine Aufzeichnungen hervor und las ihm vor, was ich geschrieben hatte. (...) Als ich fertig war, schaute er mich mißbilligend an. (...) Nach einer angemessenen Pause fragte ich ihn, was er von meiner Auffassung hielt. Bei meiner Frage verwandelte sich sein finsterer Blick in ein Lächeln, und dann brach er in ein dröhnendes Gelächter aus. (...) ›Du bist verrückt!‹ rief er. ›Warum sollte sich jemand bei einer so wichtigen Gelegenheit wie einem Mitote damit aufhalten, Hinweise zu geben? Glaubst du, man kann mit Mescalito herumspielen?‹ Einen Moment hatte ich das Gefühl, er wolle mir ausweichen; er ging nicht wirklich auf meine Frage ein. ›Warum sollte jemand Hinweise geben?‹, fragte Don Juan hartnäckig. ›Du warst bei Mitotes dabei. Du solltest wissen, daß dir niemand gesagt hat, was du empfinden oder tun sollst: niemand außer Mescalito selbst.‹*
Ich bestand darauf, daß eine solche Erklärung unmöglich sei, und bat ihn abermals, mir zu sagen, wie die Übereinstimmung zustande käme. ›Ich weiß, warum du gekommen bist‹, sagte Don Juan in geheimnisvollem Ton. ›Ich kann dir bei deinem Vorhaben nicht helfen, denn es gibt kein System von Anspielungen und Hinweisen‹. ›Aber wie können sich soviele Leute über die Anwesenheit Mescalitos einig sein?‹ ›Sie sind sich einig, weil sie sehen‹, sagte Don Juan erregt, und dann fügte er beiläufig hinzu: ›Warum nimmst du nicht noch mal an einem Mitote teil, um selbst zu sehen?‹ Ich merkte, daß dies eine Falle war« (Castaneda II:26f.).
Es war insofern eine Falle, als Castaneda doch die Lehre fortsetzte. Der zitierte Abschnitt wird übrigens auch in einer ethnomethodologischen Studie erwähnt, wenn auch nur als ein Beispiel unter fünfen, das zeigen soll, daß man mit dem ethnomethodologischen System der »fünf Merkmale der Realität« auch ein Phänomen wie die Zauberei erklären kann: »*Don Juan findet Castanedas Darstellung unsinnig. Diese Zurückweisung ist kein Beweis dafür, daß Castanedas Versuch der Systematisierung unrichtig ist. Sie deutet darauf hin, daß der Forscher reflexiv die Realität organisiert, die er untersucht. Alle Realitäten können* aufgrund einer Analyse *ein kohärentes Wissensystem entfalten, aber die Mitglieder sind sich nicht notwendig ihres Wissens um diese Kohärenz bewußt*« (Mehan / Wood 1976:43).
Die Ethnomethodologen wissen es natürlich, obwohl sie nicht sehen können. Und weil sie es wissen, deshalb ist es auch kein Problem für sie,

es in ihr System zu integrieren. Aber das gelingt nur solange, wie der Forscher bleibt. Das betrifft den Raum vor der Initiation!

Gerber weiß zu berichten (Die Peyote Religion, Zürich 1975:65): *»Der ungleiche sozio-kulturelle Hintergrund in der Persönlichkeitsstruktur von Indianern und Weißen macht es offenbar selbst Ethnologen äußerst schwer, sich in gleicher Weise dem Peyotl-Erlebnis hinzugeben. Doch können sich in besonders günstigen Beziehungsverhältnissen zwischen Ethnologen und Peyote-Gemeinde synchronizitätsähnliche Halluzinationen (? – DT) abspielen, wie Aberle selbst erlebte:*

»Often in peyote meetings I told the members that I was obliged to be an impartial observer. One night I said, that I walked a chalk line. In the morning the road chief (peyote priest) said, ›I saw that line, a yellow chalk line, during the night.‹ The visual stimulus must have been similar to that seen by the old singer. The roadchief imposed meaning on it in the light of my words« (The Peyote Religion Among the Navaho, Chicago 1966:6f.).

Auch in diesem Falle scheint die Vision für den indianischen Peyotisten von größerer Bedeutung zu sein, denn für den Ethnologen.

Im Zuge seiner erneuten Unterweisungen in der zweiten Phase versucht Don Juan, Castaneda »sehen« zu machen. Vergeblich.

6 Ihm »fehlen die Worte« – er ist »sprachlos«. Daher kann er es nicht in seine »Sprache« übersetzen, sondern höchstens verstehen, obwohl: *»›Was du Verstehen nennst, ist der Schritt zwischen diesen beiden Punkten‹, sagte er* (›Es gibt aber noch sechs weitere Punkte, die ein Mann beherrschen kann‹ – ebd.). *›Das tust du schon dein ganzes Leben lang. Wenn du sagst, du würdest mein Wissen verstehen, dann hast du nichts Neues zuwege gebracht... ich sagte beherrschen, nicht verstehen, ist dir das klar?‹ Sein Tonfall war so komisch, daß ich lachen mußte. Er imitierte, oder besser, er verspottete meine Art, auf dem exakten Gebrauch der Wörter zu beharren. ›Dein Problem besteht darin, daß du alles verstehen möchtest, und das ist nicht möglich. Wenn du auf dem Verstehen beharrst, dann wirst du deinem vollen Geschick als menschliches Wesen nicht gerecht‹«* (Castaneda II:220).

Evans-Pritchard beklagt, der Skeptizismus im Leben der Azande führe »niemals zum Umsturz der mystischen Denkweise, da er notwendigerweise in Begriffen formuliert wird, die selber zu dieser Denkweise gehören«. *»Es ist die Struktur seines Denkens und er kann gar nicht denken, daß sein Denken falsch ist«* (Witchcraft, a.a.O.:194, zit. n. Winch, Peter in: Wiggershaus 1975:74f.).

Ihm fällt nicht auf, daß es in der Wissenschaft ähnlich zugeht. Aber es ging ihm ja wohl auch darum, daß »unsere« Auffassung der Wirklichkeit die richtige ist gegenüber derjenigen der Azande (vgl. Winch, ebd.:75).

Einige Ethnomethodologen behaupten, das System der Wissenschaft wäre ebenso wie das Orakelsystem der Azande oder irgendein anderes

System abhängig von einer ›unkorrigierbaren Aussage‹. *»Der absolute Glaube an die Unkorrigierbarkeit des eigenen Wissens ermöglicht es dem Glaubenden, gegenteilige Beweise zurückzuweisen. Dies legt die Annahme nahe, daß alle Menschen in gleicher Weise abergläubisch sind«* (Mehan / Wood, 1976:37). Darum sucht der Zauberer »eher das Handeln, als das Sprechen« (IV:37).

7 Um das zu erkennen, muß man allerdings ›sehen‹ können (vgl. Castaneda III:289f.). Und um »sehen« zu können, bedarf es eben dieser immensen Anstrengungen, die Castaneda unternehmen muß und in seinen Büchern beschreibt.

8 Zu Hegel bemerkt Habermas: *»Die erst auftretende Wissenschaft wird auch nicht dadurch glaubwürdiger, daß wir der Versicherung, sie sei die eigentliche oder die wahre Wissenschaft, Vertrauen schenken und uns gegen andere Formen des Wissens, die mit dem gleichen Anspruch auftreten, entscheiden. Die beginnende Erkenntniskritik muß sich eines Vorurteils über das, was als Wissenschaft zu gelten hat, enthalten; zunächst steht sie nur konkurrierenden Ansprüchen des erscheinenden Wissens gegenüber«* (ders. 1973:24).

9 Husserl hat diesen Sachverhalt in seinem Spätwerk folgendermaßen ausgedrückt: *»Den Glauben an die Möglichkeit der Philosophie als Aufgabe, also an die Möglichkeit einer universalen Erkenntnis, können wir nicht fahren lassen«* (Husserliana Bd. VI:15, §7, 1. Teil). Das, so scheint's, ist das, was den Geist des Abendlandes drückt: die Universalität, d.h. auch, für alle anderen mitzusprechen. Ein verschlüsselter Führungsanspruch.

10 *»Wie wir die Natur aufgliedern, sie in Begriffen organisieren und ihnen Bedeutungen zuschreiben, das ist weitgehend davon bestimmt, daß wir an einem Abkommen beteiligt sind, sie in dieser Weise zu organisieren – einem Abkommen, das für unsere ganze Sprachgemeinschaft gilt und in den Strukturen unserer Sprache kodifiziert ist. Dieses Übereinkommen ist natürlich nur ein implizites und unausgesprochenes, aber sein Inhalt ist absolut obligatorisch; wir können überhaupt nicht sprechen, ohne uns der Ordnung und Klassifikation des Gegebenen zu unterwerfen, die dieses Übereinkommen vorschreibt«* (Whorf, B. L. 1974:12).

11 *»Die Menschheit der gegenwärtigen Kulturkreise findet es mehr oder weniger selbstverständlich, daß sie in den Literaturen entlegener Zeitalter, in den mystischen Dokumenten, die in unsere Hände gelangen, zu lesen verstehe. Gewiß gesteht sie die gewaltigen Unterschiede des Kulturbewußtseins, der Bewußtseinslage überhaupt zwischen den Zeitaltern zu – aber eine stillschweigende Voraussetzung macht der gegenwärtige wissenschaftliche Mensch, auch wenn er in Bewunderung und Ehrfurcht vor den Zeugnissen der Vergangenheit steht: daß alles, was in diesen Zeugnissen niedergelegt ist, sich irgendwie verstehen lassen müsse, wenn man es zuwege bringe, den Unterschied der Bewußtseinslage dadurch auszugleichen, daß man sich in den Kulturmenschen der Urzeit, sei es durch welche künstlerische oder wissenschaftliche Inspiration immer,* hineindenken *könne, wenn man sich in das Frühzeit-Bewußtsein intuitiv* hineinversetzen und einfühlen *könne. Die still-*

schweigende Voraussetzung, die in diesem Gedanken liegt, ist die, daß es eine Frage des Bewußtseins-*Unterschiedes, der seelischen und geistigen Differenz ist, die als Hindernis vor dem Zugang zum Verständnis steht, daß aber die objektive Wirklichkeit (sofern sie von subjektiven Prägungen unabhängig ist)* die objektiv seiende Realität im Grunde dieselbe in allen Zeitaltern *sei. Die Wirklichkeit, in der man lebt, die körperhafte Objektwelt, läßt der gegenwärtige Mensch nicht antasten, die psychologische Differenz gesteht er gern zu ...«* (Unger, Erich, 1926:32f.; zit. v. Leisegang, H., 1928:6).

12 Seitdem geht die Behauptung um, es ließe sich die Wirklichkeit begrifflich erfassen. Eine Abstraktion wird zur selbstverständlichen Prämisse und gerät in Bedrängnis.

13 Wie dies auf Kant zutrifft. *»Die Frage nach der Erkenntnis bzw. dem ›Beweis für die Realität der Außenwelt‹ – wie heute allgemein das Problem formuliert wird –, stellt sich aus den früher angegebenen Gründen erst seit Beginn der Neuzeit«* (Diemer, A. 1969:43).

14 Wittgenstein war deshalb der Ansicht: *»Alle Sätze der Logik sind Verallgemeinerungen von Tautologien und Verallgemeinerungen von Tautologien sind Sätze der Logik. Andere logische Sätze gibt es nicht. (Dies halte ich für definitiv)«* (ders.: Tagebücher:270, Norwegen 1913). Daher nahm er wohl auch an, die Logik müsse für sich selber sorgen (vgl. ebd. die Eintragung vom 22.8.14).

15 *»Das spanische Wort Brujo bedeutet Medizinmann, Heiler, Hexer, Zauberer. Es bezeichnet im wesentlichen eine Person, die außergewöhnliche und meistens böse Kräfte besitzt«* (Castaneda I:14).

16 *»... dieses verschwommene Phänomen, das wir als Zauberei bezeichnen, ist für den amerikanischen Indianer schon seit Jahrtausenden eine ernsthafte, ehrbare Praktik, die sich mit unserer Wissenschaft vergleichen läßt«* (Castaneda II:15). Ehrbar war diese Praxis in Europa zwar nicht, aber immerhin existierte sie vor Jahrhunderten auch hier. Bedeutsam erscheint mir die Äußerung, die Don Juan hinsichtlich der Eroberung Amerikas durch die Europäer macht: *»Im Leben der Indianer jedoch gab es Dinge, die für den weißen Mann unbegreiflich waren. Diese Dinge hat er nicht einmal bemerkt ... Dort hat sich der weiße Mann nie hingewagt. Tatsächlich hatte er nicht einmal die Idee, daß es existieren könnte«* (Castaneda IV:180f.).

17 Der mögliche Einwand, es handele sich bei der indianischen Welt eben nur um eine andere Systematik, und das Gerede um die grundsätzliche Andersartigkeit sei reine Hypostasierung, muß sich freilich die Gegenfrage gefallen lassen, woher denn die Gewißheit kommt, daß es sich tatsächlich um eine Hypostasierung handelt. Sicherlich ist es auch ein System – aber ob der Zugang mit den abendländischen Instrumenten gelingt, dürfte nicht so ohne weitere Überlegung zu entscheiden sein. Möglicherweise ist diese gerade das Hindernis.

18 Dies kann einerseits bedeuten, daß die Griechen bereits alle Probleme, die auftauchen können, kannten, oder daß wir alle Probleme nur analog zu den uns von den Griechen bekannten anfassen können. Im ersten Fall wären wir heute geistig keinen Schritt weiter, und im zweiten wären wir total festgelegt, was die Methoden angeht.
»*Das Wort Erkenntnistheorie ist verhältnismäßig jung;* (es stammt von Ed. Zeller – Verf.) *um so älter freilich die Sache, die es bezeichnet*« (Hönigswald, R., 1966:1).

19 »*Manchmal wird die zweiwertige Logik auch aristotelische Logik genannt. Lukasiewicz wies jedoch nach, daß das Prinzip der Zweiwertigkeit der Aussagen erstmalig von Chrysippos und nicht von Aristoteles formuliert wurde*« (Sinowjew, A., 1968:15).

20 Vgl. Leisegang, H., 1928:3; Störig, H.-J., 1969 I:179; Gebser, J., 1973: I.:25 und 352f.; oder lakonisch Nietzsche: »*Wir werden Gott nicht los, solange wir noch an die Grammatik glauben.*«

21 »*Von den vier Grundsätzen des Denkens ist damit bei Aristoteles der erste formuliert (seine Fassung lautet:* ›Dasselbe kann demselben in derselben Hinsicht nicht zugleich zukommen und nicht zukommen‹*). Die übrigen drei Prinzipien, die in der Entwicklung der Philosophie erst später formuliert wurden, sind der Satz der Identität (*a = a*), der Satz vom ausgeschlossenen Dritten (*›zwischen Sein und Nichtsein desselben Sachverhaltes gibt es kein Drittes‹*) und der Satz vom zureichenden Grunde*« (Störig, H.-J. 1969 I.:180).

22 »*Die natürliche Logik enthält zwei Fehler.*
Erstens: Sie sieht nicht, daß die Sprachphänomene für den Sprechenden weithin einen Hintergrundcharakter haben und mithin außerhalb seines kritischen Bewußtseins und seiner Kontrolle bleiben. Spricht daher jemand gemäß seiner natürlichen Logik über Vernunft, Logik und die Gesetze richtigen Denkens, so wird er leicht grammatikalischen Gegebenheiten folgen, die in seiner eigenen Sprache oder Sprachfamilie einen Hintergrundcharakter haben, die aber keineswegs in allen Sprachen gelten oder gar ein allgemeines Substrat der Vernunft überhaupt sind.
Zweitens: Die natürliche Logik verwechselt die Übereinstimmung über einen Gegenstand, die mit Hilfe einer Sprache erreicht wird, mit dem Wissen um den linguistischen Prozeß, durch den diese Übereinstimmung zustande kommt« (Whorf, B. L., 1974:10).
»*Die Grenzen meiner Sprache bedeuten die Grenzen meiner Welt. Die Logik erfüllt die Welt; die Grenzen der Welt sind auch ihre Grenzen. Wir können also in der Logik nicht sagen: Das und das gibt es in der Welt, jenes nicht. Das würde nämlich scheinbar voraussetzen, daß wir gewisse Möglichkeiten ausschließen, und dies kann nicht der Fall sein, da sonst die Logik über die Grenzen der Welt hinaus müßte: wenn sie nämlich diese Grenzen auch von der anderen Seite betrachten könnte*« (Wittgenstein, L., Tractatus 5.6.–5.6.1.)

23 Zum Navaho als einer athapaskischen Sprache wäre noch auf einen Hinweis Bergers aufmerksam zu machen, *»daß Korrespondenzen zwischen der Syntax der Navahos und ihrer nomadischen Lebensform nachgewiesen wurden«* (in: Wiggershaus, R., 269). Interessant wäre hier natürlich die Frage, ob alle anderen athapaskischen Sprachen eine ebensolche Korrespondenz aufweisen? Und wo die Korrelationen zwischen z. B. der abendländischen Lebensweise und der indogermanischen Syntax zu suchen sind und möglicherweise auch zu finden wären!

24 Dieses Phänomen nannte Lévy-Bruhl »Misoneismus«. Darunter verstand er *»die Abneigung gegen das begriffliche Denken, die oft geradezu fürchterliche Unklarheit der Vorstellungen, das mangelnde Unterscheidungsvermögen, die willkürliche Auslegung von Zufällen, die Gleichförmigkeit der Reaktionsweisen und die dadurch bedingte Abneigung gegen Neuerungen«* (Podach, E. F. 1951:45).
Die Immunität gegen mögliche Fehlannahmen auf seiten der Forscher ist geradezu beängstigend. Winch hat dieses Phänomen anhand einer Kritik an Evans-Pritchards Vorgehen bei den Azande in bezug auf das dort obligatorische Orakel diskutiert. *»Ganz offensichtlich wird unterstellt, daß diejenigen, die mystische Begriffe verwenden und rituelle Praktiken befolgen, eine bestimmte Art von Fehlern machen, die mit Hilfe der Wissenschaft und der Logik herausgefunden werden können«* (Winch, P., 1975:68).
»Die Vorstellungen der Azande über die Zauberkraft bilden kein theoretisches System, mit dem die Azande ein quasi-wissenschaftliches Verstehen der Welt zu erreichen versuchen. Dies deutet wiederum darauf hin, daß die Schuld für das Mißverstehen nicht bei den Azande, sondern bei den Europäern liegt, die darauf aus sind, das Azande-Denken in eine Richtung zu treiben, in die es sich normalerweise nicht bewegen würde: zu einem Widerspruch. Die Europäer begehen einen Kategorienfehler« (Winch, P., 1975:77; vgl. auch Störig, H.-J., 1969 I.:53).

25 Lévy-Bruhl gilt als überholt (vgl. Schott, R., 1961:114). Das muß aber nicht heißen, daß seine Theorie falsch gewesen ist – selbst wenn er persönlich sie widerrufen haben sollte. Man denke an Wittgensteins Warnung und Rat: »Man kann in gewissem Sinn mit philosophischen Irrtümern nicht vorsichtig genug umgehen, sie enthalten so viel Wahrheit.« Roszak bringt den Begriff der Partizipation über Tillich in Verbindung mit seiner Gnosis: *»Paul Tillich has called gnosis ›knowledge resulting from analytic and synthetic research. It is the knowledge of union and salvation, existential knowledge in contrast to scientific knowledge‹«* (ders. 1974a:23).
»Ich insistiere auf einer Grundtatsache: Die Trennung der Wesen ist auf die reale Ordnung begrenzt. Nur, wenn ich der Dinglichkeit verhaftet bleibe, ist die Trennung real, aber was real ist, ist äußerlich. In ihrer Intimität sind alle Menschen eins« (Bataille, G., 1975:89).

26 *»Wir sind gewöhnt, eine Geistesart, wie sie in der Participation Mystique beschlossen ist, für eine weniger rationale und weniger vom Denken regierte zu*

halten als die unsrige. Viele amerikanische Indianersprachen und viele afrikanische Sprachen verfügen jedoch über einen großen Reichtum subtiler, wunderbar logischer Unterscheidungen hinsichtlich der Verursachung, der Handlung, der Ergebnisse, der dynamischen oder energetischen Qualitäten, der Unmittelbarkeit der Erfahrungen usw. – alles Angelegenheiten der Funktion des Denkens. Ja, solche Unterscheidungen gehören geradezu zur Quintessenz der Rationalität. In dieser Hinsicht lassen sie die europäischen Sprachen weit hinter sich« (Whorf, B. L., 1974:126f.).

Gebser (Kommentarband: 17f.) weist darauf hin, daß der von C. G. Jung verwendete Begriff »participation inconsciente« eine Umformung des von Lévy-Bruhl geprägten Begriffs »participation mystique« sei und macht eine Andeutung auf den gemeinsamen Ursprung bei Platon. Das, was bei Don Juan »sehen« genannt wird, gehört ebenfalls in die Nähe dieser o. a. Begriffe (vgl. Castaneda IV:177).

Ein interessantes Beispiel liefert Castaneda im III. Band: 224, wo Don Juan ihn über das *Nicht-Tun* informiert. Ein Stein, der auf einem Felsen liegt, liefert das Anschauungsobjekt: *»›Tun‹ läßt dich das Steinchen als getrennt von dem Felsen auffassen‹, fuhr er fort. ›Wenn du ›Nicht-Tun‹ lernen willst – verbinde die zwei!‹ Er zeigte auf den kleinen Schatten, den der Kiesel auf den Felsen warf und sagte, das sei kein Schatten, sondern Leim, der die zwei verbände«* (ebd.).

27 Was nicht weiter verwundert, denn mit der Trennung von den Dingen geht auch die Entfremdung und Verdinglichung einher. Das falsche Bewußtsein kennt die Einheit nicht mehr. Bataille: *»Die erste Arbeit begründet die Welt der DINGE, der im allgemeinen die profane Welt der Alten entsprach. Seit der Setzung der Welt der DINGE wurde der Mensch selbst zu einem der Dinge dieser Welt, zumindest für die Zeit, da er arbeitet«* (zit. n. Bergfleth, G., 1975:379).

»Schon zu einer Zeit, als Benjamin, der Student, sich noch zutraute, das Programm der kommenden Philosophie zu entwerfen, steht der Begriff einer unverstümmelten Erfahrung im Zentrum der Überlegungen. Benjamin polemisiert damals gegen die ›gleichsam auf den Nullpunkt, das Minimum von Bedeutung reduzierte Erfahrung‹, d. h. gegen die Erfahrung physikalischer Objekte, an der Kant paradigmatisch seinen Versuch der Analyse der Bedingungen möglicher Erfahrung orientiert hatte. Benjamin verteidigt demgegenüber die komplexeren Erfahrungsarten der Naturvölker und der Wahnsinnigen, der Hellseher und der Künstler. Damals verspricht er sich noch von der Metaphysik die Wiederherstellung eines systematischen Erfahrungskontinuums« (Habermas, J., 1972:197).

28 Es ist wohl nicht so selbstverständlich negativ, wie Podach annimmt – nur von einem bestimmten Standpunkt aus. Und dieser Standpunkt ist der Beurteilende. Als wäre unsere Wirklichkeit wirklicher.

29 Parmenides (geb. um 540 v. Chr.) hatte Denken und Sein nicht getrennt, weil er überzeugt war, daß wahres Wissen nur durch reine Vernunftserkenntnis erlangt werden kann. *»Diese aber lehrt, daß es nur ein Sein, nicht aber*

Nichtseiendes geben kann« (Störig, H.-J., I:132). Parmenides war dieser Ansicht, weil er annahm, daß Nicht-Seiendes nicht gedacht werden kann. Er traute den Sinnen allerhand Irrtümer zu (vgl. Becker, Oskar, 1964:255).

30 Hier liegt bereits eine dualistische Annahme Diemers vor. Für ihn liegt schon eine »objektive Realität« parat.

31 Lao-Tse: *»Da das Tao unfaßbar ist, ist das Höchste, was wir an Erkenntnis erlangen können, die Gewißheit unseres Nichtwissens.« – »Erkennen des Nichterkennens ist das Höchste«* (Störig, H.-J., I:94). So verstehe ich auch Sokrates' Ausspruch: *»Ich weiß, daß ich nichts weiß«* und Platons Höhlengleichnis.
Im Tao-Te-King des Lao-Tse heißt es:
»Könnten wir weisen den Weg,
es wäre kein ewiger Weg.
Könnten wir nennen den Namen,
es wäre kein ewiger Name.
Was ohne Namen,
ist Anfang von Himmel und Erde;
Was Namen hat,
ist Mutter der Zehntausend Wesen« (Kap. I, § 1, 1972).
Dschuang-Tse: *»Man kann vom Tao nicht zu einem Schulmann sprechen: er ist in seiner Lehre eingemauert«* (ders. 1976:56).
»Griechische und chinesische Philosophie entstanden und entwickelten sich gleichzeitig. Lao-Tse und Kung-Fu-Tse, d. h. unser Lehrer Kung, (...) leben in der Zeit der ionischen Naturphilosophie: Lao-Tse ist Zeitgenosse des Anaximander und Pythagoras, Kung-Fu-Tse der des großen Heraklit und des Parmenides und Dschuang-Tse der Epikurs und Zenos« (Eberz, O., 1967:57f.).

32 Denken und Gegenstand bilden eine untrennbare und gleichwohl asymmetrische Einheit. *»... Denken bedeutet also Gegenstandsbeziehung«* (Wetzel, M., 1973:31).

33 Für den brujo Don Juan ist Denken eine Verstandestätigkeit, die dem »Tun« zugehört. Insofern das »Tun« die alltägliche Wirklichkeit erschafft, ist wohl anzunehmen, daß das Denken als Reflektion dieses »Tuns« zur Erkenntnis über seine eigene Wirklichkeit taugt. Womit aber nicht gesagt ist, daß es »Realität« erreicht.

34 »Sichern« würde eine Festlegung des Umgrenzten bedeuten. Diese begriffliche Fixierung könnte jedoch nur eine Aneignungskategorie sein, die für bestimmte Wissenszweige völlig ungeeignet sein dürfte. Für augenblickliches Wissen wie z. B. das »Nu« eines Walter Benjamin (ders. 1972a:25). Oder auch: *»Wissen ist eine ganz besondere Angelegenheit«, sagte er, »besonders für einen Krieger. Wissen ist für einen Krieger etwas, das plötzlich kommt, ihn einhüllt und dann vorbeigeht«* (Castaneda IV:43).

35 Wetzel versteht unter der Operationalisierung von Begriffen: *»Ein Begriff ist operationalisiert, wenn er eine Beobachtungsvorschrift enthält, die jederzeit*

erlaubt, festzustellen, ob etwas in der Realität Vorgefundenes unter diesen Begriff fällt« (Skript zum Kurs: Wissenschaftstheorie: 11, an der Hochschule für Wirtschaft und Politik 1973). Dann macht er folgende Einschränkungen:
a) es können Faktoren fehlen;
b) werden Begriffe von beiden gleich verstanden?
c) gelingt die Verständigung über den Sinn der Begriffe?
d) beide Seiten können über die wesentlichen Verhältnisse der Gesellschaft irren;
e) das Bewußtsein Abhängiger kann von den herrschenden Interessen (Hierarchie) überformt sein.
An der Definition scheint mir zweierlei problematisch zu sein. Erstens das Postulat »jederzeit« und zweitens der gesamte Nebensatz. Was das erstere angeht, möchte ich an das Beispiel erinnern, welches Castaneda im II. Buch auf Seite 220f. gibt:
»›Du hast einmal erwähnt‹, fing Don Juan an, ›du hättest mal mit einem Freund zusammengesessen, als ihr vom Wipfel einer Sykomore ein Blatt fallen saht, und dein Freund sagte, daß dasselbe Blatt in aller Ewigkeit nie wieder von der selben Sykomore fallen würde, erinnerst du dich?‹« (Castanedas Freund rekurriert auf eine Annahme, die in den Naturwissenschaften zur Grundlage gehört. Der Naturwissenschaftler und Philosoph C. F. von Weizsäcker hat dasselbe so ausgedrückt: *»Kein Vorgang wiederholt sich daher genau. Die Natur ist ein einmaliger Ablauf«* (In: Die Geschichte der Natur, Göttingen 1964:37). *»Ich erinnerte mich daran, daß ich ihm diesen Vorfall erzählt hatte. ›Wir sitzen unter einem hohen Baum‹, fuhr er fort, ›und wenn wir jetzt diesen Baum da drüben anschauen, dann sehen wir vielleicht, wie von ganz oben ein Blatt herunterfällt.‹ Er bedeutete mir zu schauen. Auf der anderen Seite der Klamm stand ein großer Baum; seine Blätter waren gelblich und vertrocknet. Mit einer Kopfbewegung forderte er mich auf, den Baum weiterhin anzuschauen. Nach kurzem Warten löste sich im Wipfel ein Blatt und begann zu Boden zu fallen; es berührte dreimal andere Blätter und Zweige, bevor es im hohen Unterholz landete. ›Hast du das gesehen?‹ ›Ja.‹ ›Du würdest sagen, daß dasselbe Blatt nie wieder von demselben Baum fallen wird, richtig?‹ ›Richtig.‹ ›Soweit du es beurteilen kannst, ist das richtig. Aber nur, soweit du es beurteilen kannst ... Schau noch einmal hin.‹ Ich schaute automatisch hin und sah ein Blatt fallen. Es berührte wirklich dieselben Blätter und Zweige wie das erste. Es war wie ein augenblickliches Playback im Fernsehen.«*
Ein interessanter Hinweis, denn *»die Medien«* (dies nun ist die letzte, tiefste Erkenntnis, die jenseits alles Wörtlichen in Benjamins Kunstwerk-Aufsatz liegt) *»haben nicht bloß die Kunst verändert, sondern die Wirklichkeit selbst verändert, haben aus unserer Wirklichkeit Kino, aus dem Kino Wirklichkeit gemacht und machen sogar aus der Geschichte – wo wir noch gar nicht sehen können, daß es sich überhaupt um Historie handelt – einen Film. Und diesen Film werden wir, Dank sei den Medien, gesehen haben. Wenigstens am Bildschirm werden wir dabeigewesen sein können«* (Salzinger, Helmut, 1976a:15f.).

»›Es ist unmöglich!‹, sagte ich. ›Du bist gefesselt!‹ rief Don Juan. ›Du bist an deine Vernunft gefesselt‹« (Castaneda II:222; vgl. auch die Erläuterungen, die Don Juan zu einem späteren Zeitpunkt gibt, IV:124; sowie I:260: *»Er legte negative Betonung auf mein logisches Unvermögen, das mich davon abhielt zu glauben, daß ...«*)
Hier sind also Bedingungen vorhanden, die einem »jederzeit« erlauben, den Vorgang zu wiederholen und doch widerspräche die Vernunft. Was den Nebensatz angeht, so liegt die Fragwürdigkeit in unserem Falle auf dem »in der Realität Vorgefundenen«. Solange nicht geklärt ist, was Realität ist, läßt sich damit nichts anfangen. Ich verweise auf ein Beispiel, welches Castaneda im III. Buch:269ff. gibt, wo Don Genaro Castanedas Auto verschwinden läßt und es wieder hervorbringt – unter seinem Hut! Jeder wird anerkennen, daß ein Auto etwas in der Realität Vorgefundenes ist, aber unter welchen Begriff soll man es fassen, wenn man es beliebig auftauchen und verschwinden lassen kann? (vgl. Castaneda III:289).
Wie man sieht, ist es in diesem Fall nicht einfach mit der Operationalisierung von Begriffen im Rahmen einer Feldforschung getan, denn die Voraussetzung, auf der sie beruht, die *Objektkonstanz*, ist nicht gegeben (vgl. auch die Bemerkungen über den ›kohärenten Wissensbestand der Realität‹, Weingarten et al. [Hrsg.] 1967:37).
Mit anderen Worten: Die Verwendung von Begriffen ist äußerst fragwürdig, weil sie Castanedas Erfahrungen nicht standhalten. Ihre Operationalisierung würde eine Setzung benötigen, die nicht gegeben ist.
Wovon man allenfalls sprechen könnte, wäre ein Vor-Begriff, »damit der Gegenstand (ist es einer? – DT), der einen Begriff bekommen soll, überhaupt erkannt werden kann« (Wetzel, M., 1973). Die Praxis des Beziehens auf ein Objekt nennt Wetzel Urteil. D. h., bereits die Selektion, die durch die Wahrnehmung stattfindet, ist eine Bewertung. Die Hervorhebung dessen, was gerade wahrgenommen wird, zu begründen, dürfte außerordentlich schwer sein.
»Müßte eine Geltung immer erst als Geltung ausgewiesen werden, dann bliebe es unverständlich, wie überhaupt etwas jemals gelten könnte« (Duerr, H. P., 1974:15). *»Und wir akzeptieren eben letzten Endes nicht, weil da weitere Gründe wären, die unser Urteil ›abstützen‹, sondern wir stellen lediglich nicht länger in Frage. Das ist alles. Wir sagen: so und so verhält es sich«* (ders., ebd.:19).
Auch Don Juan hat darauf eine Antwort gegeben: *»Das tonal weiß nicht, daß Entscheidungen im Bereich der nagual liegen. Wenn wir uns zu entscheiden glauben, tun wir nichts anderes, als anzuerkennen, daß etwas außerhalb unseres Verstehens den Rahmen für unsere sogenannte Entscheidung aufgestellt hat, und wir tun nichts anderes, als einzuwilligen!«* (Castaneda IV:318).
Wetzel selbst hat für die Lösung der Schwierigkeiten vorgesorgt – mit

seinen Einschränkungen. Aber selbst, wenn alle Zweifel ausgeräumt wären – eine Schwierigkeit bliebe: daß es Castaneda gar nicht um die Operationalisierung von Begriffen gehen kann.

36 *»Was bleibt uns übrig – wenn wir das wirklich wissen wollen (und nicht nur vorhaben, uns über Bewußtseinstheorien zu habilitieren) –, als unter bestimmten Umständen jimson weed oder Peyotl einzunehmen? Dann werden wir uns vielleicht darüber verständigen können, ob man hier noch von ›verwandeln‹ sprechen soll oder ob ein neuer Begriff angebracht wäre, falls uns diese Frage dann noch besonders interessieren sollte«* (Duerr, H. P., 1975:133f.).

»Erfahrung bringt unsere Theorien ständig zum Schmelzen, formt sie um. Denken offeriert keine Sicherheit« (Laing, Ronald D., 1969:49).

37 Bislang gewinnt man allerdings den Eindruck, als würde die Auseinandersetzung bewußt gemieden – nicht ohne den Versuch zu unternehmen, Castaneda Scharlatanerie nachzuweisen. Eine Ausnahme bildet das Buch von David Silverman *Reading Castaneda*, London 1975. Der Autor behandelt jedoch nur das erste Buch Castanedas, und zwar mit einem sehr niedrigen theoretischen Anspruch, so daß es für unsere Überlegungen kaum wichtig wird. Es werden nämlich weder Kenntnisse in den Sozialwissenschaften noch eine Kenntnis der Bücher Castanedas vorausgesetzt, um Silverman folgen zu können. Aber immerhin: *»By using material from Castanedas book, David Silverman here seeks to introduce the student to some of the central epistemological concerns of social science.«* So die Anzeige.

38 Duerr vertritt die Auffassung, daß das »Verstehen« in den »context of discovery« eingeordnet wird. Ich nehme an, daß er sich auf die Unterscheidung von Reichenbach bezieht, der diesen gegen den Rechtfertigungs- oder Begründungszusammenhang absetzt (context of justification). *»Dann gehört das Verstehen als heuristisches Verfahren in den ersteren, das Erklären als logisches Verfahren dagegen in den letzteren«* (Albert, H., in: Bernsdorf:1240). Paul Feyerabend ist der Ansicht, man solle diese Unterscheidung endlich aufgeben, da zwar ein Unterschied bestehe, aber letztlich beide Verfahren für die Wissenschaft bisher eine Rolle gespielt haben, und auch weiterhin spielen werden (vgl. 1976, Kap. 14:230ff.).

39 vgl. Anm. 6.

»›Du hast es wirklich los, zu reden und dabei nichts zu sagen, nicht wahr?‹ sagte er lachend. ›Ich habe dir doch gesagt, daß du eisern und unwiderruflich entschlossen sein mußt, ein Wissender zu werden. Aber du scheinst eisern entschlossen zu sein, dich mit Rätseln zu verwirren. Jetzt bestehst du darauf, alles zu erklären, als ob die ganze Welt aus Dingen bestünde, die erklärt werden können. (...) Hast du je daran gedacht, daß nur wenige Dinge auf der Welt auf deine Weise erklärt werden können? (...)‹

›Ein falscher Zauberer versucht alles auf der Welt mit Erklärungen zu erklären, die ihn selbst nicht ganz überzeugen‹, sagte er, ›und dann ist alles Hexerei. Aber du

bist da nicht besser. Auch du willst alles auf deine Weise erklären, aber auch du bist dir deiner Erklärungen nicht sicher‹« (II: 108f.).
»›Du hast noch nicht genug persönliche Macht, um nach der Erklärung des Zauberers zu suchen.‹ ›Also gibt es eine Erklärung des Zauberers?‹ ›Sicherlich! Zauberer sind Menschen. Wir sind denkende Wesen. Wir suchen Erklärungen.‹ ›Ich stand immer unter dem Eindruck, daß es mein großer Mangel sei, Erklärungen zu suchen.‹ ›Nein. Dein Mangel ist es, befriedigende Erklärungen zu suchen. Erklärungen, die zu dir und deiner Welt passen. Worauf ich hinaus will, ist dein Festhalten an der Vernunft. Ein Zauberer erklärt die Dinge in seiner Welt ebenfalls, aber er ist nicht so starr wie du.‹ ›Wie kann ich zu der Erklärung des Zauberers gelangen?‹ ›Indem du persönliche Macht sammelst. Persönliche Macht wird dich mit großer Leichtigkeit zu der Erklärung eines Zauberers führen. Diese Erklärung ist nicht das, was du eine Erklärung nennen würdest, nichtsdestoweniger macht sie die Welt und ihre Geheimnisse, wenn nicht klar, so doch zu guter Letzt ehrfurchtgebietend. Das sollte der Sinn einer Erklärung sein, aber das ist nicht das, was du suchst. Du bist nur dahinterher, deine Ideen zu reflektieren‹« (Castaneda IV: 15f.; auch Castaneda IV: 224; vgl. zu »verstehen«, Castaneda IV: 152, 328; vgl. auch S. 31, II. Kap., § 1).

40 Damit steht er in direkter Verbindung zu einer verhängnisvollen Tradition abendländischer Philosophie: *»Ich bin eben lernbegierig, und Felder und Bäume wollen mich nichts lehren ...«* beklagt sich Sokrates (Platon, 1966: Phaidros: 13e). Kann Sokrates etwa die Bäume nicht verstehen? *»So hätte er wohl auch nicht jenen Kickapochäuptling verstanden, der sagte: ›Die Weißen verderben unser Land, sie machen die ganze Natur seufzen‹«* (Duerr, H. P., 1976a: 73).

41 *»Es ist eine Revolution. Den Löwen und die Wasserratten und unsere Mitmenschen als gleichwertig anzusehen, ist eine unglaubliche Leistung des Geistes eines Kriegers. Man braucht Macht, um das zu schaffen!«* (Castaneda III: 39).

42 Daisetz Teitaro Suzuki schildert in einer Arbeit über Zen-Buddhismus den gemeinten Unterschied, indem er zwei Gedichte miteinander vergleicht. Er wählt Basho (1644–1694), einen bekannten japanischen Haiku-Dichter und Alfred Tennyson (1809–1892), weil beide ein Gedicht über eine Blume gemacht haben. An der Art der Beschreibung vermeint Suzuki zwei charakteristische Arten zu erkennen, die Wirklichkeit zu betrachten (vgl. in: Fromm, E., 1972: 13). Während Basho schaut, pflückt Tennyson. Beide wollen dasselbe, verhalten sich jedoch sehr unterschiedlich.

43 In dieser frühen Äußerung Don Juans verbirgt sich metaphorisch der lebenslange Weg, den ein Krieger gehen muß, um die Welt ohne jegliche Beschreibung sehen zu können – so wie sie nach der Meinung der Wissenden ist. D. h. ohne die Schablone, die die Beschreibung in jedem Fall wäre. Der Weg des Kriegers ist der Preis für diese atemlos staunende Perzeption.

44 Non-verbal verstanden in dem Sinne, als sie als Körpersprache betrachtet wird, wo schließlich doch das Gesehene von den Augen an den Verstand gemeldet wird. Dem Zauberer geht es darum, den Verstand zu umgehen.

45 *»Entscheidend war die Tatsache, daß ich mit oder in meinem Körper die Prämissen seiner Erklärung erfahren hatte«* (Castaneda IV:350).

46 *»›Wenn man mit Leuten etwas anfängt‹, sagte er, ›geht es darum, dies ihren Körpern zu zeigen. Das habe ich bis jetzt mit dir gemacht – deinen Körper bearbeitet. Was spielt es für eine Rolle, ob du verstehst oder nicht?‹«* (Castaneda III:228).

47 *»›Unser Verstand ist mickrig und liegt immer im Streit mit unserem Körper. Das ist natürlich nur ein Weg, darüber zu sprechen, aber der Triumph eines Wissenden besteht darin, die beiden zu vereinigen. Da du kein Wissender bist, macht dein Körper Dinge, die dein Verstand nicht begreift‹«* (Castaneda IV:111). Soweit die Äußerungen von Don Juan zu diesem Thema. Castaneda gibt noch einen Hinweis im Interview mit Keen (:72) An anderer Stelle entschlüpft ihm ein diesbezüglicher Hinweis: *»Don Juan nicht zu sehen war für mich ein großer Verlust...«* (Castaneda II:23f.).

48 *»›Wenn du eine falsche Entscheidung triffst, weiß das dein Körper und ebenso der Körper jedes anderen. Wenn du aber eine richtige Entscheidung triffst, weiß das dein Körper und entspannt sich und vergißt ganz einfach, daß es eine Entscheidung war. Du lädst deinen Körper wie ein Gewehr für die nächste Entscheidung, verstehst du? Wenn du deinen Körper benutzen willst, um noch einmal dieselbe Entscheidung zu treffen, dann geht das nicht‹«* (Castaneda IV:279).

49 An dieser Stelle ist zweierlei zu unterscheiden: einmal geht es um den realen Umgang z. B. mit Pflanzen (vgl. I. Kap. § 3a Fremdverstehen), sodann aber auch um den Kontakt mit sog. magischen Wesen, wie im Fall Castanedas den Dialog mit dem Kojoten. Der brujo belehrt ihn darüber, daß es kein Kojote gewesen ist. Daß Castaneda ihn als solchen sieht, hängt mit seinem veränderten Zustand nach dem ›Anhalten der Welt‹ zusammen und damit, daß er wie jeder andere auch versucht, Ähnlichkeiten zu entdecken zwischen dem, was er sieht, und dem, was er kennt. So ist *es* eben für Castaneda ein Kojote. Der Zauberer betont, daß es ihn große Anstrengungen gekostet hat, den Körper des Lehrlings wahrnehmungsbereit zu machen. Er sagt: *»Du wirst es nicht realisiert haben, aber es hat dich Jahre der Vorbereitung gekostet, einem Baum zu begegnen«* (Castaneda IV:110). Castaneda beschreibt diese Begegnung wie folgt: *»Sie flüsterten in meine Ohren, bis ich wieder die Empfindung hatte, in zwei Teile gespalten zu sein. Ich wurde wie am Tage zuvor, ein Nebel, ein gelbes Glühen, das alles unmittelbar fühlte. Das heißt, ich konnte Dinge ›wissen‹. Es waren keine Gedanken damit verbunden. Es waren nur Gewißheiten. Und als ich mit einem weichen, schwammigen elastischen Gefühl in Berührung kam, das außerhalb von mir und zugleich ein Teil von mir war, ›wußte‹ ich, daß es ein Baum war. Ich merkte durch seinen Geruch,*

daß es ein Baum war. Es roch nicht wie ein bestimmter Baum, an den ich mich erinnern konnte, und trotzdem ›wußte‹ etwas in mir, daß dieser besondere Geruch das ›Wesen‹ des Baumes war. Ich hatte nicht einfach das Gefühl, daß ich wußte, noch durchdachte ich mein Wissen. Auch versuchte ich nicht, mir bestimmte Anhaltspunkte zurechtzulegen. Ich wußte einfach, daß ich mit irgend etwas um mich herum in Kontakt stand... Ich spürte, daß ich sein Wesen dadurch berührte, daß ich es auf diese Weise ›wußte‹« (Castaneda IV:261). Vgl. auch Wittgenstein *»Man sagt manchmal: die Tiere sprechen nicht, weil ihnen die geistigen Fähigkeiten fehlen. Und das heißt: ›sie denken nicht – darum sprechen sie nicht‹. Aber: sie sprechen eben nicht. Oder besser: sie verwenden die Sprache nicht – wenn wir von den primitivsten Sprachformen absehen. – Befehlen, fragen, erzählen, plauschen gehören zu unserer Naturgeschichte so wie gehen, essen, trinken, spielen«* (ders., Philosophische Untersuchungen § 25, in Wiggershaus, 1975:22).

50 C. G. Jung war der Ansicht, das Erlebnis der Ganzheit sei ein Urerlebnis, »vielleicht eine der wichtigsten und einzigartigsten Erfahrungen«. Seiner Meinung nach ist diese Erfahrung der Kern diverser Bewegungen, die dem Irrationalen (nicht dem Anti-Rationalen) eine wesentliche und ergänzende Funktion in der Erkenntnis zusprechen. Die Alchimie und die hermetische Philosophie z. B. entstanden aus der Gnosis. In ihr ging es darum, ein ungeteiltes Wissensspektrum zu erreichen, indem sowohl Wissenschaft (Information), als auch Kunst (Ästhetik) und Religion (Sinn-Frage) zusammengefaßt wurden (vgl. dazu besonders die Arbeiten von T. Roszak; vgl. zu ›Gnosis‹: Eberz, O., 1967:592).

51 Die Schlüsselbegriffe für Handlungsweisen, die auf Castanedas Körper direkt eingewirkt haben, sind »Nicht-Tun« (vgl. z. B. III:247) und »Ring der Macht« (vgl. z. B. III:289). Im III. Kapitel wird genauer darüber zu sprechen sein. Dem »Nicht-Tun« kommt das taoistische ›Wu-wei‹ nahe (vgl. Eberz, O., 1967:586, 616).

52 *»Der Schüler wird zuerst zum Jäger* (vgl. Castaneda III:74ff.), *dann entscheidet er sich, ob er das Leben eines Kriegers führen will oder nicht, um den ›Pfad des Wissens‹ zu gehen und zu überleben. Der Zauberer ist das Ergebnis des Kriegerlebens. Ob der Zauberer allerdings zum Wissenden wird, ist ungewiß. ›Ein Zauberer zu sein, ist eine furchtbare Bürde‹, beteuerte er. ›Ich sagte dir ja, daß es viel besser ist, wenn man sehen lernt. Ein Sehender ist unbeschränkt. Im Vergleich zu ihm ist der Zauberer arm dran.‹*

›Was ist Zauberei, Don Juan?‹ Er warf mir einen langen Blick zu und schüttelte fast unmerklich den Kopf. ›Zauberei ist die Einwirkung des Willens auf einen Schlüsselpunkt. Zauberei ist Beeinflussung. Ein Zauberer sucht und findet den Schlüsselpunkt von allem, was er beeinflussen will, und dann wirkt er mit seinem Willen darauf ein. Ein Zauberer muß nicht sehen können, um ein Zauberer zu sein, alles was er können muß, ist, seinen Willen einzusetzen‹« (Castaneda II:169f.). Ein *Sehender* ist dasselbe wie ein *Wissender.* »Sehen« ist der di-

rekte Kontakt über den Willen zum »nagual«! Der Wille ist das Zentrum des magischen Erbes des Menschen, welches er vergessen hat. Der Zauberer reaktiviert es, indem er dem Verstand das verlorene Terrain durch spezielle Techniken wieder abgewinnt.

53 Der Zerfall oder die Zerstörung der Ganzheit in voneinander gelöste Teile läßt sich m. E. nur durch das diese Lösung konstituierende Phänomen der Entfremdung analysieren. Das Leben in der Entfremdung macht diese zu einer Gegebenheit (sozialer Art, wenn nicht mittelbar sogar genetischer). Zur Analyse ihrer bedürfte es allerdings einer ausgearbeiteten Theorie des falschen Bewußtseins.

»Den Pseudo-Ereignissen um uns passen wir uns an im falschen Bewußtsein, sie seien wahr, real und sogar schön. In der menschlichen Gesellschaft liegt Wahrheit jetzt weniger in dem, was die Dinge sind, als in dem, was sie nicht sind« (Laing, R. D., 1971:9).

». . . man kommt zuweilen auf den Gedanken, daß alles, was wir erleben, losgerissene und zerstörte Teile eines alten Ganzen sind, die man einfach falsch ergänzt hat« (Musil, R., 1972:749).

»›Du siehst, daß die Vollständigkeit unserer selbst eine natürliche Bedingung ist, die das Tonal nicht vollständig auslöschen kann, und es gibt Augenblicke, besonders im Leben eines Kriegers, wo die Ganzheit sichtbar wird. In diesen Augenblicken kann man vermuten und einschätzen, was wir wirklich sind‹« (Castaneda IV:171). Vgl. Gebser, J., (1973:51) zum Unterschied zwischen Ganzheit und Totalität. Das im engl. Originaltext mit »totality« eigentlich nicht korrekt bezeichnete ist ins Deutsche richtig mit »Ganzheit« übersetzt worden.

54 Wenn es auch nicht allzu bekannt zu sein scheint, daß selbst Newton sich noch mit alchimistischen Experimenten beschäftigt hat – und auf seine Physik gründete Kant immerhin sein Vertrauen in die Wissenschaft – so sind doch im Laufe der Zeit alle Spuren gründlich verwischt worden, die zeigen könnten, daß die Wissenschaft ihre Wurzeln im sog. Aberglauben hat (vgl. Roszak, Th.: The Monster and the Titan: Science, Knowledge and Gnosis, in: Daedalus, Summer 1974, Bd. 103, Nr. 3:28 und ders.: Where the Wasteland ends, London 1973:109ff.).

Und wenn man der Ethnomethodologie vertrauen will, ist die Wissenschaft selbst ein System, welches nach den gleichen Regeln funktioniert wie der von ihr geschmähte Aberglaube (vgl. Mehan / Wood:35).

»So einfach es klingt: der Unterschied zwischen Magie und Wissenschaft kann dahin ausgedrückt werden, daß es in der Wissenschaft einen Fortschritt gibt, aber nicht in der Magie. Die Magie hat keine Richtung der Entwicklung, die in ihr selbst liegt« (Wittgenstein, L., Bemerkungen zu Frazer; zit. n. Wiggershaus:50).

»Die ungeheure Bedeutung der Narkotika, und insbesondere der ›magischen Dro-

gen‹ (Psychotomimetika), für unsere Zeit und westliche Gesellschaft besteht darin, daß sie vielleicht, wie das Beispiel von Watts zeigt, als Schlüssel dienen können, die nicht nur einzelnen, sondern ganzen Gruppen die Augen öffnen für die verlorene und verschüttete Wirklichkeit der Mystik – ehe es zu spät ist ...« (Gelpke, R., o. J.: 153).

55 Ein Sachverhalt, den ein Theoretiker wie Habermas nicht glauben mochte (vgl. ders. 1972: 215), aber das liegt vielleicht darin begründet, daß er zur »Irrationalität«, die die Vernunft überschreitet, nichts zu sagen weiß (vgl. Bergfleth, G., 1975: 383). Dazu ist ja auch nichts zu *sagen*.

56 *»Für Don Juan besteht demzufolge die Realität unseres täglichen Lebens aus einem Fluß von Interpretationen der Wahrnehmung. Alle Mitglieder haben gelernt, diese Interpretationen zu liefern«* (Castaneda III: 7).

57 Wenn auch der *Brujo* aus einem indianischen Kontext heraus in spanischer Sprache zu Castaneda spricht, wobei es für ihn sicher Übertragungsprobleme gibt (vgl. Pinnow, H. J., 1966).
Castaneda hingegen protokolliert in Spanisch, publiziert aber in Englisch. Für ihn stellt sich das Übersetzungsproblem schon eher, wie Mary Douglas es richtig gesehen hat (vgl. »Authentizität«, II. Kap. § 2).

58 *»Das sind nur Wege, um über Geschehnisse zu sprechen, für die es keine Worte gibt«* (Castaneda IV: 111).

59 Don Juan gibt Castaneda schon zu Beginn der Lehre einen diesbezüglichen Rat: *»Don Juan sagte, daß die Fragen, die ich gestellt hatte, nur Worte seien; es sei besser, die Fragen nicht auszusprechen, sondern sie von innen heraus zu stellen«* (Castaneda I: 159).

60 Diese Anstrengung wird vom Zauberer als »Reinigung der Insel des *Tonal*« bezeichnet.

61 Nach Ansicht von Jean Gebser sind Weltanschauungen eine Form der Mystik. Er setzt diesen Begriff gegen »Weltbild« und »Weltvorstellung« ab: *»Ein neues Weltbild wäre nichts anderes als eine neue Mythisierung, denn allem Bildhaften eignet vornehmlich Mythencharakter; eine neue Weltanschauung wäre nur eine neue Mystik (und Irrationalisierung), denn allem Anschauen, insofern es eben Schau ist, eignet vornehmlich Mystikcharakter; eine neue Weltvorstellung aber wäre nichts anderes als eine der schon zahlreich vorhandenen Rationalisierungen, denn allem Vorgestellten eignet vornehmlich rationaler Abstraktions-Charakter«* (Gebser, J., 1973 I: 33).
Ich verzichte hier darauf, Gebsers Begriffe zu erläutern, obwohl es eigentlich zum Verständnis seiner Theorie unerläßlich ist, weil er ein evolutives Schema entwickelt hat und die Begriffe somit gewissen geschichtlichen und vorgeschichtlichen Zeiträumen zugeordnet werden.

62 Vgl. dazu die Ausführungen Duerrs, auch im Hinblick auf die Haltung Feyerabends (in: Duerr, H. P., 1976 a: 63 und Anm. 31).

63 Weil es Don Juan in erster Linie um Körperlichkeit geht, ist es auch nicht

vordringlich ein Problem der Übersetzung, das zu verstehen, von dem der *Brujo* sagt, daß er es Castaneda lehren will.

64 »*Wir erklären jeden unbekannten Ausdruck des Nagual als etwas, was wir kennen. In diesem Falle könnte das* Nagual *als eine Brise, die die Blätter schüttelt, gedeutet werden. Oder vielleicht als ein merkwürdiges Licht, vielleicht als ein Leuchtkäfer von ungewöhnlicher Größe. Wenn ein Mensch, der nicht sieht, bedrängt wird, wird er sagen, daß er sich eingebildet hätte, etwas zu sehen, aber er könnte sich nicht mehr daran erinnern, was es war. Das ist nur natürlich. Er würde keinen Unsinn reden. Alles in allem würden seine Augen nichts Außergewöhnliches wahrgenommen haben. Da sie die Augen des* Tonal *sind, müssen sie auf das* Tonal *begrenzt werden. Und in dieser Welt gibt es nichts umwerfend Neues, nichts, was die Augen nicht begreifen und das* Tonal *nicht erklären kann*« (Castaneda IV:247).
Diese Art der Bekanntmachung Castanedas scheint auch der richtige Weg gewesen zu sein, denn als er den »Verbündeten« als »Motte« gesehen hatte, war Genaro sehr daran interessiert, sein Wohltäter zu werden.

65 Castaneda schildert eine indianische Philosophie (i. S. Artauds, der von den Tarahumara behauptet, sie seien geborene Philosophen) des Handelns i. S. des »richtigen Lebens«. Die praktische Vernunft, die diesem Verhalten zugrunde liegt, hat ihr Geheimnis in der richtigen Entscheidung. Diese wird gefällt und die Folgen werden auf sich genommen. Man ist für sein Handeln verantwortlich – ohne sich den Luxus der Reue leisten zu können. Die Grundlage liefert die »persönliche Macht«. Sie zu sammeln, darauf ist das Leben des Kriegers ausgerichtet. Diese Philosophie ist zwar abseits der Gesellschaft angesiedelt, aber dennoch anthropologisch fundiert, denn die soziale Gegebenheit wird sehr wohl einbezogen und bewertet – allerdings als schwarze Magie.
»*Das gesellschaftliche Denken, das von Marx theoretisch umfassend untermauert wurde und gegenwärtig dabei ist, weltweit das herrschende Denken zu werden, ist insofern zu kurz gezielt, als es den Menschen schlechthin als gesellschaftliches Wesen betrachtet (was allerdings schon Aristoteles getan hatte ...)*« (Salzinger, H., 1976b:100).

66 Dieser Zusammenbruch ist gemeint, wenn der *Brujo* vom ›Anhalten der Welt‹ oder vom Abbruch des ›inneren Dialogs‹ spricht. Vgl. auch Mehan/Wood: »*Wären wir uns der Zerbrechlichkeit unserer Wirklichkeit bewußt, so würde diese uns nicht als real erscheinen*« (ebd.:50).

67 »*Can we be sure that what science gives us is indeed knowledge?*« (Roszak, Th., 1974a:20) »*Recall what the Yaqui Indian shaman Don Juan calls himself in Carlos Castaneda's recent popular reports; ›a man of* Knowledge‹. *And, for all the differences of personal style and lore that part the two men, the old sorcerer means knowledge in exactly the way Plato meant it, as an ecstatic insight into the purpose and place of human existence in the universe, a glimpse of the eternal.*

What both Plato the philosopher and Don Juan the sorcerer seek as knowledge is precisely that Meaningfulness *of things which science has been unable to find as an ›objektive‹ feature of nature. To follow where such a conception of knowledge takes us is not to denigrate the value of fascination of information. It is to be neither antiscientific nor antirational. It leads us not to an either / or choice, but to a recognition of priorities within an integrated philosophical context«* (ebd.: 22).

68 Sie könnte sich irgendwann als Mythos erweisen – dann, wenn ihr Urheber, die Vernunft, für den Geist die Priorität einbüßt. *»Die Vernunft ist nicht auf Herrschaft bezogen, sondern sie ist selber Herrschaft: Herrschaft über die Natur, über den Menschen und über sich selbst«* (Bergfleth, G., 1976: 350).

2. Kapitel

69 Wie zuverlässig diese Quellen sind, bemerkt man bei der Lektüre des Artikels im *Time*-Magazine (March 5, 1973: 330f.) *»Moreover, immigration records show that a Carlos César Arena Castaneda did indeed enter the U. S., at San Francisco, when the author says he did: in 1951. This Castaneda too was 5 ft. 5 in., weighed 140 lbs. and came from Latin America. But he was Peruvian, born on Christmas Day, 1925, in the ancient Inca town of Cajamarca, which makes him 48, not 38, this year.«* Anläßlich dieser widersprüchlichen biographischen Aussagen ist zu bedenken, daß das »Auslöschen der persönlichen Geschichte« eine Technik ist, die zum »Anhalten des inneren Dialogs« führen soll und Castaneda von Don Juan schon sehr früh nahegelegt wird.

In einem Dialog vom 22. Dez. 1960 sagt Don Juan: *»Schritt für Schritt mußt du dich in einen Nebel hüllen. Du mußt alles um dich herum auslöschen, bis nichts mehr sicher – oder wirklich – ist. Dein jetziges Problem ist es, daß du zu wirklich bist.«*

»Machen wir es doch so«, fuhr er fort. *»Wenn du etwas über Pflanzen lernen willst, mußt du, da es ja nicht wirklich etwas über sie zu reden gibt, unter anderem deine persönliche Geschichte auslöschen«* (Castaneda III: 30f.).

Das, was dennoch an Biographie in Erfahrung zu bringen war, steht bei R. deMille (1976).

70 Vielleicht gar nicht mal in der anthropologischen Praxis?

71 Ich habe keine Antwort erhalten auf einen Brief, den ich am 10. 6. 77 an Castanedas amerikanischen Verlag Simon and Schuster in New York geschrieben habe. Darin bat ich um nähere diesbezügliche Auskünfte. Ähnlich ging es Richard deMille bei seinen Recherchen im Jahre 1975. Er versuchte damals, mit Castaneda direkt in Verbindung zu treten, was ihm jedoch mißlang (ders. 1976).

72 Die Frage, auf welche Weise sich Don Juan und Castaneda nähergekom-

men sind, wird von beiden unterschiedlich gesehen. Während Castaneda annimmt, daß er freiwillig zu Don Juan geht, hält dieser ihn für einen von der »Macht« gesandten. Ich werde im III. Kapitel näher darauf eingehen.

73 Don Juan hatte seinerzeit die Lehre für fünfeinhalb Jahre unterbrochen (Castaneda II: 107).

74 Vgl. Anm. 69

75 Dieses Buch, betitelt »Journey to Ixtlan«, erschien mit einem Copyright von 1972 by Carlos Castaneda. Der Text wird, mit geringfügigen Änderungen (Bibliographie) 1973 als Dissertation unter dem Titel: Sorcery: a description of the world, 368 Seiten stark, an der UCLA angenommen. Castaneda erhält dafür den akademischen Grad des Ph. D. (deMille, R., 1976: 67). Vgl. auch *Time* (1973: 32).

Er hat also nicht 1968 mit seinem ersten Buch: ›The Teachings of Don Juan‹ promoviert, sondern erst fünf Jahre später. Ich nehme an, dieser Irrtum geht auf einen Übersetzungsfehler zurück, denn eine Dissertation ist im Englischen eine »thesis«. Es gibt jedoch nicht nur die Ph.-D.-thesis, sondern auch die M.-A.-thesis, die unserer Magisterprüfung entspricht. Um eine solche könnte es sich bei dem ersten Buch gehandelt haben. DeMille (1976:27) äußert allerdings nichts Entsprechendes über das erste Buch.

76 *»... zum erstenmal seit zehn Jahren, seit ich die Lehrzeit begonnen hatte, entwickelte ich ein Verständnis für Don Juans Lehren ... Die Ereignisse, die sich bei meinem letzten Besuch zugetragen hatten, deuteten jedoch, was mein Verständnis von Don Juans Wissen betraf, auf einen Trugschluß in meinem Optimismus hin«* (Castaneda II: 211).

77 *»Er erinnerte mich daran, daß er mir auf den frühen Stufen meiner Lehrzeit eine Reihe bestimmter Methoden gezeigt hatte, um meine ›Persönlichkeit‹ zu ändern. Ich hatte sie in meinen Notizen festgehalten und sie jahrelang vergessen, bis ich ihre Wichtigkeit erkannte«* (Castaneda IV: 304).

78 Zum Begriff der Hervorhebung (im Appendix II. »Betonung« genannt) äußert Castaneda sich explizit im ersten Band unter der Überschrift: Vorbereitung des speziellen Konsens (S. 237 f.).

79 War es Anfang der sechziger Jahre noch Castanedas Anliegen gewesen, seine Erkundigungen hinsichtlich einer angestrebten Promotion zu betreiben, wobei er allerdings dem ersten Feind eines Wissenden, der Furcht, erlag, so trieb ihn beim zweiten Anlauf ebenfalls ein wissenschaftliches Interesse. Er wollte eine Hypothese hinsichtlich der Übereinstimmung bei ›mitotes‹ verifizieren, sucht deshalb eine solche Peyote-Sitzung auf und läßt sich erneut auf die Lehre bei Don Juan ein. Diesmal fürchtet er seinen Verstand zu verlieren, als ihm schier unglaubliche Dinge passieren. Auch dies, die Klarheit, ist ein Feind des Wissenden. Don Juan rechnet damit, daß Castaneda sich geschlagen gibt.

(Die beiden weiteren Feinde eines Wissenden sind die Macht und das Alter; vgl. Castaneda I:87ff.)

80 Es umfaßt den Zeitraum von Dezember 1960 bis Dezember 1962, also zwei Jahre. »*Don Genaro hatte auf so ungewöhnliche und verblüffende Art Macht demonstriert, daß ich gezwungen gewesen war, mich selbst neu einzuschätzen. Ich war nach Hause gefahren, hatte die Notizen aus der Anfangszeit meiner Lehre noch einmal durchgesehen und ein völlig neues Gefühl hatte sich meiner bemächtigt. Ich realisierte es allerdings erst, als ich Don Genaro jetzt auf der Erde schwimmen sah*« (Castaneda III:266).

81 Amerikanisches Original: Tales of Power.

82 »*Wissenschaft ist die Fiktion, objektive Methodik und Erkenntnis seien möglich. Fiktion dagegen ist eine Wissenschaft für sich*« (Yaak Karsunke, Science und Fiktion).

»*Look at it this way*«, *says one.* »*Either Carlos is telling the documentary truth about himself and Don Juan, in which case he is a great anthropologist. Or else it is an imaginative truth, and he is a great novelist*« (zit. *Time*:31 u. Keen, S.:68).

83 »*Schaut man sich einmal genauer an, wie Don Juan die für seine Theorie entscheidenden Komplementärbegriffe ›Tonal‹ und ›Nagual‹ definiert und miteinander in Beziehung setzt, so springen sofort erstaunliche strukturelle Parallelen zu der Verknüpfung dualer Begriffe in der europäischen Philosophie ins Auge*« (Baier, L., FAZ vgl. Anm. 81).

Für Don Juan freilich ist dies kein Problem, da er der Ansicht ist, das tonal und nagual seien das einzige echte Paar, alle anderen Paarungen seien künstlich und befinden sich auf der Seite des tonal (vgl. Castaneda IV:164ff.). Ich werde im IV. Kapitel diesen Punkt gründlicher behandeln und zu belegen versuchen, daß es wesentliche Abweichungen im Verhalten des brujo gibt, die nicht schlicht in einen Dualismus aufgelöst werden können.

84 »*Die Fremdheit der Natur kann nicht aufgehoben werden, aber ich kann mit dieser Fremdheit kommunizieren, indem ich mir selber fremd werde*« (Bergfleth, G., 1975:356).

Der Ekstatiker, der »außer sich« ist, tut nichts anderes, als mit dem zu kommunizieren, wozu er, wäre er »bei sich«, nicht fähig sein könnte. Denn »bei sich« sein, bedeutet Subjekt sein, und das Bewußtsein des Subjekts leidet bereits unter der Trennung von Subjekt und Objekt.

85 »*The young apprentice may have imposed more then he realized of our own culture upon the ...*« (Douglas, M., 1976:200).

86 »*›Das ist das Manko mit Worten‹, sagte er mit versichernder Stimme. ›Sie bringen uns immer dazu, uns erleuchtet zu fühlen, aber wenn wir uns umdrehen, um die Welt zu betrachten, lassen sie uns immer im Stich, und wir enden damit, die Welt zu betrachten wie wir es immer taten, ohne Erleuchtung. Aus diesem Grunde sucht der Zauberer eher das Handeln, als das Sprechen, und auf diese Weise erhält er eine*

neue Beschreibung der Welt, in der Sprechen nicht von solcher Wichtigkeit ist, und wo neue Handlungen neue Gedanken hervorbringen‹« (Castaneda IV:36).

87 Im Falle der Zauberei dürfte es kaum weiterführen, bei den Yaqui danach zu forschen, ob ihnen dieses »Wissen« bekannt ist. Es ist das Wissen der Zauberer und nicht stammesgebunden (vgl. im II. Buch die Gespräche über Zauberei unter Yaquis:55 ff.).

88 Im frühen Christentum gibt es eine Figur, die der Vermutung von Douglas entspricht: Simon Magus. *»Simon too claimed to be virgin-born and an incarnate divinity worthy of worship; he too raised the dead. In fact, his inventory of wonders far outstrips that of Jesus. He is credited with animal transformations, the powers of flight and invisibility, and the secret of making gold. But Simon is remembered only as the shadow of Christ, because his powers, beeing derived from demons, were used for self-aggrandizement, not for the saving of souls«* (Roszak, Th., 1974b:119f.).

89 *»But, even so, this remarkable document throws a big spanner in the works of anthropologists who have put much more doing than he has into the recording of primitive religions«* (Douglas, M., 1976:200).

90 Bezüglich der anhaltenden, wenn nicht immerwährenden Entdeckung der Realität nimmt sich der Vergleich mit den geographischen Entdeckungsreisen der Neuzeit vielleicht etwas skurril aus, bietet sich als historische Entsprechung jedoch förmlich von selbst an.

91 Roszak bindet diese Lebensform ein in ein Wissen von der Welt, das er gnostisch nennt: *»The most familiar examples we have of culture dominated by gnosis are in the world's primitive and pagan societies... From the viewpoint of the modern west, such a culture may look like a hodge-podge of wholly unrelated factors. In reality, it is an ideal expression of gnosis, for it expresses a unitary vision bringing together art, religion, science, and technics... Most of the world's mystic and occult traditions have been worked up from the gnosis of primitive and pagan cultures«* (Roszak, Th., 1974a:27). Wenn diese Gesellschaften immer mehr verschwinden, weil die industrielle Welt sie »einbezieht« in ihre Entwicklung, dann werden irgendwann keine derartigen Alternativen Lebensformen mehr existieren und man wird zu dem Schluß gelangen, es habe sie eigentlich nie gegeben.

92 *»In der europäischen Mitgliedschaft ist die Welt größtenteils aus dem konstruiert, was die Augen dem Verstand melden. In der Zauberei wird der ganze Körper als Wahrnehmungsorgan benutzt. Als Europäer sehen wir die Welt da draußen und sprechen mit uns selber darüber. Wir sind hier und die Welt ist dort. Unsere Augen füttern unseren Verstand, und wir haben keine direkte Kenntnis der Dinge. In der Zauberkunst ist diese Belastung der Augen unnötig. Wir wissen mit dem Körper«* (Castaneda, C., in: Keen, S., 1973:69). Dieses Wissen könnte man als existentielles Wissen dem intellektuellen Wissen gegenüberstellen. Leider läßt es sich selten danebenstellen.

93 *»In unserer Sprache ist eine ganze Mythologie niedergelegt«* (Wittgenstein, Bemerkungen über Frazer's ›Golden Bough‹, in: Wiggershaus, R., 1975:46). *»Schrift und Sprache sind es, an die die Hellsicht ihre alten Kräfte im Laufe der Geschichte abgetreten hat«* (Benjamin, 1972a:29).

94 *»Wenn in einer Sprache verschiedene affektive Empfindungen nicht durch verschiedene Wörter ausgedrückt werden, ist es fast unmöglich, daß diese Empfindungen in das Bewußtsein dringen, und umgekehrt. Allgemein kann man sagen, daß eine Empfindung selten bewußt wird, für die die Sprache kein Wort hat«* (Fromm, 1972:129).

95 Obwohl sich in dieser Hinsicht auch etwas zu regen beginnt. In einer Meldung der FR v. 22.8.1975 heißt es: *»Wenn wir dies einen Kongreß über Para-Psychologie genannt hätten, würde niemand Anstoß genommen haben. Aber wir lieben das Wort Hexerei. Es ist ein schönes, anregendes, gefühlreiches Wort«* (Josephine des Valle, Organisatorin des ersten Welt-Hexen-Kongresses in der kolumbianischen Hauptstadt Bogota).

96 *»The dialogue with Don Juan was originally conduced in spanish. The translation reeks with cliches of spiritual writing in all the traditions which have flowed into our language«* (Douglas, 1976:196). Als Beispiel könnte man den Begriff des brujo und seine etymologischen Wurzeln aufgreifen: *Bruja*, gemeinsames Wort der drei spanischen Sprachen und der Dialekte der Gascogne und des Languedoc (Südfrankreich); unbekannter Herkunft, sicherlich vorrömisch. In Castillon seit dem 15. Jahrhundert nachweisbar.

Aragonisch: broxa, Katalanisch: bruixa, (in Frankreich) Gascognesisch: broucho, Provinz Ande: brĕicho. Der Linguist Diez nimmt an, daß »bruja« anfänglich (Schleier-) Eule bedeutete. In den Werken Miguel de Cervantes wird erwähnt, daß die brujas sich glaubten in Hähne, Eulen und Raben zu verwandeln, und er nahm an, daß das Wort von bruza (eine Art Bürste) abgeleitet wurde, wegen des struppigen Kopfes der Eulen.

Neuerlich nimmt J. Hubschmid an, daß »bruja« ursprünglich eine atmosphärische, stürmische Erscheinung bezeichnete, ausgehend von den katalanischen Wörtern: *bruixo, bruixina* und *calabruix* (kalter Wind, Sprühregen, Hagel).

Er leitet es auch von dem keltischen *bruskja*, das noch mit analogen Bedeutungen als *brusja* in Norditalien und Westfrankreich auftritt (wohl in Dialekten). Er nimmt eine keltische Wurzel *brus*, ›heulen‹, ›(Wind) blasen‹, an, die nur noch im germanischen Sprachraum zu finden ist (Mittelhochdeutsch: brüsen, Neuhochdeutsch: brausen).

Ableitung: brujo taucht zuerst bei Nebrija (Autor und Chronist: 1440–1522) auf: sie ist eine später auftauchende Form, die von »bruja« abgeleitet wurde. »Bruja« ist häufiger und wichtiger im Sprachgebrauch. Der Laut u läßt auf eine keltische Etymologie schließen oder auf eine indoeuropäische. Man kann annehmen, daß es sich um ein keltisches

ver-ouxa, »das sehr Hohe«, handeln kann. So genannt nach dem Glauben, daß die »brujas« oben durch den Schornstein fliegen, um sich mit dem Teufel auf hochliegenden Plätzen (Bergplateaus) zu versammeln, die in den Pyrenäen »Pla de les Bruixes« genannt werden.
(Wörtliche Übersetzung aus dem ›Diccionario Critico Etimologico de la Lengua Castellana‹ von J. Corominas, Madrid 1954, 4 Bde., Bd. 1: 156–158, Verlag Editorial Gredos; angefertigt von stud. roman. J. Winfried M. Horstmann, Münster)

97 Ich habe das Buch von Richard deMille erst sehr spät, kurz vor Abschluß dieser Arbeit, in die Hände bekommen. Es war mir daher nur auszugsweise möglich, Ergänzungen hinsichtlich mir bisher unbekannter Ergebnisse anzubringen, die deMille aufgrund umfangreicher Recherchen und seines sicher besseren Zugangs zu den Quellen der amerikanischen Diskussion über Castaneda in seinem Buch aufführt. Nach diagonaler Lektüre habe ich den Eindruck, daß der Autor bereits als Ausgangshypothese Castaneda überführt zu haben glaubt. Sehr überzeugt von seiner Arbeit, schreibt er: *»... I have argued conclusively that some of Castaneda's work is fiction, and I have evidence to support that belief«* (ders.: 40). Das ganze Buch treibt auf diese Prämisse zu und gipfelt in einem von ihm erfundenen antizipierten Dialog, den er Castaneda für ein fünftes Buch in die Feder legt. Dieser Dialog ist nicht satirisch, wie der Autor vielleicht glaubt, sondern schlicht geschmacklos und hämisch. Aus dieser Grundeinstellung heraus läßt sich vielleicht auch erklären, wieso er Castaneda als coyote Ph. D. diffamiert (ders.: 115). So hält er Don Juan auch für einen aus drei Zauberern zusammengesetzte Figur, die R. G. Wassen einmal mit Castaneda bekannt gemacht hatte (ebd.: 61) und meint, die These Don Juans von der »Beschreibung der Wirklichkeit« als sozialer Konsens sei von Edward Sapir übernommen (ebd.: 75; vgl. auch Anm. 100).

98 Weil jeder Autor natürlich auch weiß, daß Leute vom Schlage eines deMille nur darauf warten, solche Forschungsergebnisse in der Luft zu zerreißen und er spätestens dann damit rechnen muß, daß seine akademische Karriere ihrem Ende zugeht.

99 Castaneda: *»I dream my books... In the afternoon I go through the notebooks with all my field notes in them and translate them into english. Then I sleep in the early evening and dream what I want to write. When I wake up I can work all night. Everything has arranged itself smoothly in my head, and I don't need to rewrite. My regular writing is actually very dry and labored«* (deMille, R., 1976: 102). Wer daraus den Schluß zieht, Castaneda hätte sich alles ausgedacht, der hat sich offenbar noch nie die Frage gestellt, wie Gedanken überhaupt eine theoretische Kontur bekommen. Und wenn er sie sich je gestellt hat, dann weiß er offenbar nicht, daß erlesene Geister diese Frage sistiert haben, weil sie sie nicht zu beantworten wußten. (Ich erinnere an

die Äußerungen ausgesprochener Naturwissenschaftler wie Albert Einstein und Henry Poincaré.) Diese Region des Denkens ist nämlich ein weißer Fleck auf der Landkarte des Wissens. Daß diese Äußerung Castanedas als Eingeständnis verwertet wird, ist nicht ihm anzulasten, sondern demjenigen, der es als solche wertet.

100 deMille merkt gar nicht, was für ein heißes Eisen er da in der Hand hält – aber das liegt daran, daß er nur die eine Seite kennt, und das ist die, die ihm sehr gut in seine Argumentation paßt. Er hat sich vorgenommen, ein Puzzle zusammenzusetzen, mit dem er en detail belegen zu können glaubt, wie sich Castaneda die einzelnen Elemente für das, was er die »Lehren des Don Juan« nannte, zusammengestohlen hat. Nun beugt er sich so weit über sein Puzzle, daß er den Zusammenhang aus dem Blickfeld verliert. Übereinstimmung kann nämlich nicht nur ein simples Plagiat sein, sondern die Ähnlichkeit der okkulten Phänomene – egal, wo sie geographisch vermerkt werden (vgl. die Äußerungen über das *Mitote*, Anm. 5). Insofern läuft deMille seinem eigenen Argument direkt ins offene Messer, denn die weltweite Übereinstimmung magischer Erfahrungen ist eine ethnologische Banalität.

101 H. H. Holz hält mit Benjamin die Allegorie nicht für eine stilistische Figur, sondern für »eine zentrale Bestimmung des semantischen Denkens (das vom formalisierten Denken der Mathematik, des Logikkalküls, des Schachspiels usw. streng geschieden werden muß)« (ders. 1968:74).
»In der Allegorie (gegenüber dem Symbol – DT) hingegen wird das gegenständliche Bild gerade in bewußter Distanz zum Gemeinten gehalten. Es tritt für ein Anderes ein und kann dieses Andere stellvertretend repräsentieren, weil zwischen beiden eine semantische Beziehung waltet, die ihre Gemeinsamkeit konstituiert« (ebd.:75).
»Die Allegorie ist eine ausgezeichnete Form des Bedeutens, das Symbol eine andere. Denn das Symbol ist ganz und gar der Sache zugeordnet, die in ihm aufgeht; die Allegorie indessen wird erst dann eine solche, wenn das Subjekt sie aufnimmt und versteht« (ebd.:76 – Herv. JT).
»Die Allegorie ist immer ein Symptom dafür, daß die Subjekt-Objekt-Distanz in gewisser Hinsicht aufgehoben ist, daß die Objekt-Welt, in Bedeutungen umgesetzt, von Subjektiven durchwaltet wird« (ebd.:77).

102 Dieser zweite Teil wird von Mary Douglas als Zugeständnis an die ethnomethodologische Schule der Soziologie ausgelegt: *»The ethnomethodologists' programme is laid out in classic simplicity in this appendix«* (dieselbe, 1976: 194). Dagegen steht allerdings eine Äußerung eines der Gründer der Ethnomethodologie, Harold Garfinkel, bei dem Castaneda promovierte, und der offensichtlich gar nicht viel von dieser Art der Analyse zu halten scheint, wenn er sagt: *»Don't explain to me. You are nobody. Just give it to me straight and in detail, the way it happened. The richness of detail is the whole story of membership«* (*Time*, 1973: 34; die Aussagen von Garfinkel sind angegeben worden von einem von Castanedas Professoren an der UCLA, Clement Meighan, dem er im ersten Buch vor der Einleitung dafür dankt, daß er »Beginn und Verlauf meiner anthropologischen Versuchsarbeit lenkte«. Castaneda I: 11).

Die Äußerungen Garfinkels, die Castaneda veranlaßten, seine Dissertation zweimal umzuschreiben (*Time*: 34), scheinen mir eher anzugeben, wodurch sich die Ethnomethodologie von anderen soziologischen Richtungen unterscheidet. Es hat außerdem den Anschein, als hätten die Einwände Garfinkels auch auf die weiteren Veröffentlichungen Castanedas Einfluß gehabt, denn er schreibt in der Einleitung zu seinem zweiten Buch »Eine andere Wirklichkeit«, daß er sich an die phänomenologische Methode gehalten und bemüht habe, *»das Phänomen der Zauberei so darzustellen, wie es mir vorgeführt wurde. Als Beobachter protokolliere ich das, was ich beobachte, und im Augenblick der Niederschrift war ich bemüht, mein Urteil hintanzustellen«* (Castaneda II: 19).

103 *»Nur ein Verrückter würde versuchen, auf eigene Faust ein Wissender zu werden. Ein nüchtern denkender Mensch muß dazu überlistet werden«* (Castaneda II: 27).

104 *»Die Beschreibung gewährleistet nach Wittgensteins Auffassung, daß die Eigentümlichkeit und der Eigenwert einer Lebensform unverzerrt zum Ausdruck kommen. Die Erklärung dagegen ist eine Hypothese, die den konkreten Zusammenhang, den sie erklären soll, verläßt und Gründe für etwas anzugeben versucht, was doch nur im Rahmen der betreffenden Lebensform selber Sinn hat«* (Wiggershaus, R., 1975: 11). Nicht so gutgläubig dagegen: *»Jede Beschreibung setzt unsere ontologischen Prämissen voraus – zur Natur des Menschen, der Tiere und der Beziehungen zwischen ihnen«* (Laing, R. D., 1971: 53).

105 Die Untertitel sind beide irreführend, jedenfalls bei der Ausgabe des März Verlages von 1972, denn »Die andere Realität« war der Titel des zweiten Buches, gemäß dem Titel der amerikanischen Originalausgabe »A Separate Reality« und nur der zweite Untertitel »Ein Yaqui-Weg des Wissens« läßt sich nach der amerikanischen Ausgabe rechtfertigen – obwohl auch dies von Castaneda an anderen Stellen relativiert wird. Bereits im ersten

Buch, das den besagten Untertitel führt, steht: »*Da Don Juan sehr viel gereist war, war sein Wissen vielleicht das Ergebnis vieler Einflüsse. Und obwohl er sich als ein Indianer aus Sonora betrachtete, war ich nicht sicher, ob der Kontext seines Wissens völlig in der Kultur der Sonora-Indianer zu suchen war. Aber es ist hier nicht meine Absicht, seine genaue kulturelle Herkunft zu bestimmen*« (Castaneda I:18). Und einige Jahre später, im III. Buch »Reise nach Ixtlan«, bemerkt Castaneda: »*Bis jetzt habe ich keinen Versuch gemacht, Don Juan in einem bestimmten kulturellen Milieu anzusiedeln. Die Tatsache, daß er sich selbst als Yaqui-Indianer betrachtet, bedeutet nicht, daß sein Wissen über Zauberei allgemein bei den Yaquis bekannt ist oder von ihnen praktiziert wird*« (Castaneda III:6). Ganz im Gegenteil, liest man die Schilderung in II:54ff. Vgl. auch: Als sich Don Juan erkundigt, woher Castaneda stammt, sagt der: »*Aus Südamerika*«.

»›*Südamerika ist ziemlich groß. Kommst du da von überall her?*‹

Er sah mich wieder durchdringend an. Ich wollte ihm die Umstände meiner Geburt erklären, aber er unterbrach mich.

›*In dieser Hinsicht ähneln wir uns*‹, *sagte er.* ›*Ich lebe zwar hier, bin aber eigentlich ein Yaqui aus Sonora.*‹

›*Wirklich, ich komme aus ...*‹

Er ließ mich nicht weiterreden.

›*Ich weiß, ich weiß*‹, *sagte er.* ›*Du bist wer du bist, von irgendwo her, so wie ich ein Yaqui aus Sonora bin*‹« (Castaneda III:21).

»*Nobody knows who I am or what I do. Not even I... we either take everything for sure and real, or we don't. If we follow the first path, we get bored to death with ourselves and the world. If we follow the second and erase personal history, we create a fog around us, a very exciting and mysterious state*« (Don Juan, in Castaneda III:33, vgl. auch *Time*, 1973:32).

106 »›*Du warst sehr beharrlich, blöd als Lehrling und blöd als Krieger. Pflichtbewußt hast du alles niedergeschrieben, was ich gesagt habe und alles, was dir widerfahren ist, aber du hast nicht genauso gehandelt, wie ich es dir gesagt habe*‹« (Castaneda IV:319). Castanedas »Wohltäter«, Don Genaro, versucht auf seine Art Castaneda einen Hinweis zu geben – indem er sich auf den Kopf setzt: »*Er stand auf dem Kopf, ohne sich mit den Händen oder Ellbogen abzustützen, und seine Beine waren wie in einer sitzenden Haltung verschränkt. Dieser Anblick war so ungewöhnlich, daß ich in die Höhe fuhr*« (Castaneda II:83). Und warum macht er das? Don Juan gibt die Antwort »*... daß Don Genaro den Versuch, ein Zauberer zu werden, indem man sich Notizen darüber macht, genauso absurd fand wie den Versuch, auf dem Kopf zu sitzen; darum hätte er diese lächerliche Stellung eingenommen, bei dem das Gewicht seines sitzenden Körpers auf dem Kopf ruhte*« (Castaneda II:84f.).

107 »›*Diesen Gegenstand kenne ich wohl*‹, *das ist wie* ›*der ist in meinem Katalog abgebildet*‹«.

Hier nimmt man an, das Bild in unserem Katalog sei uns wohlbekannt. Das Futteral ist in meinem Geist als »Form der Vorstellung«. – Das Vorbild ist also kein Objekt mehr für ihn. D. h. aber: Es hatte keinen Sinn, von einem Vorbild überhaupt zu reden. *»Die Wohlbekanntheit: Ein Passen des Gegenstandes in ein Futteral«* – das ist nicht ganz so, als *verglichen* wir das Geschehene mit einem Abbild. Die Frage ist: *Was* erkenne ich *als was*? Denn *»ein Ding als es selbst erkennen«* heißt nichts (Wittgenstein, L., 1973:28–130). Ein »Futteral« ist bei Benjamin die Aura. Vgl. ders. 1972b:107.

108 Der wird über den Körper hergestellt. *»›Bevor wir verschwinden, werde ich dir noch etwas über den Grund deiner Anwesenheit sagen. Jedesmal, wenn du mich gesehen hast, hat dein Körper bestimmte Dinge gelernt, auch gegen deinen Willen. Und inzwischen muß er zu mir zurückkommen, um mehr zu lernen. Man kann sagen, dein Körper weiß, daß er sterben wird, auch wenn du nie darüber nachdenkst. So habe ich ihm also erzählt, daß auch ich sterben werde, und bevor ich sterbe, würde ich deinem Körper gerne bestimmte Dinge zeigen – Dinge, die du ihm nicht selbst zeigen kannst‹«* (Castaneda III:213).

109 Die vorhergehenden drei Einheiten sind: 1. Der Wissende, 2. der Verbündete, 3. die Regel.

Zusammengesetzt meint die operative Ordnung: Der Wissende hat einen Verbündeten, der eine Regel hat, die durch spez. Konsens bekräftigt wird. Der spez. Konsens führt zur Annahme des Begriffssystems, welche neben der operativen Ordnung der ergänzende Aspekt der Lehre ist. Es besteht aus zwei Einheiten:

1. Die Annahme einer anderen Welt
2. Die andere Welt kann nutzbar gemacht werden wie die Welt des alltäglichen Lebens (vgl. auch Castaneda IV:139f.). Soweit der Appendix des ersten Buches. (Castaneda I:229ff.) Er wird von Castaneda ausdrücklich als Fragment (!) der Lehren bezeichnet (Castaneda I:250).

110 Bereits im Prinzip der Auswahl des Lehrlings durch die »Macht«, aufgrund eines »reinen *tonal*« liegt eine exklusive Komponente. Vgl. Castaneda IV:178 u. 185.

111 Die Dinge sind nicht mehr das, was sie waren, sie sind etwas anderes, obwohl sie noch genauso sind. Aber es ist *nicht wichtig*, wie sie sind. Es ist gleich-gültig.

112 Es liegt nahe, mit Begriffen wie makro- oder mikroskopisch operieren zu wollen, aber auf die Idee ist Castaneda auch gekommen. Nur hat er sie verworfen (Castaneda II:11). Die Antwort von Don Juan ist ganz einfach: *»Die Dinge ändern sich nicht. – Du veränderst deine Art, sie anzuschauen, das ist alles«* (Castaneda II:35).

113 Siehe Goldstein, Walter, Vorwort zu Castaneda I:10 sowie die diesbezügliche Diskussion bei Duerr, H. P., 1976a:60.

114 Z. B. Frazer, der auf die Frage, ob er jemals unter Wilden gelebt habe, die Hände gehoben hatte, als ob er diesen Gedanken weit von sich weisen wollte und »Gott bewahre!« erwidert hatte (Wiggershaus, R., 1975:1). Wittgenstein hatte dazu bemerkt:

»Welche Enge des seelischen Lebens bei Frazer! Daher: Welche Unmöglichkeit, ein anderes Leben zu begreifen, als das englische seiner Zeit!« (ebd.).

Evans-Pritchard hat (als Feldforscher) ein klassisches Werk über Magie hinterlassen: ›Witchcraft, Oracles and Magic among the Azande‹, Oxford 1973. Peter Winch hat sich mit diesem Beitrag auseinandergesetzt in einem Artikel: Was heißt »Eine primitive Gesellschaft verstehen« (in Wiggershaus, a. a. O.: 59 ff.) und die Meinung vertreten, es sei E.-P. darum zu tun gewesen, nachzuweisen, daß die Wissenschaft ein besseres Mittel sei, die Wirklichkeit zu erfassen, als das Orakel der Azande.

115 Mehan / Wood befinden, daß innerhalb der von ihnen konstatierten »fünf Merkmale der Realität«: Reflexivität, Kohärenz, Interaktion, Fragilität und Permeabilität (Durchlässigkeit – DT) die beiden letzteren auf die Arbeiten Castanedas besonders zutreffen: *»Castanedas Arbeiten zeigen viele Beziehungen zwischen den Realitätsmerkmalen Zerbrechlichkeit und Durchlässigkeit auf«* (dieselben 1976:58). Castaneda hat in einer persönlichen Mitteilung an die Autoren (ebd.:58) eine Vorbedingung genannt, um von einer Realität in eine andere eindringen zu können. *»Castaneda nannte diese Vorbedingung die Sicherstellung ›einer Gewißheit von einer minimalen Möglichkeit‹ dafür, daß eine andere Realität tatsächlich existiert«* (ebd.: 57 f.). Diese Äußerung verträgt sich mit der ersten Einheit des Begriffssystems, welche die ›Annahme einer anderen Welt‹ verlangt (Castaneda I: 252). Nach Don Juan mußte man daran glauben (vgl. Castaneda IV: 140).

Es ist übrigens ein aus der Parapsychologie her bekanntes und häufig auftretendes Phänomen, daß die parapsychologischen Experimente dann eher positiv ausfallen, wenn die Beteiligten daran glauben. Freilich liefert diese Tatsache den Gegnern auch reichlichen Zündstoff, denn nach ihrer Auffassung ist es bekanntlich nicht weit vom Glauben zur Einbildung oder Illusion. Was ihrerseits nun wieder Illusion ist, dürfte nicht so einfach zu klären sein, obgleich dies gern im Handstreichverfahren durchgeführt wird, indem man erklärt, illusionär sei alles das, was nicht wirklich ist. Damit wären wir aber wieder am Ausgangspunkt unserer Überlegungen angelangt.

116 In seiner strukturellen Analyse, dem zweiten, theoretischen Teil seines I. Buches (des einzigen analytischen, explizit wissenschaftlichen Abschnitts im Werk Castanedas) gibt Castaneda seinerseits eine Vorstellung davon, wie seiner damaligen Ansicht nach die Lehre angeordnet gewesen ist. Demnach gibt es zwei Aspekte der Lehre (vgl. Anm. 109):

1. die operative Ordnung
2. das Begriffssystem

Die operative Ordnung hat vier Einheiten:
1. Der Wissende
2. Der Verbündete
3. Die Regel
4. Der spezielle Konsens.

Zusammengesetzt ergibt sich daraus: Der Wissende hat einen Verbündeten, der eine Regel hat, die durch speziellen Konsens bekräftigt wird. Dieser Aspekt ist sozusagen das Basisglied der Argumentation, weil hiervon abgeleitet wird, daß der zweite Aspekt, also die Annahme des Begriffssystems, als Folgeglied, durch den speziellen Konsens herbeigeführt wird. Das Begriffssystem besteht aus zwei Einheiten: 1. Der Annahme einer anderen Welt, 2. der Annahme, daß man sie sich zunutze machen kann wie die Welt des alltäglichen Lebens auch.

Dies ist aber genau die Schwierigkeit, denn Castaneda kennt sich mit den von Don Juan benutzten Begriffen eben nicht aus, also sieht er auch keine Zusammenhänge (vgl. Castaneda I:20).

117 Die Lehre ist von seiten des Lehrers Don Juan eine »Reinigung der Insel des *tonal*«. Sie geschieht durch die Zauberbeschreibung, die der Lehrer dem Adepten vermitteln will. Mit ihrer Hilfe soll die »Reinigung« dazu dienen, den Adepten dazu zu bringen, der gewöhnlichen Alltagsbeschreibung nicht mehr »nachzugeben« (Castaneda IV:327). Wird dies erreicht, so kommt es zum ›Anhalten der Welt‹, mithin zur Unterbrechung des inneren Dialogs. Er ist das Ergebnis der Zauberbeschreibung.

118 Die Methoden zum »Anhalten des inneren Dialogs« werden aufgeteilt in die Zeit, wo Castaneda Lehrling und in jene, wo er Krieger war. Als Lehrling wird ihm nahegelegt, seine »persönliche Geschichte auszulöschen«.

Dies kann auf dreierlei Art und Weise geschehen:
- durch das Verlieren der Selbstbedeutung;
- durch das Übernehmen von Verantwortung;
- durch das Benutzen des Todes als Ratgeber.

Diese Techniken sollen, in Don Juans metaphorischer Sprache, die »Fassade« der Elemente der Insel des *tonal* ändern. Das Befolgen der Übungen führt den Lehrling an einen Kreuzweg, an welchem er die »Entscheidung seines Lebens« (Castaneda IV:317) fällt. Entweder macht er hiernach weiter oder er tut alles als Irrweg ab und gibt auf. Die Entscheidung verlief bei Castaneda sehr dramatisch und wurde durch Machtpflanzen (Castaneda IV:312, 319) und eine Figur, der ›ebenbürtige Gegner‹ genannt, beeinflußt (Castaneda I:71, II:179, 174, III:249, 264).

Dem Krieger werden andere Aufgaben gestellt als dem Lehrling. Er lernt das, was die brujos *Träumen* und *Wachen* nennen. Auch hier gibt es drei Techniken:

– eingefahrene Lebensgewohnheiten durchbrechen;
– Gangart der Macht (als praktische Aufgabe; Castaneda IV:302);
– *Nicht-Tun* (= ein Spiel mit der Wahrnehmung).

»›Die Kunst, Träumen zu lernen, besteht offensichtlich darin, Dinge nicht einfach nur anzusehen, sondern sie im Auge zu behalten. Träumen wird zur Wirklichkeit, wenn du alles in dein Blickfeld bringen kannst. Dann gibt es keinen Unterschied mehr zwischen schlafendem und wachem Zustand. Verstehst du?‹ Ich erklärte, ich habe seine Aussage verstanden, könne aber grundsätzlich nicht mit ihm übereinstimmen. Ich argumentierte, daß es in einer zivilisierten Welt eine Menge Leute gebe, die Wahnvorstellungen hätten und die Wirklichkeit nicht von ihren Phantasien unterscheiden könnten. Ich sagte, solche Leute seien ohne Zweifel geisteskrank und mir werde immer unwohler in meiner Haut, wenn er mir empfehle, wie ein Verrückter zu handeln ... ›Vergiß doch deine zivilisierte Welt‹, sagte er. ›Laß sie sausen! Niemand verlangt von dir, daß du dich wie ein Wahnsinniger benimmst. Ich habe dir bereits gesagt, daß ein Krieger perfekt sein muß, um mit den Mächten umgehen zu können, die er jagt. Wie kannst du annehmen, daß ein Krieger unfähig ist, Dinge zu unterscheiden. Auf der anderen Seite würdest du, mein Freund, der du so gut weißt, was die wirkliche Welt ausmacht, ins Flattern kommen und sofort sterben, wenn dein Leben von der Fähigkeit abhinge, entscheiden zu können, was wirklich ist und was nicht.‹ ... ›Ich will dich nicht zu einem kranken, verrückten Menschen machen‹, fuhr Don Juan fort. ›Das schaffst du auch ohne meine Hilfe‹« (Castaneda III:125).

Sowohl das »Auslöschen der persönlichen Geschichte« als auch das »*Träumen*« sind »Wege ins *nagual*«, wenn sie makellos befolgt werden. Dorthin zu gelangen, ist das Anliegen des Lehrlings, weil es der Aspekt in seinem Leben ist, der dadurch, daß er vom *tonal* überdeckt worden ist, ihn daran hindert, zur »Vollständigkeit seiner Selbst« zu gelangen.

119 Siehe III. Kapitel, 2, »Machtpflanzen«.

120 Die fremden Sinn-Einheiten (oder Begriffe, Castaneda I:20) ergeben ein fremdes System (Begriffsordnung, Castaneda I:20) von Sinn-Interpretationen (Castaneda II:19). Die strukturellen Einheiten lassen Don Juans Lehre als ein logisches (Denk)-Gebäude erscheinen, d. h. es gibt eine kohärente Ansicht der Phänomene (Castaneda I:24). Castaneda nennt die Erklärungen der erfahrenen Phänomene die daraus folgende »Ebene der Konzeptualisation« (Castaneda I:25f.). Die komplexer werdenden Teile der Ebene ergeben eine andere Realität – nämlich die Zauberbeschreibung der Welt.

»Meine Auffassung über Zauberkunst entspricht heute dem, was Talcott Parsons über glosses gesagt hat. Glosses sind das gesamte System von Vorstellung und Sprache. Zu den glosses gehört z. B. auch unsere Vorstellung von dem Zimmer, in dem wir gerade sind. Wir haben eine Serie von isolierten Vorstellungen zusammengefaßt – Fußboden, Decke, Fenster, Lichter, Teppiche usw. – die eine Ganz-

heit bilden. Aber man muß uns lehren, wie man diese Welt so zusammensetzt« (Castaneda zu Keen, S., 1973:68).

Die Äußerung Castanedas ist einigermaßen überraschend, denn er sagt eigentlich nichts über Zauberkunst, sondern über die Alltagswelt. In der Welt der Zauberer gibt es keine Zimmer! Es scheint, als hätte er vergessen, daß *Tun* alles macht, bzw. erschafft. *»›Tun ist das, was aus dem Felsen einen Felsen macht und einen Busch aus diesem Busch. Tun gestaltet dich und mich.‹ Ich sagte ihm, daß seine Erklärung nichts erklärte. Er lachte und rieb sich die Schläfen. ›So geht es mit dem Reden‹, sagte er. ›Man macht alles damit unklar. Wenn man anfängt über Tun zu reden, kommt man immer vom Thema ab‹«* (Castaneda III:222f.).

Wie wir gesehen haben, ist es Castaneda ebenso ergangen.

121 Aus diesem Grunde, dem akkumulativen Prozeß der Wissensaneignung, ist der vierte Band auch so wichtig für die Beurteilung des Werkes. Hier werden die maßgeblichen theoretischen Erläuterungen gegeben – wenn sie auch in ihrer Essenz bereits von Beginn der Lehre an vermittelt wurden. Nur hat Castaneda sie nicht begriffen.

122 Vgl. dazu das entsprechende Kapitel XIX in »Ixtlan« (279ff.): Die Welt anhalten. Castaneda begegnet einem Wesen, das er als Kojoten bezeichnet. Sie »reden« miteinander. *»Es war nicht so, daß der Kojote Worte aussprach, wie ich von Menschen ausgesprochene Worte zu hören gewohnt war, es war mehr ein ›Gefühl‹, daß er redete.«* (Castaneda III:284).

Dann beginnt der Kojote zu leuchten. Castaneda spürt, daß etwas seinen Körper getroffen hat und er sieht die ›Linien der Welt‹. Der Kommentar Don Juans erhellt sehr gut seine Theorie der Verkörperung, die Castaneda im Interview mit Keen ausgeführt hatte (vgl. II. Kap. § 2). Er sagt: *»›Dein Körper hat zum ersten Mal verstanden. Aber du hast es versäumt, zu erkennen, daß es erstens kein Kojote war und zweitens kein Sprechen, so wie du und ich sprechen.‹ ›Aber der Kojote hat wirklich gesprochen, Don Juan!‹ ›Wer redet denn jetzt wie ein Idiot! Nach all den Jahren des Lernens solltest du es eigentlich besser wissen. Gestern hast du die ›Welt angehalten‹, und vielleicht hast du sogar ›gesehen‹. Ein magisches Wesen hat dir etwas erzählt und du warst fähig es zu verstehen, weil deine Vorstellungen von der Welt zusammengebrochen waren.‹ ›Die Welt war so, wie sie heute ist, Don Juan.‹ ›Nein, das war sie nicht. Heute erzählen dir die Kojoten nichts, du kannst die ›Linien der Welt‹ nicht ›sehen‹. Gestern konntest du all das einfach deshalb machen, weil etwas in dir zum Stillstand gekommen war.‹ ›Was war das, was in mir zum Stillstand gekommen ist?‹ ›Was gestern in dir zum Stillstand gekommen ist, war das, was dir die Leute über die Welt erzählt haben.‹ ... ›Gestern wurde die Welt so, wie sie von uns Zauberern beschrieben wird‹, fuhr er fort«* (Castaneda III:287).

Castaneda: *»Mein Gespräch mit dem Kojoten ist eine gute Illustration der verschiedenen Verkörperungstheorien. Als er zu mir kam, sagte ich: ›Hallo, kleiner*

Kojote, wie geht's?‹ Und er antwortete: ›Gut, und wie geht's dir?‹ Nun hörte ich diese Worte aber nicht auf normale Art und Weise. Aber mein Körper wußte, daß der Kojote etwas sagte, und ich übersetzte es in Dialogform. Als Intellektueller sind meine Beziehungen zum Dialog so profund, daß mein Körper automatisch das Gefühl, daß das Tier mit mir in Verbindung war, in Worte übertrug. Wir sehen immer das Unbekannte in bekannten Begriffen« (Keen, S., 1973:69).

123 In der Aufzeichnung vom 3. September 1969 findet sich ein Eingeständnis: *»Dies war das erste Mal, daß ich an der endgültigen ›Realität‹ meiner Wahrnehmungen zweifelte. Ich war manchmal am Rande dieses Gefühls gestanden und hatte es mir im Geiste häufig vorgestellt, aber noch nie war ich wirklich mit diesem grundlegenden Zweifel unmittelbar konfrontiert«* (Castaneda II:161). Die Veranlassung zu diesem Zweifel, ein Versuch zu ›sehen‹, wird auf den vorherliegenden Seiten geschildert (Castaneda II:155ff.).

124 *»... Erinnerungen, die während der Zeit, wo ich sie erfuhr, eigentümlich und losgelöst von jeglicher Bedeutung erschienen sein mochten, wurden später zu Bedeutungseinheiten zusammengefaßt. Ich wußte, daß Don Juan mich jedesmal kunstvoll geführt hatte, und daß jedes Zusammenfassen von Bedeutung unter seiner Führung geschah«* (Castaneda IV:314).
Der kritisch gemeinte Aha-Effekt, der sich hier einstellen mag, wenn man hört, daß die Zusammenfassung unter der Führung von Don Juan geschah, wo es dann möglicherweise auf eine Suggestion hinausläuft, büßt zwangsläufig seine skeptische Substanz ein, wenn man bedenkt, daß es anders gar nicht möglich ist, da die außergewöhnlichen Erfahrungen in einem Zustand des ›speziellen Konsens‹ stattfanden, den einzig und allein der Zauberer zu bestätigen imstande ist. Vielleicht ist das auch der Grund dafür, daß so selten von derartigen Erlebnissen berichtet wird. Wie man annehmen darf, sind Zauberer mittlerweile dünn gesät.

125 Das »Entfalten der Flügel der Wahrnehmung« wird im letzten Abschnitt des zweiten Kapitels im vierten Band beschrieben. Es handelt sich grob gesagt um eine Wahrnehmungsweise, die sich vom gewohnten Erleben dadurch unterscheidet, daß sie keine Selektion mehr ist. Es wird nichts mehr durch Aufmerksamkeit hervorgehoben, was andere Elemente in den Hintergrund treten lassen müßte.
»Du bist dir der Dinge um dich herum nur dann bewußt, wenn du denkst, daß du es sein solltest. Die Bedingung eines Kriegers ist es jedoch, sich alles zu aller Zeit bewußt zu machen« (Castaneda IV:152).

126 Der »innere Dialog« ist die fortwährende Tätigkeit des Verstandes, die Auswahl des Wahrgenommenen als wahr zu bezeugen. Er erhält nach Ansicht des Zauberers die erlernte Beschreibung der Welt aufrecht. Erst wenn dieser innere Dialog unterbrochen wird, kommt es zum »Anhalten der Welt«, jenem monumentalen Ereignis, nach welchem der Lehrling erst fähig ist, die Beschreibung des Zauberers als Alternative zu akzeptieren.

Der Hinweis Don Juans, Castaneda sollte sich nicht in seinen »Selbstgesprächen verheddern« (Castaneda IV: 158) bezieht sich auf diesen Dialog – weil er das Verständnis des »Fremden« verhindert. *»›Wie du weißt‹, sagte er, ›ist das Hauptproblem der Zauberei der innere Dialog. Er ist der Schlüssel zu allem. Wenn ein Krieger lernt, ihn anzuhalten, wird alles möglich. Die ausgefallensten Pläne lassen sich verwirklichen. Der Durchgang zu all den unheimlichen und schauerlichen Erfahrungen, die du kürzlich gehabt hast, war die Tatsache, daß du aufhören konntest mit dir selbst zu sprechen‹«* (Castaneda IV: 121).

»›Ich kann wirklich nicht einsehen, warum du so einen Lärm davon machst‹, sagte Don Juan. ›Immer, wenn der innere Dialog anhält, bricht die Welt zusammen und außerordentliche Seiten von uns werden sichtbar, obwohl sie schwer von unseren Worten bewacht worden sind. Du bist so, wie du bist, weil du dir selbst erzählst, daß du so bist‹« (Castaneda IV: 49).

127 Diese Technik der Beeinflussung geht von der Annahme aus, daß in der Nabelgegend eine Öffnung sich befindet, aus der »machtvolle Fasern« heraustreten, mit deren Hilfe man seine Wahrnehmung verändern kann. Die Kraft, mit deren Hilfe man außergewöhnliche Dinge vollbringen kann, nennen die Zauberer »Wille«. Er ist der Opponent des Verstandes.

»›Wille‹ war ein anderer Begriff, den Don Juan mit großer Sorgfalt entwickelt hatte, ohne ihn jedoch zu klären. Aus seinen Erklärungen hatte ich geschlossen, daß ›Wille‹ eine Kraft war, die von der Bauchregion durch eine unsichtbare Öffnung des Nabels ausstrahlte. Er nannte sie die ›Spalte‹. ›Wille‹ wurde angeblich nur von Zauberern entwickelt. Er sollte auf geheimnisvolle Weise kommen und ihnen die Fähigkeit geben, außerordentliche Taten zu vollbringen.

Ich bemerkte Don Juan gegenüber, ich sähe keine Chance, daß etwas so Vages jemals in meinem Leben wirksam würde. ›Darin hast du Unrecht‹, sagte er. ›Wille‹ entwickelt sich in einem Krieger trotz aller Opposition des Verstandes‹« (Castaneda IV: 107).

Er entwickelt sich, weil der Zauberer auf den Körper seines Lehrlings einwirkt. Das *Nagual* des Zauberers mischt sich mit dem *Tonal* des Lehrlings (vgl. Castaneda IV: 230). Während Castaneda seine ›außergewöhnlichen Erfahrungen‹ macht, spürt er die Einwirkung auf seine Bauchregion.

»Er (Genaro – Verf.) ergriff mich sozusagen an meiner Bauchhaut und zog mich auf die Felskante oder vielleicht auf einen anderen Felsen« (Castaneda IV: 117).

»Don Genaro stand wieder auf der Felskante. Er rief meinen Namen und sprang dann herunter. Ich sah ihn aus der Höhe von zwanzig Metern herunterschweben, und ich hatte ein unerträgliches Gefühl in meiner Bauchregion« (Castaneda IV: 118).

»Ein Durchschnittsmensch kann die Dinge der Welt nur mit seinen Händen oder seinen Augen oder seinen Ohren greifen, aber ein Zauberer kann sie auch mit seiner Nase oder seiner Zunge oder seinem Willen greifen, besonders mit seinem Willen. Ich kann nicht wirklich beschreiben, wie das geschieht, aber du selbst

kannst mir zum Beispiel auch nicht beschreiben, wie du hörst. Zufällig kann auch ich hören, und so sprechen wir über das, was wir hören, aber nicht darüber, wie wir hören. Ein Zauberer benutzt seinen Willen, um die Welt zu erkennen. Dieses Erkennen ist jedoch nicht wie Hören. Wenn wir die Welt anschauen und wenn wir sie hören, dann haben wir den Eindruck, daß sie da draußen ist, und daß sie real ist. Wenn wir die Welt mit unserem Willen erkennen, dann wissen wir, daß sie gar nicht so sehr ›da draußen‹ oder ›real‹ ist, wie wir glauben!« (Castaneda II:126f.; vgl. auch Castaneda IV:30).

»›. . ., ein Mensch, der sich auf den Weg der Zauberei begibt, erkennt nach und nach, daß das normale Leben für immer hinter ihm liegt, daß das Wissen tatsächlich eine beängstigende Sache ist, daß er sich nicht mehr durch die Mittel der normalen Welt schützen kann und er eine neue Art zu leben lernen muß, wenn er überleben will. Das erste, was er an diesem Punkt tun sollte, ist zu versuchen, ein Krieger zu werden, und dies ist eine sehr wichtige Entscheidung. Die beängstigende Eigenart des Wissens läßt ihm keine andere Möglichkeit, als ein Krieger zu werden‹« (Castaneda II:128).

128 *»Sie sagten, daß ich keine Angst haben sollte, und daß ich lange machtvolle Fasern hätte, die nicht dazu da seien, mich zu beschützen, weil es nichts zu beschützen gäbe, oder nichts, wovor ich beschützt werden müßte, aber daß sie da seien, um die Wahrnehmung meiner* Naguals *zu führen, in der gleichen Weise, wie meine Augen die normale Wahrnehmung meines* Tonal *führen würden. Sie erzählten mir, daß meine Fasern überall um mich herum seien, und daß ich durch sie alles auf einmal wahrnehmen könnte, und daß eine einzige Faser für einen Sprung vom Felsen in die Schlucht genügen würde, oder aus der Schlucht wieder auf den Felsen.« . . . »Mein Körper konnte tatsächlich den Grund der Schlucht fühlen, und ich spürte dieses Gefühl als ein Brennen in einem unbestimmbaren Bereich meines Körpers«* (Castaneda IV:330f.).

129 Vgl. Castaneda IV:307ff.

130 Vgl. Castaneda IV:154 *»›Gräm dich nicht, wenn du dir auf das, was ich dir erzähle, keinen Reim machen kannst‹, fuhr er fort. ›Wenn ich dein Temperament betrachte, dann befürchte ich, daß du dich bei dem Versuch, das zu verstehen, selbst k. o. hauen wirst. Tu das nicht. Was ich dir sagen will, soll dir nur eine Richtung aufzeigen.‹«*

131 *»›Für einen Krieger ist das Leben eine strategische Übung‹, fuhr Don Juan fort. ›Du aber möchtest den Sinn des Lebens finden. Ein Krieger kümmert sich nicht um den Sinn der Dinge‹«* (Castaneda II:154).

»›Jeder Lehrling benötigt Mäßigkeit und Stärke, um sein Gleichgewicht zu erhalten. Deshalb führt der Lehrer den Weg des Kriegers ein, oder lehrt das Leben eines Kriegers. Das ist der Leim, der alles in der Welt des Zauberers zusammenhält. Stück für Stück muß der Lehrer dies formen und entwickeln. Ohne die Robustheit und die Nüchternheit, die dem Weg des Kriegers entsprechen, gibt es keine Möglichkeit, den Weg des Wissens zu überstehen‹« (Castaneda IV:306).

»›Jeder von uns macht den gleichen Humbug durch‹, sagte er. ›Der einzige Weg, das zu überwinden, besteht darin, beharrlich wie ein Krieger zu handeln. Der Rest kommt von selbst und durch sich selbst.‹ ›Was ist der Rest, Don Juan?‹ ›Wissen und Macht. Wissende besitzen beides. Und doch könnte niemand von ihnen sagen, wie sie dazu gekommen sind, außer, daß sie beharrlich wie Krieger handelten, und zu einem gegebenen Augenblick hat sich alles geändert‹« (Castaneda IV:36f.).

»›Du siehst, ein Krieger betrachtet sich bereits als tot, so gibt es nichts für ihn zu verlieren. Das Schlimmste ist ihm schon geschehen und deshalb ist er klar und ruhig. Seinen Handlungen oder seinen Worten nach zu urteilen würde man niemals vermuten, daß er schon alles erfahren hat.‹ ›... ein Zauberer zu sein bedeutet in deinem Falle, daß du diese Sturheit und deine Sucht nach rationalen Erklärungen, die dir im Wege stehen, überwinden mußt. Aber was noch wichtiger ist, diese Unzulänglichkeiten sind dein Weg zur Macht. Du kannst nicht sagen, daß dir die Macht zufließen würde, wenn dein Leben anders wäre. Genaro und ich müssen in der gleichen Weise handeln wie du, innerhalb bestimmter Grenzen. Macht legt diese Grenzen fest, und ein Krieger ist, so könnte man sagen, ein Gefangener der Macht. Ein Gefangener, der nur eine freie Entscheidung hat: die Entscheidung, entweder wie ein makelloser Krieger oder wie ein Arsch zu handeln‹« (Castaneda IV:251).

132 *»Die Lehre von der Vollständigkeit seiner selbst als Endpunkt der Entwicklung als Mensch bedeutet, daß die engen Grenzen des vom Verstande erschaffenen* Tonal *gesprengt werden und die Insel um das erweitert wird, was der Zauberer das* Nagual *nennt. Die Fähigkeit, damit umzugehen, kann nur durch Anleitung erlernt werden. Sie setzt den Gebrauch des ›Willens‹ voraus, der auf der linken Seite der Insel seinen Sitz hat, während auf der rechten Seite die bisherigen Elemente der Insel um den Verstand neu gruppiert werden. Ist dies geschehen, so ist die Insel des* Tonal *gereinigt worden. Nach Ansicht des Zauberers ist ›jede andere Anordnung sinnlos und unbedeutend, weil sie gegen unsere Natur gerichtet ist. Sie beraubt uns unseres magischen Erbes und läßt uns zu nichts zusammenschrumpfen‹«* (Castaneda IV:325).

Die Lehre des Zauberers erweist sich dadurch als nicht anthropozentrisch – und, was vielleicht noch bedeutsamer ist – als einzige anthropologische Theorie, die die Unerläßlichkeit dessen, was Magie genannt wird, einbezieht. Das sicher nicht nur, weil man sowieso annehmen sollte, daß Zauberei sich um Magie dreht, sondern eher, weil alles, was sich um Magie dreht, Zauberei genannt wird.

133 Die Tatsache (?), Don Juan, den Indianer, plötzlich in einem tadellosen Anzug zu sehen, verblüffte Castaneda über alle Maßen: *»... da bemerkte ich, daß er einen Anzug trug. Der volle Anprall dieser Widersinnigkeit traf mich wie ein Schlag.« ... »›Wie gefällt dir mein ›tacuche‹?‹ fragte er strahlend. Er benutzte das Slangwort ›tacuche‹ statt des spanischen Standardwortes ›traje‹ für Anzug. ›Heute bin ich im Anzug‹, sagte er, als ob er es erklären müßte. Und dann, indem*

er auf meinen offenen Mund zeigte, fügte er hinzu: ›Mach ihn zu! Mach ihn zu!‹ Ich lachte abwesend. Er bemerkte meine Verwirrung. Sein Körper schüttelte sich vor Lachen, als er sich herumdrehte, damit ich ihn von jedem Winkel aus betrachten konnte. Seine Kleidung war unglaublich. Er trug einen hellbraunen Anzug mit Nadelstreifen, braune Schuhe und ein weißes Hemd. Und einen Schlips! Ich fragte mich, ob er Socken anhätte oder ob er seine Schuhe ohne sie trug.
Zu meiner Verwirrung kam die verrücktmachende Empfindung hinzu, daß ich gedacht hatte, Don Juan in seinen Khakihosen, seinem Hemd, seinen Sandalen und seinem Strohhut gesehen zu haben, nachdem er mir auf die Schulter geklopft und ich mich herumgedreht hatte. Und dann, als er mich auf seinen Anzug hinwies, und ich meine Aufmerksamkeit auf jedes Detail richtete, wurde die vollständige Einheit seines Anzuges verfestigt, als ob ich sie mit meinen eigenen Gedanken geschaffen hätte (...) Ich wurde gewahr, daß er keinen Hut aufhatte, und daß sein kurzes weißes Haar auf der rechten Seite gescheitelt war. Er sah aus, wie ein alter mexikanischer Gentleman, ein untadelig gekleideter Stadtbewohner. Ich sagte ihm, daß die Tatsache, daß ich ihn hier gefunden hätte, so entnervend für mich sei, daß ich mich setzen müßte« (Castaneda IV:134f.).
Castaneda hatte Don Juan nicht in Mexiko-City erwartet – und schon gar nicht im Anzug. Hier kommen nun Elemente hinzu, die möglicherweise eine Erklärung liefern könnten. Erstens das »double« eines Menschen, d.h. sein Doppelgänger (vgl. Castaneda IV:58ff.). Castaneda war erst sehr spät auf diese Möglichkeit gestoßen: *»Im Laufe der Jahre unserer Bekanntschaft war es für mich zur Selbstverständlichkeit geworden, daß ich jedesmal, wenn ich Don Juan zu sehen wünschte, nur nach Sonora oder Zentral-Mexiko zu fahren brauchte, um ihn immer wieder auf mich wartend zu finden. Ich hatte das als selbstverständlich hingenommen, und ich war bis zu diesem Moment noch nie darauf gekommen, darüber nachzudenken«* (Castaneda IV:68).
Das unvermutete Erscheinen Don Juans in Mexiko-City allein wäre nicht ganz so überraschend. Aber der Anzug? Es gibt ein Ereignis (Castaneda III:241ff.), wo Don Juan Castaneda und vier anderen jungen Indianern eine Art Vorstellung gibt. Mitten in der Wüste zeigt er sich in den merkwürdigsten Kostümen, so daß Castaneda sich fragt, woher er die Sachen genommen haben könnte. Castaneda erscheint er als Pirat, den anderen jeweils in anderen Verkleidungen, so daß zuletzt fünf verschiedene Versionen existieren. Als er Don Juan später fragt, wie er das gemacht hat, entgegnet dieser: *»›Es ist alles ganz einfach', antwortete er. ›Das waren nur deswegen Verkleidungen, weil alles, was wir tun, in irgendeiner Art nur eine Verkleidung ist. Alles, was wir machen, ist* Tun, *wie ich dir bereits erzählt habe. Ein Wissender könnte sich mit jedem* Tun *beschäftigen und merkwürdige Sachen zutage bringen. Aber in Wirklichkeit sind sie gar nicht merkwürdig. Sie sind es nur für diejenigen, die im* Tun *gefangen sind!‹«* (Castaneda IV:245) ... *»›Ich habe nur meinen Machtkreis an dein* Tun *angehängt‹, sagte er.*

›Du selbst hast den Rest getan, genau wie die anderen‹« (Castaneda IV:247). Sollte Castaneda auch bei dem Anzug den ›Rest getan‹ haben, nachdem das Double Don Juans seinen Machtkreis an Castanedas Tun angehängt hatte?

134 Ähnlich auch Hegel: *»Das Bekannte ist darum, weil es ›bekannt‹ ist, nicht ›erkannt‹«* (ders. 1970:35).

135 Makellos (engl. impeccably) ist ein Kernwort für die vom Lehrer geforderte Handlungsweise des Lehrlings, um zur Macht und zum Wissen zu gelangen.

»›Das Selbstvertrauen eines Kriegers ist nicht das Selbstvertrauen eines gewöhnlichen Menschen. Der gewöhnliche Mensch sucht Gewißheit in den Augen seiner Betrachter und nennt das Selbstvertrauen. Der Krieger sucht die Makellosigkeit in seinen eigenen Augen und nennt das Demut. Der durchschnittliche Mensch ist gebunden an seinen Mitmenschen, während der Krieger nur an sich selbst gebunden ist. (...) Selbstvertrauen setzt voraus, daß man etwas sicher weiß, Demut bedeutet, makellos in seinen Gefühlen *und Handlungen zu sein‹«* (Castaneda IV:17).

»›Ich zum Beispiel haßte die reine Erwähnung des Wortes ›Demut‹. Ich bin ein Indianer, und wir Indianer sind immer demütig gewesen und haben nichts anderes getan, als unsere Köpfe zu beugen. Ich dachte, Demut läge nicht auf dem Weg eines Kriegers. Ich irrte. Jetzt weiß ich, daß die Demut eines Kriegers nicht die Demut eines Bettlers ist. Der Krieger beugt seinen Kopf vor niemandem, aber gleichzeitig läßt er nicht zu, daß irgend jemand seinen Kopf vor ihm beugt‹. ... ›Du liebst die Demut eines Bettlers‹, sagte er sanft. ›Du beugst deinen Kopf der Vernunft‹« (Castaneda IV:31 f.).

136 In der dt. Ausgabe fehlt der anschließende Satz aus dem Original :*»He talked without stopping, until he had finished presenting his recapitulation. And I wrote down everything he said without any conscious effort on my part«* (Tales of Power:227).

137 Hier wird gemeint sein, daß man sich »zwischen die Welten schmuggelt« (Castaneda III:287), also »sieht«.

138 Sie ist uns zumindest die gewohnte Proportion gegenüber der Welt oder i. S. unseres in-der-Welt-seins. Jede andere Proportion erschreckt uns, weil sie die gewohnten Verhältnisse umwirft. Auch hier gilt in der bereits angeführten Bedeutungsvariante der homo-mensura-Satz des Protagoras. Gleichwohl ergibt sich daraus noch ein psychologistisches Argument, nämlich daß der Mensch eben als Mensch in der Welt ist und somit seine Erkenntnisfähigkeit entsprechend ist. Der Anti-Psychologismus i. S. Edmund Husserls erweist sich als lineare Fortschreibung der abendländisch-europäischen Tradition in der Philosophie, als ein Anspruch der Erkenntnisfähigkeit auf Allgemeingültigkeit über die Grenzen der Gattung homo sapiens hinaus. Nicht nur für alle Menschen, sondern auch für die Welt selbst. Der

Mensch als Sprachrohr des Universums. Eine anthropozentrischere Kosmologie auf ethnozentrischer Basis läßt sich kaum ausdenken.

139 Das betrifft Tierverwandlungen z. B. oder auch das ›Fliegen‹!

140 Somit kann er Dinge wissen, die wir nicht wissen können – und das ist es, was er unter Wissen versteht. Er hat sein Wissen erweitert. Er behauptet nicht, er sei allwissend. Im Gegenteil, in der Selbsteinschätzung des Zauberers gibt es einen betont agnostizistischen Akzent. Von Theodor Roszak stammt die Differenzierung in: – *reductive versus augmentative knowledge* (erstere wird der »science« zugeordnet, letztere der »gnosis«). Roszak stellt in seinem Aufsatz eine Verbindung her zwischen Plato, Don Juan und Gnosis (ders. 1974a:20ff.), d. h. in bezug auf die Art des »Wissens«, um die es da und hier geht.

141 Vom Wohltäter wird sie von außen geöffnet, d. h., er muß *Nagual* sein, wenn er sie öffnen will, weil er von außen kommt. (Für die Schüler, für die Don Juan der Wohltäter ist und Don Genaro der Lehrer, trifft diese Personifizierung des *Nagual* zu, denn sie sprechen von Don Juan als dem *Nagual – mit Schrecken*, Castaneda IV:256f.).

142 Diese Zeitangabe (im IV. Band werden kaum noch solche gemacht) läßt den Schluß zu, daß, wenn man den Beginn der Lehre mit 1961, den Kontakt bereits 1960 ansetzt, die Erstveröffentlichung in den USA 1974 war, das Ereignis auch 1974 stattgefunden haben muß (bezieht sich auf das III. Kapitel). Das I. Kapitel hingegen beginnt im Herbst 1971.

143 Die körperliche Erfahrung, wie sie hier gemeint ist, darf nicht gleichgesetzt werden mit der üblichen Verwendung des Begriffs der Sinnlichkeit als Kriterium für wahr und falsch im Gegensatz zur Vernunftserkenntnis. Für den Zauberer ist die üblicherweise auf die fünf Sinne begrenzte Wahrnehmung der Seite des Verstandes zugeordnet, weil sie ihm unterliegt.

144 Vgl. die Erörterung im Exkurs über »fliegen« (III. Kap. 2).

145 *Tun* wird hier verstanden als Gegensatz zu *Nicht-Tun* (vgl. Castaneda III:216). Vgl. auch Dschuang-Tse:42 sowie den taoistischen Begriff des Wu-wei.

146 Das »als ob« bezieht sich auf den Vergleich, nicht auf das Ereignis und seine Gültigkeit (vgl. auch Castaneda II:11).

147 Engl. »cubic centimetre of chance«. Zur Erklärung siehe die Sterbeszene in Mexiko-City (Castaneda IV:148).

148 Vgl. die Schilderung der Geschehnisse im IV. Band:190ff. und die Diskussion darüber (Castaneda IV:203ff.) *»Es wird gesagt, daß gewöhnliche Menschen von diesen Vorgängen* (gemeint ist der Schamanenflug – D. T.) *nichts sehen könnten – sie sehen nur den Körper des Schamanen, der daliegt. Andere Schamanen aber können die Erlebnisse, die der eine während des Fluges hat, in der Luft ›in Wirklichkeit‹ sich abspielen sehen.«* (Lommel, A., 1965:98; vgl. auch 2 B. »Fliegen«). Ähnliches berichtet Roszak: *»For an astonishing example of how*

shamanism within a robust tribal context can alter and enrich the perceptual powers placing them in touch with extraordinary realities, see the curious incident described in the ›Report of the Canadian Arctic Expedition‹ 1913–1918 Bd. XII. Ottawa 1922:194. At a shamanic seance attended by the expedition anthropologist, every member of the Copper Eskimo tribe saw (quite matter-of-factly) the shaman Higilak turn into a polar bear as part of the rite, and insisted on this an ›incontestable fact‹ under questioning. The anthropologist saw not such thing and interpreted the event as a collective hallucination. Since the empirical consensus was wholly against him – and since Eskimo are surely better authorities on what is and is not a polar bear – I gather we must conclude that his interpretation is wrong« (1974b:473). Auch hier ist von »sehen« die Rede – wie bei Don Juan.

149 Über die Umgruppierung (= Reinigung der Insel) der Elemente, vgl. Castaneda IV:324f.

150 *»Keiner der sich in den Gegenstand wirklich vertieft hat, wird leugnen, daß die Welt der Wahrnehmungen das theoretische System praktisch eindeutig bestimmt, trotzdem kein logischer Weg von den Wahrnehmungen zu den Grundsätzen der Theorie führt«* (Albert Einstein, zit. Pirsig, R., 1976:119).

151 Wie bereits an früheren Punkten wird auch bei dieser Erfahrung die Flug-Metapher verwendet (vgl. Roszak, T., 1974b:367ff.).

152 Diese Frage Castanedas wurde von Don Juan bereits 1969 beantwortet, als sie sich über den Willen unterhielten: *»›Der Wille ist das, was dich unverletzlich macht. Der Wille ist das, was einen Zauberer durch eine Wand, durch den Raum und, wenn er will, auf den Mond führt‹«* (Castaneda II:126).
Dieses wird möglich durch die Beschreibung des Zauberers von der Welt. Die Beschreibung des Durchschnittsmenschen hat es möglich gemacht, daß Menschen auf dem Mond mittels eines technischen Apparates – den der brujo nicht nötig hat, denn er benutzt eine andere Technik –, gelandet sind.
»Wir können vielleicht die Welt nicht vollständig beschreiben, aber wir haben sie gut genug beschrieben, um Menschen auf den Mond zu schicken« (Edge, H., 1974:107).
Ähnlich verhält es sich auch mit dem Fliegen und mit dem ›Fliegen‹ (die Anführungszeichen gelten je nachdem von welchem Standpunkt aus man die Sache betrachtet). So berichtet A. Lommel: *»Es ist bei diesen Erzählungen auch merkwürdig, zu beobachten, wie die Eingeborenen, um ihre Berichte aus der Vergangenheit besser zu veranschaulichen, moderne Erscheinungen, die sie erst durch die Europäer kennenlernten, als Beispiel heranziehen. So wird, wenn vom Fliegen des Schamanen gesprochen wird, immer erklärt, dies ginge genauso vor sich wie heute das Fliegen im Flugzeug, der Schamane säße dabei auf seiner Schlange, wie der Weiße in seiner Maschine.*
Man kann auch feststellen, wie die alten Berichte, die von den jüngeren Schwarzen oft schon nicht mehr geglaubt werden, jedenfalls aber ihre selbstverständliche Über-

zeugungskraft nicht mehr besitzen, heute wiederum angesichts des Fliegens des weißen Mannes wieder glaubhaft erscheinen« (ders. 1965:103f.).

153 Dem ist vermutlich auch nur mit einer paradoxen Logik näherzukommen (vgl. dazu die Ausführungen von Erich Fromm, 1972:130f. sowie Gebser, J., 1973:35f.). Im Gegensatz zur formalen Logik wird hier die Ambivalenz nicht zugunsten des Entweder oder des Oder entschieden, sondern unaufgelöst stehengelassen – genau das ist nämlich der Charakter der Ambivalenz. Dieser Schwebezustand des Intellekts scheint aber den Menschen unseres Kulturkreises derartige psychische Probleme zu bereiten, daß sie selbst dann, wenn es vom tatsächlichen Empfinden wegführt, eher geneigt sind, sich innerhalb einer trügerischen Alternative zu entscheiden, denn die Frage auf sich beruhen zu lassen. Das, was in der stoischen Logik die dritte Urteilsqualität heißt und besagt: weder ja noch nein, taucht in der mehrwertigen Logik Reichenbachs als dritte Urteilsqualität wieder auf, (vgl. Sinowjew, A., 1968:104) – während dieser Standpunkt in der formalen Logik immer wieder vernachlässigt wurde.

154 Das Gegenmittel wird angegeben im IV. Band: 372ff.

155 *»...lag die letzte Entscheidung, ob ein Mann lernen könnte, ein Wissender zu werden, bei einer unpersönlichen Macht, die Don Juan kannte, die aber außerhalb seines Wissensbereiches lag. Der unpersönlichen Macht wurde das Aussuchen der richtigen Personen zugeschrieben, indem sie ihr erlaubte, eine ungewöhnliche Tat auszuführen oder indem sie eine Reihe ungewöhnlicher Umstände um diese Person schuf. So bestand niemals ein Widerspruch zwischen dem Fehlen von offenkundigen Vorbedingungen und der Existenz von heimlichen, versteckten Vorbedingungen.*

Der Mann, der auf diese Weise ausgesucht war, wurde der Schüler. Don Juan nannte ihn Escogido, *der ›der gewählt war‹. Aber ein* Escogido *zu sein bedeutet mehr, als nur ein Schüler zu sein. Ein* Escogido *wurde durch die bloße Tatsache, von einer Macht auserwählt zu sein, bereits von gewöhnlichen Menschen unterschieden. Er wurde bereits als der Empfänger einer Mindestmenge an Macht betrachtet, von der man annahm, daß sie durch Lernen erweitert wurde.*

Aber Lernen war ein Prozeß nie endenden Strebens, und von der Macht, die die ursprüngliche Entscheidung getroffen hatte, oder von einer ähnlichen Macht wurden ähnliche Entscheidungen über die Frage erwartet, ob ein Escogido *weiterlernen könne oder ob er besiegt worden war. Diese Entscheidungen wurden durch Omen offenbar, die an jedem Punkt der Lehren auftraten. In dieser Hinsicht wurden alle besonderen Umstände, die den Schüler umgaben, als solche Omen betrachtet«* (Castaneda I:204f. u. I:52).

156 Engl. auch »design of power« (Zeichen der Macht) (Castaneda IV:58).

157 Über die erste Begegnung zwischen Castaneda und Don Juan gibt es in den ersten drei Büchern je eine Version von Castaneda und im vierten Band dann eine Aussage von Don Juan. Zunächst die Versionen Castanedas in der Reihenfolge:

»Während ich drauflos redete, nickte er langsam und sah mich an, sagte aber nichts. Ich mied seine Augen und es endete damit, daß wir in völligem Schweigen dastanden« (Castaneda I: 14). *»Ich glaubte, wenn ich mit meinen Kenntnissen prahlte, würde es ihn interessieren, sich mit mir zu unterhalten. Aber er sagte nichts. Geduldig hörte er zu. Dann nickte er bedächtig und blickte mich an. Es schien, als leuchteten seine Augen aus eigener Kraft. Ich wich seinem Blick aus, wurde verlegen. Ich war sicher, er wußte in diesem Augenblick, daß ich Unsinn redete«* (Castaneda II: 8). *»Ich dachte meine Einführung sei sehr ernst gewesen. Ich war äußerst zurückhaltend und meinte, völlig glaubhaft zu wirken. Der alte Mann schüttelte langsam seinen Kopf und – ermutigt durch sein Schweigen – fügte ich hinzu, daß es sich zweifellos für uns lohnen würde, zusammenzukommen und über Peyote zu reden. In diesem Augenblick hob er den Kopf und sah mir offen in die Augen. Es war ein ungeheuerlicher Blick. Dennoch war er in keiner Weise drohend oder furchteinflößend. Es war ein Blick, der durch mich hindurchging. Ich war auf der Stelle unfähig, noch ein einziges Wort hervorzubringen und mußte meine großartige Rede über mich selbst abbrechen«* (Castaneda III: 15).

Und nun Don Juan: *»Kurz bevor wir uns trafen, habe ich dich* gesehen. *Du hattest ein gutes* Tonal *wie das Mädchen, das wir in Mexiko-City getroffen haben. Nachdem ich dich* sah, *habe ich gewartet, ... du bist von einem Mann zu mir gebracht worden, der wegrannte, nachdem er Nichtigkeiten gebrabbelt hatte. Du wurdest zurückgelassen, hast mich angesehen und ebenfalls Nichtigkeiten gebrabbelt. Ich wußte, daß ich schnell handeln und mich bei dir einhaken (hook you) mußte (...) Was ich getan habe war, dich mit meinem* Willen *zu packen«* (Castaneda IV: 299).

158 *»›Ein Krieger erträgt sein Schicksal, was immer es sein mag, und nimmt es mit letzter Demut hin. Mit Demut (humbleness) akzeptiert er was er ist, nicht als Grund zum Bedauern, sondern als lebende Herausforderung‹«* (Castaneda IV: 31 f.).

»›Ohne die Robustheit und die Nüchternheit, die dem Wege des Kriegers entsprechen, gibt es keine Möglichkeit, den Weg des Wissens zu überstehen‹« (Castaneda IV: 306; vgl. auch Castaneda IV: 366).

»Hinnehmen« bedeutet, das Leben als Herausforderung zu verstehen, in dem es keine schlechten oder guten Ereignisse gibt, sondern nur Ereignisse. Und diese müssen makellos bewältigt werden. Das ist alles (!)? Der Weg des Wissens ist ein lebenslanger Kampf und das erlangte Wissen ist nur momentan, es kommt, hüllt den Krieger ein und vergeht. *»›Ein Wissender zu sein ist nichts von Dauer‹«* (Castaneda I: 87). Nicht nachgeben heißt nicht, keine Empfindungen zu haben, sondern nur, sich nicht von ihnen gefangennehmen zu lassen, sprich nachzugeben und sie durch diese ›Hervorhebung‹ bedeutend zu machen (vgl. IV: 367 u. 206, 207).

»›Du hast das Gefühl, daß das Nachgeben in Zweifeln und Leiden das Merkmal eines sensiblen Menschen ist. Nun, die Wahrheit dieser Angelegenheit ist, daß du

weit davon entfernt bist, sensibel zu sein. Warum heuchelst du also? Ich habe dir damals erzählt, daß ein Krieger in Demut das akzeptiert, was er ist‹« (Castaneda IV:74).

»›Es ist dir eigen, auf solch übertriebene Weise nachzugeben, daß du sterben würdest, ohne dich darum zu kümmern, oder schlimmer noch, ohne es zu merken.‹ ...›Das ist die Gefahr des Nachgebens, besonders für dich, da du naturgemäß so exaltiert bist, dein Tonal *ist so sehr dem Nachgeben verfallen, daß es deine Vollständigkeit bedroht. Das ist eine schreckliche Art zu existieren‹«* (Castaneda IV:206f.).

159 Die Überwachung bezieht sich sowohl auf die Übergangsstadien von alltäglicher zu nicht-alltäglicher Wirklichkeit, als auch auf die Betonung bestimmter Aspekte innerhalb der ›anderen Wirklichkeit‹ durch den Lehrer (vgl. Castaneda I:264). Ebenso sind die Dialoge dazu gedacht, dem Lehrer Hinweise zu geben über die Situation des Lehrlings und den Stand der Lehre.

160 Die Abweichung Don Juans von der traditionellen Lehre läßt ihn über die Zauberei hinausgehen. *»›Nach einem lebenslangen Kampf weiß ich, daß das, was zählt, nicht das Lernen einer neuen Beschreibung ist, sondern das Erreichen der Vollständigkeit seiner Selbst‹«* (Castaneda IV:313).

Castaneda äußert allerdings in dem Interview mit Sam Keen, daß er sich über diesen Punkt mit Don Juan nicht einig sei (ders. 1973:68). Interessant scheint mir an diesem Interview zu sein, daß Castaneda in seinen Ansichten und Einsichten einen Grad von Schlichtheit präsentiert, der nach der Lektüre der Bücher schwer verständlich ist. Jedenfalls ist die besagte Abweichung fundamental und scheint mit Don Juans persönlicher Orientierung zusammenzuhängen.

161 *»›Ein Jäger zu sein bedeutet, daß man eine Menge weiß‹, fuhr er fort. ›Es bedeutet, daß man die Welt auf verschiedene Arten sehen kann. Um Jäger sein zu können, muß man in völligem Gleichgewicht mit allem um sich herum sein, ansonsten würde das Jagen eine bedeutungslose Sache werden. Zum Beispiel haben wir heute eine kleine Schlange ausgewählt. Ich mußte mich bei ihr entschuldigen, daß ich so plötzlich und bestimmt ihr Leben ausgelöscht hatte. Ich tat, was ich tat, und wußte dabei, daß mein eigenes Leben auf die gleiche Weise eines Tages ausgelöscht wird – plötzlich und unwiderruflich. So sind wir und die Schlangen alles in allem ebenbürtig. Eine von ihnen hat uns heute als Nahrung gedient‹«* (Castaneda III:74).

»›Ein Jäger hat innigen Kontakt mit seiner Welt und trotzdem ist er unerreichbar für diese Welt.‹ ›Das ist ein Widerspruch‹, sagte ich. ›Er kann nicht unerreichbar sein, wenn er in dieser Welt Stunde für Stunde, Tag für Tag lebt.‹ ›Du hast nicht verstanden‹, sagte er geduldig. ›Er ist unerreichbar, weil er seine Welt nicht solange ausquetscht, bis sie völlig deformiert ist. Er berührt sie nur sanft, bleibt solange wie nötig und entfernt sich dann rasch, kaum eine Spur hinterlassend‹« (Castaneda III:92).

»›Ein Jäger zu sein, bedeutet nicht nur, Wild zu fangen‹, fuhr er fort. ›Ein Jäger, der sein Salz wert ist, fängt das Wild nicht deshalb, weil er seine Fallen aufstellt oder weil er die Gewohnheiten seiner Beute kennt, sondern weil er selbst keine Gewohnheiten hat. Das macht seine Überlegenheit aus. Er ist kein bißchen wie die Tiere, hinter denen er her ist – festgelegt durch belastende Gewohnheiten und vorhersehbare Eigenarten. Er ist frei, fließend, unberechenbar‹« (Castaneda III:97).

»›Ein Jäger muß nicht nur die Gewohnheiten seiner Beute kennen, er muß auch wissen, daß es Mächte auf dieser Erde gibt, die Menschen, Tiere und alles, was lebt, führen‹« (Castaneda III:103). *»›Man kann sagen, daß der Unterschied zwischen einem Jäger und einem Krieger darin liegt, daß ein Krieger auf dem Weg zur Macht ist, während der Jäger nichts oder nur sehr wenig darüber weiß.‹*

›Die Entscheidung, wer ein Krieger werden kann oder wer nur ein Jäger bleibt, obliegt ganz allein den Mächten, die den Menschen leiten‹« (Castaneda III:116f.).

162 Vgl. Castaneda IV:306f.

163 *»›Es wird jetzt Zeit für dich, dich der Macht zu öffnen und du wirst damit beginnen, das* Träumen *in Angriff zu nehmen.‹ Der Klang seiner Stimme, als er* Träumen *sagte, brachte mich auf den Gedanken, daß er das Wort auf ganz besondere Weise gebrauchte. Ich dachte darüber nach, welche geeignete Frage ich wohl stellen konnte, als er wieder zu reden begann. ›Ich habe nie etwas zu dir über das* Träumen *gesagt, weil ich bis jetzt nur damit beschäftigt war, dir das Jagen beizubringen‹, sagte er. ›Ein Jäger beschäftigt sich nicht mit der Manipulation von Macht. Deshalb sind seine Träume nichts als Träume. Sie mögen quälend sein, aber sie sind nicht* Träumen. *Ein Krieger jedoch sucht Macht, und einer der Wege zur Macht ist* Träumen‹« (Castaneda III:116).

*»›*Träumen *ist eine praktische Hilfe, die sich die Zauberer ausgedacht haben‹, sagte er. ›Sie waren keine Narren. Sie suchten sich das* Nagual *nützlich zu machen, indem sie das* Tonal *darauf trainierten, für einen Moment loszulassen und dann wieder zuzupacken. Diese Aussage ergibt für dich keinen Sinn. Aber das ist es, was du die ganze Zeit getan hast: du hast dich darauf trainiert, loszulassen, ohne dabei den Verstand zu verlieren. Träumen ist natürlich die Krönung der Anstrengungen des Zauberers, der endgültige Gebrauch des* Nagual‹« (Castaneda IV:320).

Man denkt unwillkürlich an einen Kupplungseffekt. Um bei diesem Bild zu bleiben, müßte man sich vorstellen, daß man normalerweise mit durchgetretener Kupplung lebt. Erst wenn man sich erlaubt, die Kupplung loszulassen, fährt man los. Bis dahin lebte man im Stand verharrend – mit laufendem Motor allerdings. Die Einkupplung hat die Auflösung des Ich zur Folge. Die Kunst des Zauberers besteht nun darin, aus eigener Kraft die Wirkung des Einkuppelns zu einem beliebigen Zeitpunkt wieder rückgängig zu machen. Er muß sich selbst wieder zu einem Ich zusammenfügen. Sein aufgelöstes Ich muß die Macht haben, auszukuppeln. Es muß wieder *Tonal* werden können, sonst tritt der Tod ein. Der Kontakt mit dem *Nagual* wird vom Zauberer auch so betrachtet, daß er seinem Tod kurzfristig Einlaß gewährt. Vgl. dazu Castanedas Wiedergabe des Dialogs in der Frage des ›Einschrumpfens des *Tonal*‹, IV: 227 f.

164 »*Zu Beginn meiner Lehrzeit hatte Don Juan selbst den Begriff ›Wohltäter‹ eingeführt. Es war mein Eindruck gewesen, daß er selbst mein Wohltäter (benefactor) sei. (...) ›Genaro ist dein Wohltäter‹, wiederholte er. ›Aber du bist es doch, oder?‹ fragte ich mit aufgeregter Stimme. ... ›In diesen Bereichen kann man entweder sprechen oder handeln. Man kann nicht beides zugleich mit einer Person machen. Entweder man nimmt die Insel des* Tonal *oder man nimmt das* Nagual. *In deinem Falle ist es meine Pflicht gewesen, mit deinem* Tonal *zu arbeiten.‹ ... ›Warum haben einige sowohl einen Lehrer als auch einen Wohltäter?‹ ›Wenn ein gewöhnlicher Mensch bereit ist, versieht ihn die Macht mit einem Lehrer und er wird Lehrling. Wenn ein Lehrling bereit ist, versieht ihn die Macht mit einem Wohltäter, und er wird Zauberer‹*« (Castaneda IV: 225 f.).
Die Wahl des Wohltäters ereignete sich für Castaneda im April 1968. Er war nach dreijähriger Pause zu Don Juan zurückgekehrt, um diesem sein Buch zu zeigen. Aus diesem Besuch entwickelte sich die zweite Phase der Lehrzeit (bis Oktober 1970). Don Juan wartete seinerzeit auf einen mit ihm befreundeten Mazatec-Indianer. Während der drei Stunden des Wartens erzählte Castaneda Don Juan einige Begebenheiten, die ihm während der Reise widerfahren waren (vgl. Castaneda II: 20). Castaneda erkennt ohne zu zögern den Freund Don Juans inmitten einer größeren Menschenmenge, ohne ihn vorher gekannt zu haben. Das war das Omen, welches festlegte, daß Don Genaro der Wohltäter Castanedas werden würde (vgl. Castaneda IV: 321). Die ersten ›Führungen‹ durch Don Genaro werden im II. Buch (: 80 f.) gegeben. Vgl. auch Castaneda IV: 122 u. 346.

165 Um den Begriff des »Wissenden« gibt es bei Castaneda bis zur Erklärung des Zauberers eine ebensolche Verwirrung wie bei dem des »Wohltäters«. Er weiß auch in diesem Falle nicht genau, worum es sich handelt. Das liegt daran, daß er bis dahin noch nicht genügend persönliche Macht gesammelt hat, um den Erläuterungen Don Juans einen Sinn abgewinnen zu können. Im ersten Buch (: 86 ff.) bringt Don Juan den Wissenden in Verbindung mit seinen lebenslangen Feinden: Furcht, Klarheit, Macht und Alter. Im zweiten Band wird Wissender (man of knowledge) an einigen Stellen gleichgesetzt mit Zauberer. Don Juan geht es aber darum, Castaneda *Sehen* zu lehren. Ein Sehender ist erst ein Wissender, weil er sowohl die alltägliche Beschreibung der Wirklichkeit als auch die Alternativbeschreibung der Zauberer überwunden hat. *Sehen* bedeutet, sich zwischen die Beschreibungen zu schmuggeln (Castaneda III: 287) und zu wissen, daß beide Beschreibungen eben nur Beschreibungen dessen sind, was eigentlich erfahren werden soll: die Welt. Die Fähigkeit, dies zu wissen, verleiht einem

aber allein das *Sehen*. (Castaneda III:289). Insofern ist ein Zauberer, der an seine Beschreibung gefesselt ist, ebenso gefangen wie jeder normale Mensch, der sich an seine alltägliche Beschreibung hält. Die Gleichsetzung von Zauberer und Wissendem ist daher falsch (vgl. auch Castaneda IV:313).

Als Beispiel für Zauberer, die keine Wissenden waren, gibt Don Juan seinen Lehrer und seinen Wohltäter an: *»›Ich würde sagen, laß die Zauberer, indem sie ihren Willen benutzt haben, darin Erfolg hatten, ihre Ansichten der Welt zu erweitern. Mein Lehrer und mein Wohltäter sind die deutlichsten Beispiele dafür. Sie waren Männer von großer Macht, aber sie waren keine Wissenden. Sie haben niemals die Schranken ihrer gewaltigen Ansichten gebrochen, und deshalb haben sie niemals die Vollständigkeit ihrer Selbst erreicht, und doch wußten sie davon. Es war nicht so, daß sie sich auf ihrem Lebensweg verirrt hatten und Dinge außerhalb ihrer Reichweite beanspruchten. Sie wußten, daß sie das Boot verpaßt hatten und daß ihnen erst bei ihrem Tode das vollständige Geheimnis enthüllt würde. Zauberei hatte ihnen nur einen kurzen Blick ermöglicht, hatte ihnen aber nie die wirklichen Mittel in die Hand gegeben, um zu dieser schwer faßbaren Vollständigkeit seiner Selbst zu gelangen‹«* (Castaneda IV:313).

Die Figur des Wissenden wird für Don Juan von Don Genaro verkörpert: *»›Genaro ist ein Wissender. Der Reinste von allen. Seine Handlungen sind makellos. Er ist jenseits der gewöhnlichen Menschen und jenseits der Zauberer. Sein Double ist ein Ausdruck seiner Freude und seines Humors. Deshalb kann er es unmöglich dazu benutzen, gewöhnliche Situationen zu schaffen oder zu lösen. Soweit ich weiß, ist das Double die Wahrnehmung unseres Zustands als leuchtende Wesen. Es kann alles tun, und doch entscheidet es sich, bescheiden und sanft zu sein. Es war mein Fehler, dich mit geborgten Worten irrezuführen. Mein Lehrer war nicht in der Lage, die Dinge hervorzubringen, die Genaro hervorbringt. Für meine Lehrer waren unglücklicherweise bestimmte Dinge das, was sie für dich sind, nur Erzählungen der Macht‹«* (Castaneda IV:79). Hier handelt es sich offensichtlich um eine Äußerung, der zufolge Castaneda den Titel seines vierten Buches ›Tales of Power‹ gewählt hat. Es läßt vermuten, daß Castaneda sich selbst daher nicht als einen Wissenden einschätzt. Auch die Äußerung im Interview mit Sam Keen (1973:68) deutet darauf hin; vgl. Castaneda II:128.

In der vorstehenden Unterhaltung zwischen Don Juan und Castaneda geht es Castaneda darum, zu klären, was ein Double ist. Obwohl Don Juan darauf hinweist, daß es sinnlos ist, eine diesbezügliche Frage zu stellen und eine Antwort darauf zu erwarten – weil sich beide dem Kontext nicht adäquat gegenüber ausnehmen können – bohrt Castaneda über mehrere Seiten (Castaneda IV:75ff.) hinweg weiter nach. Er verfällt schließlich darauf, in ›hypothetischem Sinne‹ eine Frage zu stellen, die

dem action-Milieu amerikanischer Wildwest- bzw. Kriminalfilme entlehnt zu sein scheint:
»›Kann Don Genaro jemanden töten, der Hunderte von Meilen entfernt ist, indem er das sein Double tun läßt?‹ Don Juan sah mich an. Er schüttelte den Kopf und wendete seine Augen ab. ›Du bist erfüllt von Erzählungen der Gewalt‹, sagte er. ›Genaro kann niemanden töten, einfach weil er nicht länger ein Interesse an seinen Mitmenschen hat. In der Zeit, wo ein Krieger in der Lage ist, das Sehen und das Träumen *zu bewältigen, und er eine Wahrnehmung seiner leuchtenden Beschaffenheit hat, ist kein solches Interesse mehr in ihm zurückgeblieben‹«* (Castaneda IV:78).

166 Vgl. dazu Duerr, H. P. (1976:67): *»... manchen Ethnologen mag es mitunter so gehen wie demjenigen, der sich auf seinem ersten LSD-trip die Frage stellt, ob er nun auf dem trip ist, oder zum ersten Mal in seinem Leben vom trip runtergekommen sei.«*

167 Beim Teufelskraut handelt es sich um Datura inoxia, auch »jimson weed« oder »devils weed« genannt (im engl. Sprachraum). Bei uns in Europa bekannt als »Stechapfel«. Vgl. das Kapitel über »Machtpflanzen«. In dem zitierten Abschnitt handelt es sich um eine Eintragung Castanedas vom 6.7.1963, also um einen sehr frühen Zeitpunkt. Er hat in den folgenden drei Büchern erläuternde Bemerkungen zu diesem Gegenstand der Betrachtung, sowohl dem des Fliegens als auch dem Zusammenhang mit den Machtpflanzen gemacht, die als Korrekturen wesentlich sind. Es ist auch hier ein Nachteil der bisherigen Veröffentlichungen zu Castaneda, daß sie sich hauptsächlich auf die ersten Bücher beziehen, denn auch zu diesem Punkt bietet die ›Erklärung des Zauberers‹ im vierten Band einen Schlüssel. Vgl. auch Castaneda I:227.

168 Vgl. S. 54f. und Anm. 148.

169 Vgl. das Eskimo-Beispiel in Anm. 148.
»Fliegt der Schamane, so liegt sein Körper in einem tiefen, todähnlichen Schlaf da, und niemand wagt ihn zu wecken. Die Erlebnisse des Fluges erscheinen dem Schamanen nach seinem Erwachen als Traum. ... Die Kraft verläßt während eines solchen Traumes den Körper, bleibt aber immer, durch einen ›dünnen Faden‹, der aus dem Penis oder Nabel des Mannes austritt, mit dem Körper verbunden ... Es wird gesagt, daß normale Menschen von diesen Vorgängen nichts sehen könnten, sie sehen nur den Körper des Schamanen, der daliegt. Andere Schamanen aber können die Erlebnisse, die der eine während des Fluges hat, in der Luft ›in Wirklichkeit‹ sich abspielen sehen« (Lommel, A., 1965:98).
Auch hier ist also von den Fasern, die aus dem Nabel austreten, die Rede. (Interessanterweise gibt es im Zen-Buddhismus auch ein Bild, welches besagt, daß authentische Einsichten nicht über das Gehirn, sondern über den Bauch gehen. Vgl. Fromm, E., 1972:169). Die Einigkeit bei einem *Mitote* ist die Wirkung des *Sehens* (vgl. dazu Anm. 5).

Auch die Reise-Metapher wird allgemein verwendet. *»›Was ein Krieger bei seiner Reise in das Unbekannte tut, ähnelt sehr dem Sterben ...‹, sagte Don Juan«* (Castaneda IV:348).

Als Castaneda in einer Nacht im September 1968 Don Juans anderen Schüler, Eligio, bei einer Peyote-Sitzung beobachtet, sieht er seltsame Dinge (vgl. Castaneda II:65ff.). Als er Don Juan daraufhin am folgenden Tag anspricht, ob er Eligio nach seiner Reise fragen darf, untersagt es dieser ihm mit der Begründung: *»›Eligio ist ein Indianer. Seine Reise ist das einzige was er hat‹«* (ebd.:68).

Zwei Wochen später, die Ereignisse lassen Castaneda keine Ruhe, fragt er: *»›Habe ich in dieser Nacht gesehen, Don Juan?‹ ›Beinah.‹ ›Hast du* gesehen, *daß ich Eligios Bewegungen* sah?*‹ ›Ja, ich* sah, *daß Mescalito dir erlaubte, einen Teil von Eligios Lektion zu sehen, sonst hättest du einfach einen Mann dasitzen oder vielleicht liegen sehen.‹«* (ebd.).

170 Dies zu prüfen, steht jedem frei.

171 William Burroughs: *»Was ist ein Halluzinogen? Eine Droge, die das Bewußtsein weitet und das Wahrnehmen der Umwelt und körperlicher Vorgänge steigert. (Ich würde vorschlagen, daß man den Terminus ›halluzinogene‹ Drogen durch den Begriff ›bewußtseinserweiternde‹ Drogen ersetzt, da keine ausreichende Definition der Halluzination vorgeschlagen worden ist.)«* (ders. 1967:9).

Wenn etwas für andere irrational ist, dann heißt das ja nicht, daß es das auch für uns sein muß. Denn was bestimmt die Entscheidung darüber? Der Zugang, die Wahrnehmung des Phänomens oder die Nicht-Wahrnehmung?

Spinne ich oder sieht er es bloß nicht? M.a.W.: Was kommt an mich heran oder was lasse ich an mich heran? Was ist *in* der Formation? Aber auch: Welchen Kurs hat die Formation? (vgl. dazu Laing, R.D., 1967:107).

172 Was hieße das auch? Die Abneigung der Wissenschaft gegen diese Art Relativismus hängt damit zusammen, daß mit einer Anerkennung die Adäquatheit des Instrumentariums zur Erfassung *jedes* Gegenstandes der Betrachtung bestritten würde. Vielleicht würde Batailles ›Heterologie‹ hier helfen können (vgl. Bergfleth, G., 1975:307).

173 Ein gewisser Unterschied scheint mit in der Bewertung dessen, was Fichte untersucht hat im Verhältnis zu dem von Castaneda berichteten, angebracht zu sein. Der afro-amerikanische Synkretismus, über den Fichte berichtet, wird sehr stark über sog. Machtobjekte realisiert, d.h. eine Form der Zauberei, die in den Ausführungen Don Juans eine sehr minderwertige Rolle spielt. Nach seiner Meinung sind *»Machtobjekte nur notwendig, wenn ein Mann keinen Verbündeten hat«* (Castaneda I:24). Es gibt in dem System Don Juans so etwas wie eine Hierarchie in diesem Punkt des Vermögens. Noch höher als den Verbündeten wertet er das *Sehen*.

174 Antonin Artaud: *»Ich suchte nämlich den Peyotl nicht, um einzutreten, sondern um herauszutreten«* (ders. 1975:99).

175 Die Stellungnahme von L. Foss »Does Don Juan really fly« ist eine Untersuchung der Frage, inwiefern diese Implikation gerechtfertigt ist.

Georg Anschütz erwähnt in einem Abschnitt über den Meskalinrausch Versuche, bei denen sich drei Grundreaktionen finden: 1. abnorme Sinneserlebnisse, 2. veränderte Bewußtseinslage, 3. abnorme Gefühlszuständlichkeiten. *»Die Abänderungen der Sinnesfunktion betreffen am konstantesten das Sehen, häufig den Allgemeinsinn ...«* (:103) *Alle Arten von Trugwahrnehmung werden beobachtet ...«* (:103) *»... ein Verschmelzungsgefühl bis zur Aufhebung der Subjekt-Objekt-Schranken.«* (:104).

Anschütz geht nicht auf die denkbare Möglichkeit ein, daß hier eine Lösung aus dem üblichen Rahmen i. S. einer Begrenzung durch sozialen Konsens besteht. Der Tatbestand der Abnormität regt offenbar sehr selten dazu an, den Normbegriff zu untersuchen. Castaneda schreibt: *»Alles lebte. Alles hatte herrliche und verwirrende Augenblicke und doch war alles so einfach. Ich war überall, ich konnte hinauf, hinunter und um mich sehen, alles zur gleichen Zeit«* (Castaneda I:156).

William Burroughs: *»Später stellte ich fest, daß ich das gleiche Bild, auch ohne die Droge zu mir zu nehmen, mir vor Augen führen konnte. Dieselben Einsichten in die Musik oder in die Schönheit eines gewöhnlich unbeachteten Gegenstandes blieben erhalten, so daß das einmalige Experiment mit einer stark das Bewußtsein erweiternden Droge häufig eine ständige Vertiefung des Erfahrungsbereiches vermittelt. Meskalin befördert den Experimentierenden in unerforschte seelische Gegenden, und oft findet er den Weg zurück ohne einen chemischen Führer«* (ders. 1967:9).

176 Es handelt sich bei diesem Ereignis um das »Anhalten der Welt« (vgl. Castaneda III:279ff. und Castaneda II:11!).

177 Vgl. Castaneda IV:304.

178 Vgl. Castaneda III:11.

179 Vgl. Castaneda IV:319.

180 Er tut dies übrigens nicht gerne: *»›Haben die Machtpflanzen mir geholfen?‹ fragte ich. ›Sicherlich‹, sagte er. ›Sie öffneten dich, indem sie deine Ansicht von der Welt unterbrochen haben. In dieser Hinsicht haben Machtpflanzen die gleiche Wirkung auf das* Tonal, *wie die richtige Art zu gehen. Beide überfluten es mit Informationen und zwingen den inneren Dialog zu einem Halt. Die Pflanzen eignen sich ausgezeichnet dafür, aber sie sind kostspielig. Sie fügen dem Körper unnennbaren Schaden zu. Das ist ihre andere Seite, besonders die des Teufelskrauts‹«* (Castaneda IV:311).

Dies ist übrigens ein Aspekt, der üblicherweise in der Drogendiskussion auch von den Benutzern nicht oft aufgeworfen wird. Es ist daher nicht unberechtigt, wenn W. Gelpke in der Betonung des Quantitativen von

einer ›modischen Variante studentischer Biersitten‹ spricht. (Vorwort zur vierten Auflage des Buches von R. Gelpke, o. J.)
Was Peyotl angeht, so ist die rituelle Bindung für die Indianer ein leitender Gesichtspunkt der Einnahme. Die mexikanische Regierung hat versucht, diese traditionellen Feste zu verbieten. Diese Maßnahme führte zu einem Verlust der rituellen Orientierung. Artaud befragte einen Priester der Tarahumara-Indianer nach der Wirkung des Verbotes: *»›Unser letztes Fest‹, sagte er mir, ›hat nicht stattfinden können. Wir sind niedergeschlagen. Wir nehmen jetzt Ciguri (eine entsprechende Bezeichnung für ›Mescalito‹ bei Don Juan – DT) nicht mehr anläßlich der Riten, sondern wie ein Laster. Bald wird unsere ganze Rasse krank sein. Die Zeit ist zu alt geworden für das Sein. Sie kann uns nicht mehr ertragen‹«* (ders. 1975:24f.).

181 Vgl. schon die Äußerung Don Juans im ersten Buch: 222 (engl. *act of volition*: 207).

182 *»›Warum wird sie Teufelskraut genannt?‹ Don Juan machte eine gleichgültige Geste, zuckte mit den Schultern und blieb einige Zeit still. Schließlich sagte er, daß ›Teufelskraut‹ ihr vorläufiger Name sei (su nombre de leche). Er sagte auch, daß es andere Namen für das Teufelskraut gäbe, die aber nicht benutzt werden sollten, weil das Nennen eines Namens eine ernste Sache sei, besonders wenn man lernte, eine verbündete Macht zu zähmen. Ich fragte ihn, warum das Nennen eines Namens eine so ernste Sache sei. Er sagte, Namen seien Hilferufen vorbehalten, sie seien für Augenblicke, die früher oder später im Leben dessen eintreten, der Wissen sucht«* (Castaneda I:60).
»Die mexikanischen Indianer nennen ihn heute yerba del diablo, Teufelskraut, und gebrauchen damit denselben Begriff wie die christlichen Dämonologen der Renaissance« (Duerr, H. P., 1976a:56).
Sergius Golowin: *»Es waren etwa die indianischen Medizinmänner Nordmexikos, die in der Neuzeit auch mit vielen aus Europa eingeführten Pflanzen kühne Versuche anstellten und ihre Kräfte auch für unsere Wissenschaft entdeckten oder wiederentdeckten«* (ders.:23).

183 *»Zweifellos hätten viele Elemente Don Juans Definition eines Verbündeten als ›eine Macht, die einen Mann jenseits seiner eigenen Grenzen tragen konnte‹, erfüllt. Jeder, der diese Definition akzeptierte, hätte sich vernünftigerweise vorstellen können, daß alles, was eine solche Fähigkeit besaß, ein Verbündeter sein könne. Und folglich hätten sogar körperliche Zustände, die durch Hunger, Übermüdung, Krankheit und ähnliches hervorgerufen werden, als Verbündete dienen können, denn sie hätten vielleicht die Fähigkeit besessen, einen Mann aus dem Bereich alltäglicher Wirklichkeit zu transportieren. Aber der Gedanke, daß ein Verbündeter eine Regel hatte, schloß alle diese Möglichkeiten aus. Ein Verbündeter war eine Macht, die eine Regel hatte. Alle anderen Möglichkeiten konnten deshalb nicht als Verbündete betrachtet werden, weil sie keine Regel hatten«* (Castaneda I:219).

184 Vgl. die Erörterungen in der Botanik um diesen Kaktus bei Gerber, P., 1976:250.

185 Auch Don Juan äußert seine Verwunderung darüber, daß Castaneda kein Indianer ist und dennoch die Zeichen dahingehen, daß er der von der Macht Erwählte ist (vgl. Castaneda II:47 u. 52).

186 Später beharrt er aber auf dieser Annahme. Sie wird den Grund für seine Wiederaufnahme der Lehre 1968 liefern – jedenfalls aus der Sicht Castanedas (vgl. Castaneda II:26) Bei den *Mitotes* paßt er höllisch auf, um den Führer herauszubekommen (vgl. Castaneda II:45 ff.). Darauf spielen auch Mehan / Wood an (:43), siehe auch Gerber, P., 1975:65 über Peyote-Sitzungen.

187 *»›Ich habe gesagt, daß in Mescalito ein Geist steckt, weil das, was bei einem Menschen eine Veränderung bewirken kann, so etwas wie ein Geist ist. Ein Geist, den wir sehen und anfassen können, ein Geist, der uns verändert, manchmal sogar gegen unseren Willen.‹«* (Castaneda II:57) *»Er antwortete, es gäbe nur eine einzige Sache, die unumgänglich für all unser Tun sei. Er nannte es den ›Geist‹. ›Man kann nichts ohne den Geist tun‹, sagte er. ›Und du hast ihn nicht‹«* (Castaneda III:23).

188 Ähnlich der Eskimo-Schamane Igjugaruk: *»Alle wahre Weisheit findet man nur fern von den Menschen, draußen in der großen Einsamkeit, und sie kann nur erlangt werden durch Leiden. Entbehrungen und Leiden sind nur das Einzige, was den Sinn eines Menschen für das öffnen kann, was den anderen verborgen ist«* (Lommel, A., 1965:175).

189 Hier besteht ein gewisser Widerspruch zu einer Passage im II. Buch auf Seite 199, wo Don Juan erklärt, es gäbe von drei Arten von Wesen eine, die ein Verbündeter sein könne und sie sei ein Geist.

190 ›Datura‹ ist lateinisch und bedeutet: eine, die geben will! Einige Äußerungen Don Juans zum Teufelskraut: *». . . das Teufelskraut macht dich blind vor Ehrgeiz«* (Castaneda I:168) *». . . das Teufelskraut ist nur* ein *Weg zu den Geheimnissen eines Wissenden. Es gibt andere Wege. Aber seine Falle besteht darin, dich glauben zu machen, sein Weg sei der einzige«* (Castaneda I:167). *»Das Teufelskraut ist für jene, die nach Macht verlangen«* (Castaneda I:73) (The devil's weed is for those who bid for power. I:70). *»Don Juan beschrieb den in* Datura Inoxia *enthaltenen Verbündeten als einen, der zwei Qualitäten besaß: er war wie eine Frau und er war wie ein Spender überreichlicher Macht. Er hielt diese zwei Qualitäten für äußerst unerwünscht«* (Castaneda I:24). *»Die alles beherrschenden, unerwünschten Eigenschaften des in* Datura Inoxia *enthaltenen Verbündeten, besonders seine Qualität der Unberechenbarkeit, machten ihn zu einem gefährlichen, unzuverlässigen Vehikel. Das Ritual war der einzige mögliche Schutz gegen seine Unbeständigkeit, aber das war niemals genug, um die Stabilität des Verbündeten zu sichern; ein Zauberer, der diesen Verbündeten als Vehikel benutzte, mußte auf günstige Omen warten, bevor er handelte«* (Castaneda I:218).

191 Äußerungen Don Juans: *»Der Rauch ist wie alles andere auch; er wurde nicht für uns alle gemacht«* (Castaneda I:72). (Dieser Hinweis stellt sich quer zum Grundsatz der Objektivität und seine Voraussetzung, die intersubjektive Nachprüfbarkeit. – D. T.) *»Der Rauch macht dich blind vor Furcht...«* (Castaneda I:72).

»Die tiefgreifende Wirkung der Pilze auf die Wahrnehmungsfähigkeit erklärte Don Juan damit, daß ›der Verbündete den Körper fortnahm‹« (Castaneda II:12). *»Der Rauch ist für die, die beobachten und sehen wollen«* (Castaneda I:73). (Vielleicht liegt hier bereits ein Hinweis auf das »Sehen«, weil im engl. Text auch von »see« die Rede ist – möglich, daß Don Juans Wohltäter, der dem Kraut und der Macht zugetan war, deshalb nie ein ›Wissender‹ wurde. Diese Vermutung wird verstärkt durch die Äußerung im II. Buch: *»›Der kleine Rauch wird dir helfen, die Menschen als Lichtfasern zu ›sehen‹.‹ ›Lichtfasern?‹ ›Ja, Fasern, wie weiße Spinnweben. Sehr feine Fäden, die zwischen Kopf und Nabel kreisen. Dann sieht ein Mensch aus wie ein Ei aus kreisenden Fasern. Und seine Arme und Beine sind wie leuchtende Borsten, die in alle Richtungen abstehen.‹ ›Sieht jeder so aus?‹ ›Jeder‹«* (Castaneda II:23). Das *Sehen* ist der Kontakt zum *Nagual.*

»In Don Juans höchstpersönlicher Ansicht hatte der in Psilocybe Mexicana *enthaltene Verbündete andererseits die angemessensten und wertvollsten Eigenschaften: (1) er war mannähnlich und (2) er war ein –Spender von Ekstase«* (Castaneda I:216). *»Der in* Psilocybe Mexicana *enthaltene Verbündete andererseits wurde wegen seiner wertvollen Eigenschaften für ein beständiges und berechenbares Vehikel gehalten. Als Konsequenz seiner Berechenbarkeit brauchte ein Zauberer, der diesen Verbündeten benutzte, sich nicht auf irgendeine Art vorbereiteten Rituals einzulassen«* (Castaneda I:218).

192 Im II. Buch entbrennt eine heftige Diskussion zwischen Don Juan und Castaneda, als Don Juan zum ersten Mal nach acht Jahren eine Definition des ›Verbündeten‹ gibt. Castaneda hält Don Juan vor, er hätte ihn in dem Glauben gehalten, daß der Verbündete in den Pflanzen sei. Don Juan streitet das rundweg ab: *»›Nein, das ist nicht wahr‹, sagte er ungehalten. ›Mein Verbündeter ist der kleine Rauch, aber das heißt nicht, daß mein Verbündeter in der Rauchmixtur oder in den Pilzen oder in der Pfeife ist. Sie alle müssen zusammenwirken, um mich zu dem Verbündeten zu führen, und wenn ich den Verbündeten den kleinen Rauch nenne, dann habe ich meine Gründe dafür‹«* (Castaneda II:36; die Gründe dafür findet man in Castaneda IV:312).

193 Zur Etymologie des Begriffes Metaphysik: *»... die griechische Präposition Meta bezeichnet das Hinter und Nach, das zugleich dann auch ein Vor und Über mitmeint«* (Fischer Lex. d. Phil.:169).
Nimmt man also das Gemeinte und stellt sich vor, was sprachlich da ausgesagt worden ist, dann wäre das ein Iglu-förmiger Himmel als Halbkugel über der »Physik«. *»Der zweite Bestandteil, Physik, bestimmt sich von dem vielseitigen Begriff der* Physis, *den wir heute mit dem lateinischen Terminus* Natur *übersetzen, ohne uns allerdings dabei der geschichtlichen Voraussetzungen und der Entwicklung dieses Begriffs bewußt zu sein; bedeutet er doch heute genau das Gegenteil von dem, was die Griechen ursprünglich damit bezeichnen wollten: Physis ist ursprünglich das* Erste Prinzip, *der* Urgrund, *aus dem alles hervorkommt, das eigentlich ›Seiende‹ – so wie noch für das Mittelalter die* natura naturans *die ›natura naturata‹ aus sich hervorgehen läßt. Von hier aus bestimmt sich dann ›Natur‹ auch als Bezeichnung für das* Wesen ...« (ebd.: 170).
194 Gebser ist der Ansicht, *»die magisch-mythische Haltung der Mexikaner wirkte ›bei ihnen (den Spaniern) nicht mehr‹, sie zerbrach in dem Augenblick, da sie auf die rational-technische traf. Dabei ist nicht – wie der kausal- und materiegläubige Europäer von heute anzunehmen geneigt sein wird – die materielle Überlegenheit des Spaniers entscheidend gewesen, sondern die Schwäche des mexikanischen und die Stärke des spanischen Bewußtseins.«* (:31) Dieses Argument wird gestützt durch die Zeugnisse der damaligen Konquistadoren. In ihnen wird deutlich, daß die Spanier sich völlig im Recht fühlten, bei dem, was sie taten. Sie haben sogar ihre Berechtigung in eigens durchgeführten juristischen Verfahren urkundlich niedergelegt. Das mentale Bewußtsein erwies sich dem mythischen überlegen, wie sich nach Gebser das integrale, aperspektivische Bewußtsein dem mentalen als überlegen erweisen wird.
195 *»Es bedarf dafür einer anderen Fähigkeit, die wir als das ›Wahren‹ bezeichnen möchten, und das den ›Sinn‹ von ›Wahrnehmen und Wahrgeben‹ umfaßt.* Erst durch dieses Wahrnehmen und Wahrgeben kann die Welt für uns durchsichtig werden!« (Gebser, J., 1973:360). (Über »Falschnehmung« siehe *Krausser*, Peter: Über den grundsätzlichen Anspruch der Wahrnehmung, Wahrnehmung zu sein. Meisenheim 1959.)
Interessante Äußerungen über das Wahre finden wir auch von Sokrates: *»Dies aber ist es wert, es anzuführen, daß auch unter den Alten die, welche die Namen festgesetzt, den Wahnsinn nicht für etwas Schändliches oder für einen Schimpf hielten, weil sie sonst nicht der edelsten Kunst, durch welche die Zukunft beurteilt wird, eben diesen Namen einflechtend die Wahnsagekunst genannt hätten; sondern dafür haltend, er sei etwas Schönes, wenn er durch göttliche Schickung entsteht, in dieser Meinung haben sie den Namen eingeführt. Und die Neueren erst haben dann ungeschickterweise das R hineingesetzt statt des N und sie Wahrsage-*

kunst geheißen. Ebenso haben sie jene andere, von Besonnenen vermittels der Vögel und anderer Zeichen angestellte Erforschung der Zukunft, da diese mit Bewußtsein menschlichem Dafürhalten Einsicht und Wissenschaft verschaffen, das Wißsagen genannt, welches jetzt die Neueren, mit dem breiten Doppellaut prunkend, in Weissagen verwandelt haben. Soviel heiliger und ehrenvoller nun jenes Wahrsagen ist als dieses Weissagen, dem Namen nach und der Sache nach, um soviel vortrefflicher ist auch nach dem Zeugnis der Alten ein göttlicher Wahnsinn als eine bloß menschliche Verständigkeit« (Platon: Phaidros, 22:26. Reinbek 1966).

Der Wahnsinnige ist nicht normal-menschlich. Der Normalmensch ist der bornierte Angehörige seiner Gattung, der nur das Maß dieser Gattung kennt und verwendet. Das nennt Sokrates ›bloß menschliche Verständigkeit‹. Jeder, der sich nicht an dieses Maß hält – aus welchen Gründen immer –, ist nach Ansicht des normalen Menschen wahnsinnig. Die ausgrenzende Institution der Psychiatrie verweist aber darauf, daß der neuzeitliche Mensch den Wahnsinnigen keineswegs mehr für göttlich hält. Er braucht den göttlichen Dialog nicht mehr, weil er nur noch mit sich selber spricht, denn er selbst ist die Instanz geworden, die darüber entscheidet, was wahr und was falsch ist. Bei den Indianern Mexikos ist die Einnahme von Peyotl ein Weg, mit den Mächten in Kontakt zu kommen, die den Menschen ihren Weg weisen können. Im Abendland ist die Einnahme von Drogen für diesen Zweck verpönt. Sie gilt in rationaler Sicht als mystifizierend und wird Realitätsflucht genannt. Dies wäre richtig, würde man es Wirklichkeitsflucht nennen, denn es ist in der Tat eine Abkehr von *der* Wirklichkeit, die die Artgenossen geschaffen haben, kann aber gleichwohl eine Hinwendung zur Realität bedeuten.

196 Die Frage ist allerdings, ob derjenige, der glaubt, die Begriffe der Realität seien bereits dieselbe oder würden sich ihr annähern, nicht seinerseits einer Halluzination erlegen ist. Zu glauben, begrifflich ließe sich mehr abbilden, als sich denken läßt, gehört zweifellos zu den Glanzleistungen rationalistischen Wunderglaubens.

197 Walter Benjamin hat in seinem »Kunstwerk«-Aufsatz auf diese Veränderungen hinsichtlich des Films hingewiesen, durch dessen Entwicklung gewaltige Anforderungen an den Apperzeptionsapparat gestellt wurden. In den Anfängen des Kinos sind die Zuschauer gelegentlich in panischer Angst aus den Filmtheatern gerannt, weil sie den Film und die Realität nicht auseinanderhalten konnten.

198 *»In Wirklichkeit besteht der größte Teil des bewußten Denkens der Menschen nur in Fiktion und Täuschung. Der Grund hierfür ist nicht so sehr die Unfähigkeit der Menschen, sondern die Funktion der Gesellschaft«* (Fromm, E., 1972:126).

199 *»Die Einsicht in die ›Bereiche des Ähnlichen‹ ist von grundlegender Bedeutung für die Erhellung großer Bezirke des okkulten Wissens«* (Benjamin, W., 1972a:23).

Benjamin nimmt an, *»daß im Laufe der Jahrhunderte die mimetische Kraft und damit später die mimetische Auffassungsgabe gleichfalls aus gewissen Feldern, vielleicht um sich in andere zu ergießen, geschwunden ist«* (:24).

»Offenbar scheint doch die Merkwelt des modernen Menschen sehr viel weniger von jenen magischen Korrespondenzen zu enthalten als die der alten Völker oder auch der Primitiven« (:24). Was Benjamin hier in seiner ›Lehre vom Ähnlichen‹ skizziert, zielt auf das mimetische Vermögen des Menschen; auf seine potentielle Fähigkeit, mit Anderem zu verschmelzen. Die ›magischen Korrespondenzen‹, von denen er spricht, kann man sich als Hinweise vorstellen, die von Anderem gezeigt oder gegeben werden, um quasi als Wegweiser in Richtung auf ein Zusammentreffen zu fungieren. Sie haben wenig gemeinsam mit konventionellen sinnlichen und intellektuellen Reizen, die zum Kontext der gesellschaftlichen Vereinbarung gehören. Sie überschreiten gerade den Rahmen – wobei es scheint, als sei diese ›mimetische Kraft‹ aus den Feldern der Wahrnehmung geschwunden, um sich ›in andere zu ergießen‹. Er nimmt an, *»daß wir in unserer Wahrnehmung dasjenige nicht mehr besitzen, was es einmal möglich machte, von einer Ähnlichkeit zu sprechen, die bestehe zwischen einer Sternkonstellation und einem Menschen. Jedoch auch wir besitzen einen Kanon, nach dem die Unklarheit, die dem Begriff von unsinnlicher Ähnlichkeit anhaftet, sich einer Klärung näherbringen läßt. Und dieser Kanon ist die Sprache«* (:26). Benjamin nennt diese Schrift neben der Sprache ›ein Archiv unsinnlicher Ähnlichkeiten, unsinnlicher Korrespondenzen‹. Es sei dies ›die magische Seite der Sprache‹ (:28). *»Mit anderen Worten: Schrift und Sprache sind es, an die die Hellsicht ihre Kräfte im Laufe der Geschichte abgetreten hat«* (:29). Was Benjamin hier tut, ist etwas sehr Einfaches und Grundlegendes, er nimmt nämlich entgegen der üblichen akkumulativen Wissenschaftsauffassung an, daß der Zuwachs an Wissen gekoppelt ist mit einem Schwund an demselben. Diese Annahme widersteht der Versuchung, anzunehmen, das Wissen habe sich umstands- und reibungslos fortschreiben lassen.

Im Gegensatz zu Benjamin nimmt der indianische Zauberer an, jene magischen Korrespondenzen lassen sich vorzüglich im außersprachlichen Raum aufspüren. Der europäische Erkenntniskontext ließ auch einen so sehr auf das ausgegrenzte Wissen sensibilisierten Denker wie Benjamin offenbar nicht los. Benjamin notierte jedenfalls den Verlust für die europäische Gegenwart. Ähnlich wie Benjamin war auch Wittgenstein der Ansicht: *»Wie alles Metaphysische ist die Harmonie zwischen Gedanken und Wirklichkeit in der Grammatik der Sprache aufzufinden.«* (ders. 1973:152). Castaneda: *»Ich las Don Juan einmal einen Teil der linguistischen Philosophie Ludwig Wittgensteins vor, und er sagte lachend: ›Ihr Freund Wittgenstein band sich die Schlinge zu eng um den Hals und kann deshalb nirgends hingehen‹«* (Keen, S., 1975:68).

200 So wird auch deutlich, wieso sich Realismus mit Rationalismus und selbst mit Empirismus gleichsetzen läßt: beide sind einem vorher stillschweigend anerkannten Wirklichkeitsverständnis verpflichtet, das sich für objektiv ausgibt. Die Kontroverse besteht nur darüber, auf welchem Weg man es gewonnen hat.

201 Das *Tonal* der Zeit steht hier für den Bewußtseinsstand jener Epoche, den Gebser als mythisch-magische Struktur des Bewußtseins bezeichnet hat. Vgl. auch Anm. 194.

202 Hier stößt Gebsers evolutives Modell an seine Grenzen, weil auch er nicht wissen kann, was das mentale Bewußtsein übersehen haben kann. Die Wirklichkeit des Indianers ist nicht die Wirklichkeit des Abendländers. Durch das Eindringen wurden jedoch die Kenntnisse der indianischen Brujos im *Nagual* ausgelöst. Der weiße Mensch scheint bis heute diesen Bereich nicht *realisiert* zu haben.

Das Wissen um das *Nagual* ist somit eine laterale Quelle des Wissens. Lateral meint, es kam aus einer unverhofften Richtung, von der man gar nichts erwartet hatte. Dieses Wissen spielt dann eine Rolle, wenn man auf den Hauptwegen der Erkenntnis steckenbleibt. Hier wäre natürlich zu fragen, wieso sie eigentlich zu Hauptwegen werden konnten, wenn man auf ihnen dennoch steckenbleibt.

203 So ist das Wissen um das *Nagual* ebenso ein Produkt des Bewußtseins wie die mentale Struktur. Beides entstand aus Defizienz. Mit einem grundlegenden Unterschied. Die mentale Struktur entstand, weil die mythische Struktur defizient geworden war und die abendländischen Völker mit ihr offenbar nicht mehr leben konnten. Das Wissen des brujo entstand, als das mythische *Tonal* der Zeit der Indianer vom mentalen *Tonal* der Zeit der Europäer besiegt wurde. Der brujo jedoch wechselte nicht zum mentalen Standpunkt über, sondern ging andere Wege. Wege, deren Ansätze die europäische Mentalität als Mystik denunzierte. Dabei hat der brujo nichts gegen die Rationalität. Im *Tonal* ist sie nicht nur das beste, sondern auch das einzige Mittel, was wir haben, um bestehen zu können. Er hat nur Einwände gegen den Wächter, der ein Hüter sein sollte. *»›Wann immer du in der Welt des* Tonal *bist, solltest du ein makelloses* Tonal *sein, und keine Zeit an irrationale Spielereien verschwenden. Aber wann immer du in der Welt des* Nagual *bist, solltest du auch makellos sein, und keine Zeit für rationale Spielereien verschwenden.‹«* (Castaneda IV:223). *»›Der Fehler deines Verstehenwollens liegt darin, daß niemand die Auslöschung deiner Vernunft beabsichtigt oder versucht. Diese Furcht ist krankhaft begründet‹«* (Castaneda IV:224).

204 *»›Sagen wir, daß das* Tonal, *da es sich klar bewußt ist, wie anstrengend es ist, von sich selber zu sprechen, die Begriffe ›Ich‹, ›mir‹ und so weiter als Gegengewicht geschaffen hat, und dank ihnen kann es mit anderen* Tonals *oder mit sich selbst über sich selbst sprechen‹«* (Castaneda IV:170).

205 Der Gegensatz impliziert bereits eine dualistische Prämisse. Vgl. Castaneda IV:164 und Edge, H., 1974:108: *»Es kommt nicht darauf an, ob der Materialismus wahr und der Idealismus falsch ist oder umgekehrt. Wichtig ist, daß die Unterscheidung bedeutungslos ist.«*

206 *»Das bloße quantitative Denken – in der Naturwissenschaft heute noch weithin herrschend, und nicht nur in ihr – will grundsätzlich herrschen. Es ist despotisch. Hier werden theoretische Probleme zu ethischen Entscheidungen«* (Romano Guardini, Unterscheidung des Christlichen: 140, Anm. I u. S. 466ff., zit. n. Gebser, J., 1973,3:129f., Anm. 51). Insofern fehlt dem »Geist« der Geist, da er nicht mehr weiß, daß er mit dem Geist nichts mehr gemein hat. Außer dem Namen. Der Verlust der Wurzeln erzeugt die Defizienz und leitet den Verfall ein.

207 Popper, der es als *kritischer* Rationalist wissen müßte, schreibt: *»Die kartesianische Ansicht besteht darin, daß wir die erklärenden Theorien der Wissenschaften ohne jedweden Rückgriff auf die Erfahrung allein mit Hilfe unserer Vernunft konstruieren können; denn jeder vernünftige Lehrsatz (d. i. einer, der sich durch seine Klarheit empfiehlt) muß eine wahre Beschreibung der Fakten sein. Dies ist in wenigen Worten die Theorie, welche die Philosophiegeschichte als* Rationalismus *bezeichnet hat«* (ders., Was ist Dialektik? in: Logik d. Soz.-Wiss.:275, Köln 1965).

Der Begriff, an dem in der Definition alles hängt, ist »Klarheit«. Für den Zauberer ist Klarheit der 2. Feind eines Wissenden: *»Diese Klarheit der Gedanken, die so schwer zu erlangen ist, vertreibt die Furcht, aber sie macht auch blind. Sie zwingt den Mann, sich niemals selbst anzuzweifeln, sie gibt ihm die Sicherheit, alles zu tun, was ihm gefällt, denn er sieht klar in alle Dinge. Und er ist mutig, denn er ist sicher, und er hält vor nichts zurück, weil er eben sicher ist. Aber all das ist ein Fehler: es ist wie etwas Unvollständiges. Wenn der Mann dieser vorgetäuschten Macht nachgibt, ist er von seinem zweiten Feind besiegt worden, und er wird mit dem Lernen spielen. Er wird eilen, wenn er geduldig sein sollte, oder er wird geduldig sein, wenn er eilen sollte. Und er wird mit dem Lernen spielen, bis er endet, unfähig, noch irgendwas zu lernen.‹ (...) ›Und ein Augenblick wird kommen, wenn er verstehen wird, daß seine Klarheit nur ein Punkt vor seinen Augen war‹«* (Castaneda I:88f.).

Aber nicht nur Zauberer haben dies erkannt. Alfred North Whitehead z. B. bemerkte: *»Das Beharren auf Klarheit um jeden Preis beruht auf Vorstellungen von der Funktionsweise des menschlichen Verstandes, die nichts als purer Aberglaube sind.«*

208 Natur verstanden in folgendem Sinne: *»Die Natur ist weder die erste, noch die zweite Natur..., sondern etwas, was der Produktionsvernunft schlechthin entzogen ist... Die Natur läßt sich zwar ausbeuten, aber sie ist nicht auf die Ausbeutung hin entworfen – nicht weil sie lieber selig in sich selbst wäre, sondern weil sie überhaupt ohne Sinn und Zweck ist«* (Bergfleth, G., 1975:349).

209 Rationalismus (Apriorismus) rechnet das Vermögen dem Geist zu – im Gegensatz zum Sensualismus (Empirismus), der es der Sinnlichkeit zuschreibt. Wenn ich hier den Realismus synonym mit dem Rationalismus setze, so deshalb, weil es als vernünftig gilt, sich rational zu verhalten (und umgekehrt). Vernünftig ist aber jemand, der sich realistisch verhält, d. h. der ›Realität‹ angepaßt. Diese »Realität« ist aber diejenige der Realisten. Als Gegenfigur zum Realisten wird gern der Träumer genannt. Auch Tagträumer oder Traumtänzer fällt gelegentlich als Bezeichnung – wiederum von Realisten. Der Träumer selbst würde vielleicht beim Realisten von einer Flucht in die Wirklichkeit sprechen, wenn dieser ihn der Flucht aus ihr verdächtigt.

Ein Realist ist einer, der »mit beiden Beinen fest auf der Erde« oder auf »dem Boden der Tatsachen« steht. Die Metaphern zeigen eine starke Erdgebundenheit und die Basis dieser Anschauung scheint das Gravitationsgesetz zu bilden. Nun steht die Physik als grundlegende Naturwissenschaft in punkto Glaubwürdigkeit seit je hoch im Kurs – obwohl, was nicht sehr bekanntgeworden ist, Newton, der Entdecker dieses Gravitationsgesetzes, zeit seines Lebens alchimistische Studien betrieben hat.

Kant hat sich in seiner Philosophie an den Erfahrungen der Physik orientiert. Sein Modell war ein physikalisches Subjekt. Mir ist nicht bekannt, ob Kant von Newtons alchimistischen Ambitionen wußte. Möglicherweise hätte er dann eine andere wissenschaftliche Orientierung gewählt.

Anders beim Träumer: Er hat sich von der Realität der Realisten gelöst. Für ihn ist der Traum ein Teil der Realität. Er hat C. G. Jung auf seiner Seite. Für ihn ist der Traum nur eine andere Sphäre der Realität. Eben der Meinung ist auch Laing:

»*Viele von uns wissen oder glauben nicht, daß wir jede Nacht Realitätszonen betreten, in denen wir unser Wachleben ebenso regelmäßig vergessen, wie wir beim Erwachen unsere Träume vergessen*« (Laing, R., 1971:21).

Der Traumtänzer wiederum hat seine Metapher aus der Luft. Wer tanzt, kann gar nicht fest auf dem Boden stehen. Der Tanz dient der Lösung, der Entkrampfung, der körperlichen Erfahrung bis zur Trance. In ihr ist der Tänzer anwesend, aber nicht bei sich. Fragt sich, wo er nun wirklich ist. Die Luft-Metapher ist die des Fliegens. Zauberer werden mit dem Fliegen in Verbindung gebracht. Die span. Bezeichnung »brujo« leitet sich vermutlich davon ab.

210 »*Die Methoden unserer Zeit sind weitgehend dualistische Verfahren, die über die bloße Subjekt-Objekt-Beziehung nicht hinausreichen. Mit ihnen läßt sich nur erfassen, was der heutigen europäischen Mentalität gemäß ist*« (Gebser, J., 1973, 1:33). Weiterhin glauben Realisten, genau zu wissen, was real ist. Daher scheint es zu kommen, daß sie ungewöhnlicherweise ihre Definition der Wirklichkeit für die Realität halten. Dieser Akt geschieht vermittels der

Rationalität, denn sie liefert dafür die Methode: das analytische Denken. Da das Denken zum Denken einen Gegenstand benötigt, ist es stets dualistisch auf ein Subjekt-Objekt-Verhältnis fixiert.

211 Das Verhältnis ist einigermaßen beschwerlich, da es mehrfach vermittelt ist. Einerseits läßt sich zeigen, daß die sinnliche Wahrnehmung durch gesellschaftliche Normen eingeschränkt wurde. Gesellschaft verstanden als moderne neuzeitliche Gesellschaft, die wesentlich damit befaßt war und ist, die Natur auf ihr Maß zuzurichten und sich so langsam aber sicher die Lebensgrundlage zu entziehen, benötigte zur Unterwerfung der äußeren Natur eine gleichzeitige Unterwerfung der Sinnlichkeit, d. h. der inneren Natur. Insofern ist die Sinnlichkeit als beschnittene Wahrnehmungsfähigkeit eine Funktion der Gesellschaft. Andererseits ist die Gesellschaft jedoch selbst ein Produkt der Menschen – inklusive der Herrschaftsverhältnisse, die man wohl eher einmal biologisch-genetisch hinsichtlich ihres Anpassungsvermögens als »Ähnlichkeit« untersuchen sollte, denn soziologisch – welche erst zu dieser Orientierung, sich die Natur zu unterwerfen, geführt hat. Dieser endogene Aspekt der Verzerrung von Wahrnehmungen im Bereich der Sinnlichkeit wird ergänzt durch einen exogenen Aspekt, der auf die Vernunft wirkt: Nach Fromm sind dabei drei Filter zu unterscheiden (1972: 126ff.). Die Sprache, die Logik und die Tabus. Dies sind aber nur drei Aspekte einer Sache und diese nennt der Zauberer *Tonal*. Genaugenommen gibt es also gar keine endogenen Faktoren, die die Sicht auf die Wirklichkeit versperren könnten. Es sind ausschließlich Beschränkungen, die auf menschliche Aktivitäten zurückgehen.

Eine andere Frage ist die nach der Grenze menschlicher Erkenntnisfähigkeit überhaupt, d. h. nach der Organisation unserer Vernunft. Aber zu behaupten, es gäbe nur das, was ›man‹ sieht, hört, schmeckt etc., weil man es eben sieht, hört, schmeckt etc., unterschlägt gerade die Verkürzung der potentiellen Möglichkeiten der Wahrnehmung. Und diese Haltung nennt man nicht zu Unrecht positivistisch. Die Kritik an ihr jedoch verfehlt den neuralgischen Punkt, wenn sie meint, man könne dem durch rationale Argumente beikommen. Diese Art von Rationalität hat gerade die Verkürzung erzeugt. Beides ist eine Fixierung auf den Kopf. So dreht sich das Spiel mit der Erkenntnis im wissenschaftlichen Kreise.

Der Zauberer geht auch davon aus, daß wir unsere Welt durch Selektion errichten, d. h. daß wir mit Hervorhebungen des Verstandes und punktueller Aufmerksamkeit arbeiten. Damit bekommt man natürlich nur Ausschnitte zu Gesicht. Der springende Punkt und der Unterschied zum traditionellen neuzeitlichen Erkenntnisstandpunkt besteht aber darin, daß sich der Zauberer damit nicht zufrieden gibt. Er akzeptiert nicht (wie Husserl z. B.), daß die Dinge ›immer‹ Abschattungen haben müssen. Er will alles auf einmal und zur gleichen Zeit wahrnehmen. Und dafür muß er seinen

Willen gebrauchen und das *Nicht-Tun*, jenen zweiten Ring der Macht, den angeblich jeder Mensch besitzt. Der brujo fängt da erst richtig an, wo der Philosoph aufhört. Zweitens verdankt die Wissenschaft ihren Realitätsbegriff ja gerade der Tatsache, daß sie Träume ausgrenzt und das Tagesbewußtsein zum Maßstab erhob.

212 *»Niemand ist in der Lage, eine beabsichtigte Begegnung mit dem* Nagual *ohne lange Übung zu überleben. Man braucht Jahre, um das* Tonal *auf so eine Begegnung vorzubereiten. Normalerweise würde für einen Durchschnittsmenschen, der dem* Nagual *von Angesicht zu Angesicht begegnet, der Schock so groß sein, daß er sterben würde. Das Ziel der Übung eines Kriegers besteht also nicht darin, ihm das Hexen oder Zaubern beizubringen, sondern sein* Tonal *so vorzubereiten, daß es nicht durchdreht. Eine sehr schwierige Aufgabe. Einem Krieger muß gelehrt werden, makellos und vollkommen leer zu sein, ehe er auch nur daran denken kann, das* Nagual *zu erfahren.*
Was dich betrifft, so mußt du aufhören, zu berechnen. Was du heute morgen getan hast, war absurd. Du nennst es erklären. Ich nenne es ein steriles und langweiliges Beharren des Tonal *auf vollständiger Kontrolle. Immer wenn es keinen Erfolg hat, kommt ein Moment der Verwirrung. Und das* Tonal *öffnet sich dann dem Tode. Welch ein Schmerz! Es würde sich lieber selbst aufgeben, als die Kontrolle aufzugeben«* (Castaneda IV:224f.).

213 Aufhebung wird hier im romantischen Sinne verwendet: *»Es ist leider zu wenig bekannt, es ist durch den mächtigen Einfluß, den Hegel auf das bürgerlich-apologetische und bürgerlich-marxistische Denken ausübt, verdrängt worden, daß es neben der Hegelschen noch eine andere Tradition der ›Aufhebung‹ gibt: die romantische der* Selbsterhebung, *die keinen bewahrenden Zug hat und in ihrer Konsequenz nicht zur Dialektik führt, sondern zur sprengenden Denkweise der Paradoxie, des unauflöslichen Widerspruchs, des schwebenden Wechsels, in dem sich schließlich alles Gegebene zersetzt«* (Bergfleth, G., 1975:321).

214 *»Was aber der Zweckrationalität nicht mehr gehorcht, ist tendenziell zugleich* zweckfrei – *ein sinnloses Vergnügen, das seine Lust gerade aus dieser Sinnlosigkeit zieht«* (Bergfleth, G., 1975:293). Und diese Sinnlosigkeit der Handlungen kann moralisch nicht verkraftet werden: Darum: *»Unser Wahrnehmungsapparat ist darauf eingerichtet, ganze Bereiche von Phänomenen, die so durchgängig sind, daß sie für unser alltägliches Leben und seine Bedürfnisse keine besondere Rolle spielen, zu ignorieren«* (Whorf, B.L., 1974:9f.; vgl. auch Fromm, E., 1972:128f.).

215 Für Gebser ist dies eine Folge der Entwicklung des perspektivischen Sehens:
»... perspektivisch sehen oder denken heißt: räumlich fixiert sehen und denken ... Der Mensch, er selbst nur ein Teil der Welt, räumt diesem Teil und damit der ihm selber nur möglichen Teilansicht die beherrschende Stellung ein: damit erhält der Sektor das Übergewicht über den ganzen einschließenden Kreis; es erhält der Teil

das Übergewicht über das Ganze. Das Ganze ist aber aus der perspektivischen Einstellung zur Welt heraus nicht mehr anzunähern; statt dessen verleiht man dem bloßen Sektor ›Ganzheits-Charakter‹, und die Folge davon ist die sattsam bekannte ›Totalität‹« (Gebser, J., 1973:51). Gebsers Kritik an der perspektivischen Weltsicht richtet sich nicht nur gegen den Eurozentrismus der Neuzeit, sondern gegen jedweden Anthropozentrismus.

216 *»Die neue Erfahrung, die das Subjekt in seiner ekstatischen Abwesenheit macht, ist die Wiederkehr der universellen Partizipation – das Einssein mit allem, was lebt, das sich nur in dieser Abwesenheit entzündet... nur ein anderer Name für die exzessive Selbstverschwendung, in der wir uns selbst vergessen und die Welt wiederfinden. Sie ist das innere Außersichsein, das das Einssein ermöglicht«* (Bergfleth, G., 1975:404f.).

217 Da die Magie kein akademisches Fach ist (im Gegenteil, wie wir gesehen haben), spielt die Ansicht des Zauberers in möglichen akademischen Erörterungen über *Wissen* auch keine ausschlaggebende Rolle. Wahrscheinlich würde man ihn zu der Diskussion auch gar nicht zulassen – aber... er würde wohl auch nicht kommen.

1 Vgl. Dennis Timm in: Duerr, H. P. (Hrsg.), *Der Wissenschaftler und das Irrationale* Band 1, S. 407 ff., FfM 1981.

2 Um einen »Kausalen Ansatz« zur Astrologie zu beschreiben, führt Stephen Arroyo ein Zitat des Wissenschaftlers Rex Pay an: »Sleeper hat gezeigt, daß der Raum zwischen Erde und Ionosphäre, als Resonanzsystem betrachtet, eine charakteristische Periode von ungefähr einer achtel Sekunde hat – die Zeit, die das Licht braucht, um einmal die Erde zu umrunden. Die Resonanzfrequenz ist also ungefähr 8 cps., die des Alpha-Rhythmus des menschlichen Gehirns. Sleeper nimmt an, daß möglicherweise das geomagnetische Feld den feinen Einstellungsmechanismus für diese charakteristische Frequenz bildet.« Arroyo führt weiter aus: »Eine solche Theorie nimmt an, daß das menschliche Nervensystem auf Veränderungen in der kosmischen Umwelt reagiert« (Arroyo, S., 1982:51).

3 Daß Castaneda sich in den ersten fünf Büchern über deren Existenz nicht klar ist und nicht einmal weiß, daß noch weitere Lehrlinge ausgebildet werden, hängt mit seiner Besonderheit als *dreizackiger* Nagual zusammen, der eigentlich Nachfolger von Don Juan in der neuen Generation von Kriegern werden sollte, sich jedoch als unfähig, sie zu führen, erwies. Deshalb wurde er aus der Mitte der Kriegergesellschaft entfernt und hatte nur in der *zweiten Aufmerksamkeit* Zugang zu ihr. Die Interaktionen innerhalb dieser Sphäre *vergaß* er jedoch.

4 Offenbar haben die *erste* und *zweite* Aufmerksamkeit getrennte Gedächtnisspuren, die unabhängig voneinander aufzeichnen. Das Erinnern der *zweiten* Erlebnisspur gehört zu den vordringlichsten Anstrengungen Castanedas und Gordas im 6. Buch. Er berichtet, daß Pirscher sich oft jahrelang in einen Verschlag setzen, um ihr vergangenes Leben zu *erinnern*, nochmals zu erleben und damit eine exakte Kopie ihres Bewußtseins anfertigen, sie später dem Adler als Ersatz für ihre eigene Bewußtheit anbieten, um an ihm vorbei in die Freiheit zu gelangen. Es gibt auch andere Möglichkeiten, das Vergessene zu überwinden:
»Auf Geheiß des Nagual Juan Matus müssen wir alle zusammen eine Weile an einem vom ihm erwählten Platz der Kraft sitzen.«
»Wo ist dieser Platz?«
»Irgendwo in den Bergen, hier in der Gegend. Er ist wie eine Pforte. Der Nagual erzählte mir, daß es an diesem Platz eine natürliche Spalte gibt. Er sagte, gewisse Kraftplätze sind Öffnungen in dieser Welt; wenn du formlos bist, kannst du durch eine dieser Öffnungen in das Unbekannte, in eine andere Welt eintreten. Jene Welt und diese Welt, in der wir leben, bewegen

sich auf parallelen Linien. Es ist gut möglich, daß wir alle irgendwann über diese Linien geführt worden sind, aber wir erinnern uns nicht daran« (VI:87).

5 Die *Gabe des Adlers* (d. i. »die Kraft, die das Schicksal aller lebenden Wesen regiert, heißt der Adler, nicht weil sie ein Adler wäre...« (VI:178) besteht in der Chance, seine Bewußtheit auch nach dem Tode zu behalten und nicht vom Adler gefressen zu werden. »Jedem lebenden Wesen wird – wenn es dies will – die Kraft gewährt, einen Durchlaß zur Freiheit zu suchen und dort hindurchzugehen... Zu dem Zweck, die Lebewesen zu diesem Durchlaß hinzuführen, hat der Adler den Nagual geschaffen. Der Nagual ist ein Doppelwesen, dem die Regel offenbart wurde. Der Nagual – sei es in Gestalt eines Menschen, eines Tieres, einer Pflanze oder sonst eines lebenden Dings – fühlt sich kraft seines Doppeltseins gedrängt, diesen verborgenen Durchlaß zu suchen« (Castaneda VI:179). Carlos Castaneda ist ein solcher Nagual.

6 »Der Grund, warum das *Sehen* ein visueller Vorgang zu sein scheint, liegt darin, daß wir die Augen brauchen, um die *Absicht* anzuvisieren. Don Juan und die Krieger seines Trupps verstanden es, ihre Augen zu benutzen, um einen anderen Aspekt der *Absicht* zu erhaschen, und diesen Akt nannten sie *Sehen.* (...) Eine Weile glaubte ich, sie nicht unterscheiden zu können, aber dann schienen meine Augen sich anzupassen, und ich sah zwei Aspekte der *Absicht* vor mir, zwei Bilder gleichzeitig. Ich sah ihre physischen Leiber und auch ihre Leuchtkraft. Die beiden Bilder waren nicht überlagert, sondern getrennt, und doch konnte ich nicht herausfinden, wie dies geschah. Ich hatte eindeutig zwei Gesichtsfelder, das *Sehen* hatte gewiß mit meinen Augen zu tun, und doch geschah es unabhängig von ihnen. Wenn ich meine Augen schloß, konnte ich noch immer die leuchtenden Eier *sehen*, nicht aber ihre physischen Leiber« (Castaneda VI:315).

7 Jüngste Forschungen in der Sowjetunion weisen auf die Existenz eines *unbekannten Energiefaktors* hin, außerhalb der elektro-magnetischen Energie. Verschiedene Experimente in der SU, die sich mit ASW und Hellsehen (unter dem Begriff *biologische Radio-Kommunikation*) befassen, stützen ›die Hypothese..., daß telepathische Übertragung von einer Art Energiefaktor ermöglicht wird, der uns bisher nicht bekannt ist, der jedoch zu der höchsten Stufe in der Entwicklung der Materie gehört...‹ Die sowjetische Forschung hat entdeckt, daß diese Energie (1.) unabhängig von der Entfernung ist, (2.) ohne den Gebrauch der Sinne erreicht wird, (3.) keine erkennbare Beziehung zu elektromagnetischen Wellen hat und (4.) dem *Gesetz* der Kausalität widerspricht (Arroyo, Stephen: Astrologie, Psychologie und die vier Elemente: 198f., München 1982).

8 Ich schlage einen kleinen Exkurs über den hermetischen Zirkel vor. Die Quintessenz (quinta essentia) war das fünfte Element: Äther. »Die Herme-

tiker lehren, daß diese ätherische Substanz äußerst dünn und ausdehnbar ist, den ganzen Raum durchdringt und als Medium für die Übertragung von Schwingungsenergie, wie Wärme, Licht, Elektrizität, Magnetismus usw. dient. Die Lehren besagen, daß die ätherische Substanz ein Verbindungsglied zwischen den Formen der Schwingungsenergie ist, die einerseits als Materie, andererseits als Energie oder Kraft bekannt ist; und daß sie auf einem eigenen Schwingungsgrad erscheint, sowohl was die Höhe als auch die Art anbetrifft. Zur Erläuterung haben die Gelehrten das Beispiel eines sehr schnell drehenden Rades, Kreisels oder Zylinders herangezogen, um die Wirkung der immer höher werdenden Schwingungszahl zu zeigen. Dieses Beispiel setzt ein Rad, einen Kreisel oder Zylinder voraus, jeweils mit einer niedrigen Geschwindigkeit laufend. Wir wollen bei der Auswertung dieses Beispiels dieses sich drehende Ding das *Objekt* nennen. Wir wollen annehmen, das Objekt bewege sich langsam. Es kann leicht gesehen werden, aber kein Ton seiner Bewegung erreicht das Ohr. Die Geschwindigkeit wird allmählich erhöht. In wenigen Augenblicken wird seine Geschwindigkeit so schnell, daß ein tiefes Brummen oder ein niedriger Ton gehört werden kann. Bei Erhöhung der Schnelligkeit steigt der Ton um eine Note höher in der Tonleiter. Bei weiterer Beschleunigung kann man den nächsthöheren Ton unterscheiden. So erscheinen nach und nach alle Töne der Tonleiter, immer höher steigend mit wachsender Geschwindigkeit. Schließlich nimmt die Umdrehung eine solche Schnelligkeit an, daß der höchste Ton, den das menschliche Ohr vernehmen kann, erreicht ist und das schrille durchdringende Kreischen erstirbt und Stille folgt. Keinen Ton hört man von dem sich rasend drehenden Objekt, denn der Grad der Bewegung ist so hoch, daß das menschliche Ohr die Schwingungen nicht wahrnehmen kann. Dann bemerkt man das Steigen der Wärmegrade. Nach gewisser Zeit bemerkt das Auge, daß das Objekt eine matt dunkelrötliche Farbe annimmt. Je mehr die Geschwindigkeit wächst, desto heller wird das Rot, es zerschmilzt zu einem Orange. Dann folgen nacheinander die Farben grün, blau, indigo und schließlich violett. Dann verschwindet das Violett, alle Farbe schwindet, da das menschliche Auge sie nicht mehr wahrnehmen kann. Aber unsichtbare Strahlen gehen von dem sich drehenden Objekt aus, Strahlen, wie sie zum Fotografieren verwandt werden und andere subtile Strahlen, die als Röntgen-Strahlen usw. bekannt sind, denn der Zustand des Objekts ändert sich, Elektrizität und Magnetismus werden ausgesandt, wenn die entsprechende Schwingungshöhe erreicht ist. Wenn nun das Objekt einen gewissen Schwingungsgrad erreicht hat, lösen sich seine Moleküle in ihre Bestandteile auf, und zwar in ihre ursprünglichen Elemente und Atome. Dann zerfallen die Atome, dem Prinzip der Schwingung folgend, in zahllose Korpuskeln, aus denen sie bestehen. Schließlich verschwinden sogar die Elektronen, und man kann sagen, daß das Objekt jetzt aus ätherischer Substanz besteht« (Kybalion: 93f.). Die Umwandlung von Materie in Geist geschieht über den Äther, der die Ausdehnung erlaubt. Auf gleicher Ebene ist die Ausdehnung des physischen Körpers in den Traumkörper zu sehen. Castanedas Erfahrungen mit der *zweiten Aufmerksamkeit* scheinen mir hier anzusiedeln zu sein.

9 Jorge Luis Borges erwähnt in *Die Sphäre Pascals*, daß Hermes Trismegistos laut Jamblichos eine gewaltige Anzahl von Büchern auf diese Weise diktiert habe.

10 *Seth* sieht den Menschen als Fragment seiner Wesenheit, der seine wiederholten Inkarnationen nicht als Vollendung seiner Erfahrung als Seele begreift.

11 Edgar Cayce (1876–1944), auch als der *schlafende Prophet* bekannt. In der Bibliothek der Cayce-Stiftung in Virginia-Beach, USA, existieren etwa 40.000 Protokolle seiner *readings*, die er von 1901 an abhielt. Er soll in der Lage gewesen sein, das Unterbewußtsein anderer Menschen anzuzapfen und das ewige göttliche Gedächtnis, die *Akasha-Chronik*, zu *lesen*. Zu diesem letzten Punkt ergeben sich interessante Parallelen zu den Äußerungen verschiedener Dichter sowie einer mexikan. Heilerin namens Maria Sabina. Ich habe in einem bisher noch unveröffentlichten Manuskript diese Zusammenhänge hergestellt.
Cayces mediale Durchgaben befaßten sich auch mit weit zurückliegenden Zeiten wie Atlantis oder der ägyptischen Pyramidenkultur. Im Hinblick auf die Bedeutung der Pyramiden ist interessant, daß sie, indem sie mit ihren Ausmaßen eine Hemisphäre ausfüllten, ihren Erbauern halfen, die Größe der Erde zu messen, die damals bekannten Länder zu kartographieren und den zyklischen Lauf der Zeit zu verfolgen.
»Wie John Mitchell erklärt hat, enthalten diese Monumente in ihren Maßen und ihrer geographischen Zuordnung das gesamte Vokabular der heiligen Sprache der Vergangenheit. Mitchell ist der Meinung, Bauwerke wie die Cheopspyramide seien von Männern errichtet worden, die etwas von den Gesetzen des intergalaktischen Stroms lebender Energie und ihrem Einfluß auf das Leben unserer Erde verstanden« (Tompkins, P., 1980: 8f.).
Castaneda gibt in seinem 6. Buch eine sehr ungewöhnliche Erklärung über die sog. Karyatiden oder Atlanter auf dem Tempel des Morgensterns in Tula wieder, die Pablito ihm erzählt:
»Was meinst du, stellen diese vier Steinfiguren dar?« fragte ich. »Sie sind keine Männer, sondern Frauen«, sagte er. »Diese Pyramide ist das Zentrum von Ordnung und Stabilität. Diese Figuren sind ihre vier Ecken. Sie sind die vier Winde, die vier Himmelsrichtungen. Sie sind die Grundlage, die Basis der Pyramide. Sie müssen Frauen sein, männliche Frauen, falls du sie so nennen willst. Und du weißt ja selbst, daß wir Männer nicht so fest

sind. Wir sind ein gutes Bindemittel, ein Leim, der die Dinge zusammenhält, aber das ist auch alles. Der Nagual Juan Matus sagte, daß das Geheimnis der Pyramide in ihrer Struktur liegt. Die vier Ecken sind an die Spitze versetzt. Die Pyramide selbst ist der Mann, der von seinen Kriegerinnen getragen wird, ein Mann, der seine Stützen an die höchste Stelle erhoben hat. Verstehst du, was ich meine?«

Mein Gesicht mochte einen perplexen Ausdruck zeigen. Pablito lachte. Es war ein höfliches Lachen.

»Nein. Ich verstehe nicht, was du meinst«, sagte ich. »Aber es ist wohl deswegen, weil Don Juan mir niemals etwas davon gesagt hat. Das Thema ist völlig neu für mich. Bitte, erzähle mir alles, was du weißt.«

»Die Atlanter sind das *Nagual*; sie sind *Träumer*. Sie stellen die Ordnung der zutage getretenen zweiten Aufmerksamkeit dar, und das ist der Grund, warum sie so grimmig und geheimnisvoll sind. Sie sind Geschöpfe des Krieges, aber nicht der Zerstörung.

Die andere Ordnung von Säulen, die rechteckigen, stellen die Ordnung der ersten Aufmerksamkeit dar, das *Tonal*. Sie sind *Pirscher*, und das ist der Grund, warum sie mit Inschriften bedeckt sind. Sie sind sehr friedlich und weise, im Gegensatz zur vorderen Reihe« (Castaneda VI: 18 f.)

»Der ehrfurchtgebietende Eindruck, den diese Atlanter hervorriefen, wurde noch gesteigert durch das, was ein Freund, der mich durch die Anlage führte, mir über sie erzählt hatte. Er sagte, ein Wächter dieser historischen Ruinen habe ihm verraten, daß man die Atlanter nächtens habe umherwandern hören, wobei der Boden unter ihnen bebte (Castaneda VI: 14).

12 »Der Nagual hat uns gesagt, daß wir Tolteken sind. Wir alle sind Tolteken. Ein Tolteke, sagte er, ist der Empfänger und Wahrer von Geheimnissen. Der Nagual und Genaro sind Tolteken. Sie haben uns ihre besondere Leuchtkraft und ihre Geheimnisse geschenkt. Wir haben ihre Geheimnisse empfangen, und jetzt bewahren wir sie.« Soweit Pablito zu Castaneda (Castaneda V: 173).

»Die Azteken berichteten, sie hätten in der Umgebung des Sees die Überreste einer fortgeschrittenen Kultur gefunden, die dort ihrer Meinung nach über tausend Jahre lang geblüht habe. Dem Volk, das diese Kultur geschaffen hatte, gaben sie den Namen *Tolteken*, ein Wort der Aztekensprache, das *Künstler* oder *Erbauer* bedeutet.

Die Azteken erzählten sich, daß die Tolteken die große Hauptstadt Tollan (Tula-DT) gegründet hatten. Nach der aztekischen Überlieferung war der Toltekenführer Quetzalcoatl ungefähr im Jahre 950 unserer Zeitrechnung von einer Reihe von Katastrophen ereilt worden, was ihn bewog, seine Heimat zu verlassen und nach Osten zu ziehen« (Tompkins, P., 1980: 25 f.).

13 Vgl. den in Anmerkung 1 angeführten Aufsatz von mir – besonders den Abschnitt »*Träume?*«.

14 Nachdem Genaro Castaneda geraten hatte, mit der Fingerspitze anstatt dem Bleistift zu schreiben, damit er die Besitzfixierung auf seine Notizen los wird, weil sie ein schädliches Potential enthalten, gibt Don Juan Castaneda eine besondere Empfehlung, sich seiner Notizbücher zu entledigen:

»Bei einem so auf Besitz eingestellten Menschen wie mir, so sagte er, bestünde das geeignetste Mittel, mich von meinen Notizbüchern zu befreien, darin, sie zu enthüllen, sie offen darzulegen, ein Buch zu schreiben. Damals fand ich, dies sein ein noch größerer Witz als das Notizenmachen mit der Fingerspitze« (Castaneda VI:25).

15 »Die ursprüngliche Quelle der Sprecher-Daten ist das innere Wissen um die Natur der Realität, das sich in jedem Menschen findet. Die Sprecher sind dazu da, die Informationen in physischem Sinne lebendig zu erhalten, dafür zu sorgen, daß die Menschen sie nicht in sich verschütten und Dämme dagegen errichten, und sie – die Informationen – zur Kenntnis des bewußten Selbst zu bringen. Sie sprechen, mit anderen Worten, innere Geheimnisse aus« (Roberts, Jane: Gespräche mit Seth: 336, Genf 1980).

16 Carlos Castaneda ist inzwischen auch wieder gesichtet worden. Anläßlich eines Anthropologen-Kongresses im Dezember 1981 in Los Angeles stieß er im Waschraum des Hotels mit Richard deMille zusammen – ein Dritter war Zeuge. Mr. deMille hat bekanntlich seit Jahren hinter Castaneda hergeforscht und ist der Mann, der selbst wenn er die Brille abnimmt, immer noch eine auf der Nase hat – vielleicht, weil er meint, auf die Art besonders gut zu sehen. Wie man mir mitteilte, haben sie sich eine ganze Weile unterhalten. Möglicherweise steht uns daher nicht nur ein (bereits angekündigter) 7. Band von Castaneda ins Haus – der vermutlich die »*Kunst des Pirschens*« behandelt und den deutschen Verlag Castanedas in eine arge Titel-Bedrängnis bringen dürfte –, sondern auch ein weiterer Anekdötchen-Band von deMille mit neuen *Santa Barbarisms*, wie Daniel Noel treffend dessen Wortschöpfungen charakterisierte.

17 Was den Ursprung seines Wissens anging, so erzählte Don Juan, er vermute ihn in einer Art pan-indianischer Kultur, während der die Beschäftigung mit der *zweiten Aufmerksamkeit* aus der Übung gekommen sei.

»Über tausend Jahre lang hatte sie sich ohne Einschränkung entwickelt – bis zu einem Punkt, da sie ihre Kraft verlor. Die Praktiker jener Zeit empfanden möglicherweise nicht die Notwendigkeit irgendwelcher Kontrollen, und so wurde die zweite Aufmerksamkeit nicht stärker, sondern – aufgrund zunehmender Kompliziertheit – schwächer. Dann kamen die spanischen Invasoren und zerstörten mit Hilfe ihrer überlegenen Technik die Welt der Indianer. Don Juan sagte, sein Wohltäter sei davon überzeugt gewesen, daß damals nur eine Handvoll dieser Krieger überlebten und in der Lage waren, ihr Wissen erneut zu sammeln und ihren Weg neu zu bestimmen. Was Don Juan und sein Wohltäter über die zweite Aufmerksamkeit wußten, war nun diese rekonstruierte Version, eine neue Version, die ihre eingebauten Einschränkungen hatte, weil sie unter den härtesten Bedingungen der Unterdrückung entstanden war« (Castaneda VI: 193).

18 »Der westliche Mensch hat sich dafür entschieden, seine Energie ganz auf die Außenwelt einzustellen und innere Realitäten weitgehend zu ignorieren. Die sozialen und kulturellen und selbst die religiösen Aspekte hemmen solche Erfahrungen automatisch von Kindheit an. In eurer Gesellschaft bringen außerkörperliche Erfahrungen keinerlei Vorteile mit sich, und viele Tabus stehen im Weg« (Roberts, J., 1982: 362).

19 Vgl. Timm, D., *»Die Linien der Welt greifen«*, a. a. o. Prolog.

1 Dieser Beitrag geht auf eine Vorlesung am 1.11.1975 an der Universität von Californien, Los Angeles, zurück, die Teil eines von der UCLA veranstalteten Symposiums *»Carlos Castaneda: die Welt anhalten«* war. Ich möchte den übrigen Teilnehmern an diesem Symposium, Douglas G. Sharon und Kees W. Bolle von der UCLA und Thomas Hersh von der California State University, Northridge, für ihre hilfreichen Anmerkungen und Vorschläge danken. Ebenso möchte ich Udo Strutinsky von der University of California Press (Los Angeles) danken, der so nett war, den Beitrag zu lesen und einige sehr wichtige Vorschläge machte. Meine Schlüsse sind jedoch gänzlich meine eigenen und ich trage die volle Verantwortung für sie.

2 Eine gute Einführung für diese Art ist Tyler (1969). Eins der besten Beispiele der neuen Ethnografie ist *The Cocktail Waitress* (1975) von James Spradley und Brenda Mann.

3 Castaneda ist gegenwärtig dabei, ein fünftes Buch fertigzustellen, daß Don Juans Weltsicht von einem explizit phänomenologischen und ethnomethodologischen Standpunkt aus analysiert.

4 Z. B. »Nein, Wissenschaft ist keine Illusion. Aber eine Illusion wäre es, anzunehmen, daß wir das, was die Wissenschaft uns nicht geben kann, irgendwo anders her kriegen könnten« (Freud 1962:52).

5 Es sollte natürlich betont werden, daß eine große Zahl von Don Juans *Lehren* woanders Parallelen hat. Z. B. wird die Vorstellung, daß der Sitz des Bewußtseins in der Nähe der Magengrube liegt, von Zen-Buddhisten, Tibetischen Lamas, heiligen Hindus und – in einer früheren Phase unserer eigenen Tradition charakteristisch für den Gnostizismus und einige andere hellenistische Philosophie-Systeme war, geteilt. Gleichzeitig ist die Idee, daß mysteriöse Tentakel von der Nabelgegend ausgehen und Zauberern die Vorführung aller möglichen Wundertaten erlauben, tief eingebettet in die tantrische Tradition Indiens und Tibets. Die Idee des *magischen Fluges* ist nahezu universal, ebenso wie die Konzeption, daß es mehrere Ebenen des Bewußtseins oder der Aufmerksamkeit gibt, Ebenen, die nur von denen erreicht werden können, die sich einer Reihe von Initiationen unterzogen haben. Hoffentlich wird Castaneda eines Tages selbst eine vergleichende – und zugegebenermaßen »etic«-Studie der weltwelten Parallelen dessen vornehmen, was er in Mexiko entdeckt hat.

Literaturverzeichnis

Aberle, D. F. (1966): The Peyote-Religion Among the Navaho (Chicago)
Albert, Hans (1969): Verstehen, in: Bernsdorf, W., Wörterbuch der Soziologie (Stuttgart)
Anschütz, Georg (1953): Psychologie (Hamburg)
Arbeitsgruppe Bielefelder Soziologen (Hrsg.) (1973): Alltagswissen, Interaktion und gesellschaftliche Wirklichkeit, 2 Bde (Reinbek)
Arroyo, Stephen (1980): Astrologie, Karma und Transformation
ders. (1982): Astrologie, Psychologie und die vier Elemente (München)
Artaud, Antonin (1975): Die Tarahumaras (München)
Baier, Lothar (1976): Der Fall Castaneda, in: FAZ v. 16. 11. 1976
Bataille, Georges (1975): Die Aufhebung der Ökonomie (München)
Becker, Oskar (1964): Drei Abhandlungen zum Lehrgedicht des Parmenides, in: Kant-Studien, Bd. 55, Heft 1–4
Benjamin, Walter (1955): Schriften I (Frankfurt am Main)
ders. (1966): Briefe (ebd.)
ders. (1972a): Lehre vom Ähnlichen, in: Zur Aktualität Walter Benjamins (Frankfurt am Main)
ders. (1972b): Über Haschisch (Frankfurt am Main)
ders. (1972c): Das Kunstwerk im Zeitalter seiner technischen Reproduzierbarkeit (Frankfurt am Main)
ders. (1972d): Gesammelte Schriften IV (Frankfurt am Main)
ders. (1974): Ursprung des deutschen Trauerspiels, in: Gesammelte Schriften I.I (Frankfurt am Main)
Bergfleth, Gerd (1975): Theorie der Verschwendung, in: Bataille, G., 1975
Borges, Jorge L. (1980): Gesammelte Werke, Essays 1952–79
Burroughs, William (1967): Was ist Sucht?, in: Rauschgiftesser erzählen (Dokum. v. E. Reavis) (Frankfurt am Main)
Capelle, Wilhelm (1968): Die Vorsokratiker (Stuttgart)
Castaneda, Carlos (1972): Die Lehren des Don Juan; Ein Yaqui-Weg des Wissens. Fischer Taschenbuch 1457 (zitiert als: Castaneda I).
ders. (1973): Eine andere Wirklichkeit; Neue Gespräche mit Don Juan. Fischer Taschenbuch 1616 (Castaneda II).
ders. (1975): Reise nach Ixtlan; Die Lehre des Don Juan, Fischer Taschenbuch 1809 (Castaneda III).
ders. (1976): Der Ring der Kraft; Don Juan in den Städten. Fischer Taschenbuch 3370 (Castaneda IV).
ders. (1978): Der zweite Ring der Kraft. Fischer Taschenbuch 3035 (Castaneda V).

ders. (1981): Die Kunst des Pirschens. Fischer Taschenbuch 3390 (Castaneda VI).
Cliff Notes (1974): Castaneda's *The Teachings Of Don Juan and other works*, by Martin McMahon III, University of Nebraska (Lincoln)
Cooper, David (1972): Dialektik der Befreiung (Reinbek)
deMille, Richard (1976): Castaneda's Journey, the Power and the Allegory (Santa Barbara, Calif.)
Diels, Hans (1951): Fragmente der Vorsokratiker (Berlin)
ders. (1952): Vorsokratiker Bd. 2 (Berlin)
Diemer, Alwin (1962): Grundriß der Philosophie (Meisenheim)
ders. / Frenzel, J. (1969): Philosophie (Frankfurt am Main)
ders. (1969a): Erkenntnistheorie, in: Diemer / Frenzel 1969
ders. (1969b): Metaphysik, in: Diemer / Frenzel 1969
Dreitzel, H. P. (1966): in: Wege zur Soziologie (Bahrdt, H. P.)
Dschuang-Tse (1976): Reden und Gleichnisse (Frankfurt am Main)
Duerr, H. P. (1974): Ni Dieu, ni mètre (Frankfurt am Main)
ders. (1976): Können Hexen fliegen?, in: Unter dem Pflaster liegt der Strand (Berlin)
Duerr, H. P. (Hrsg.) (1981): Der Wissenschaftler und das Irrationale
Eberz, Otfried (1967): Sophia und Logos (München / Basel)
Edge, Hoyt (1974): Paradigma und Parapsychologie, in: Ztschr. f. Parapsych. und Grenzgebiete der Psychologie Jg. 16, Nr. 2
Evans-Pritchard, E. E. (1937): Witchcraft, Oracles and Magic among the Azande (Oxford)
Feyerabend, Paul (1976): Wider den Methodenzwang (Frankfurt am Main)
Fichte, Hubert (1976): Xango. Die afroamerikanischen Religionen (Frankfurt am Main)
Foss, Laurence (1973): Does Don Juan really fly? in: Philosophy of Science, Bd. XL
Ford, Arthur (1980): Bericht vom Leben nach dem Tode
Fromm, Erich (1972): Psychoanalysis and Zen-Buddhism, in: Fromm et al.: Zen-Buddhismus und Psychoanalyse (Frankfurt am Main)
Gebser, Jean (1973): Ursprung und Gegenwart, Fundamente und Manifestationen der aperspektivischen Welt, 3 Bde. (München)
Gelpke, Rudolf (o. J.): Drogen und Seelenerweiterung (München)
Gerber, Peter (1975): Die Peyote Religion (Zürich)
Golowin, Sergius (o. J.): Die Magie der verbotenen Märchen (Hamburg)
Gomperz, Th. (1922): Griechische Denker, Bd. 1 (Berlin / Leipzig)
Goethe, Joh. W. (1963): Geschichte der Farbenlehre (München)
Habermas, J. (1972): Bewußtmachende oder rettende Kritik, in: Zur Aktualität W. Benjamins (Frankfurt am Main)
ders. (1973): Erkenntnis und Interesse (Frankfurt am Main)

Hauser, Arnold (1973): Sozialgeschichte der Kunst und Literatur (München)
Hegel, G. W. F. (1970): Phänomenologie des Geistes (Frankfurt am Main)
Hönigswald, Rich. (1966): Geschichte der Erkenntnistheorie (Darmstadt)
Holz, Hans Heinz (1968): Prismatisches Denken, in: Über W. Benjamin (Frankfurt am Main)
Husserl, Edmund (1922): Jahrbuch für Philosophie und phänomenologische Forschung, 1. Bd. I. Teil 2. Abdruck
Keen, Sam (1975): Zauberlehrling, Ein Gespräch mit Carlos Castaneda, in: Psychologie heute, April-Heft 1975
Keyserling, Arnold (1972): Geschichte der Denkstile
Krausser, Peter (1959): Untersuchungen über den grundsätzlichen Anspruch der Wahrnehmung, Wahrnehmung zu sein (Meisenheim)
Kybalion (1982): Studie über die hermetische Philosophie
Laing, Ronald D. (1971): Phänomenologie der Erfahrung (Frankfurt am Main)
Lao-Tse (1972): Tao-Te-King (Stuttgart)
Leisegang, Hans (1928): Denkformen (Berlin / Leipzig)
Lenk, Kurt (1970): Ideologie (Neuwied / Berlin)
Lommel, Andreas (1965): Die Welt der frühen Jäger (München)
Mehan, Hugh / Wood, Houston (1976): Fünf Merkmale der Realität, in: Weingarten (Hrsg.), Ethnomethodologie (Frankfurt am Main)
Musil, Robert (1972): Der Mann ohne Eigenschaften (Reinbek)
Pfeil, Hans (1973): Das platonische Menschenbild (Aschaffenburg)
Pinnow, Heinz-J. (1966): Einige Züge indianischen Denkens, in: Anthropos, Bd. 61
Pirsig, Robert (1976): Zen und die Kunst ein Motorrad zu warten. Fischer Taschenbuch 2020 (Frankfurt am Main)
Platon (1966): Sämtliche Werke (Reinbek)
Podach, E. F. (1951): Zum Abschluß von Lévy-Bruhls Theorie über die Mentalität der Primitiven, in: Ztschr. f. Ethnologie, Nr. 76
Roberts, Jane (1980): Gespräche mit Seth
Roszak, Th. (1973): Gegenkultur (München)
ders. (1974 a): The Monster and the Titan: Science, Knowledge and Gnosis, in: Daedalus, Summer 74, Bd. 103, Nr. 3 (Cambridge, Mass. USA)
ders. (1974 b): Where the Wasteland Ends (London)
Salzinger, Helmut (1972): Und es gibt sie doch! Ein Zauberlehrling über seine Zauberlehrzeit, in: Frankfurter Rundschau v. 15. 7. 72
ders. (1973): Swinging Benjamin (Frankfurt am Main)
ders. (1976 a): Für 36 Millionen wäre die Welt noch zu retten (Unveröff. Manuskript)
ders. (1976 b): Jonas Überohr-Live. Kritische Ausschweifungen über Kultur und Krebs (Hamburg)
Silverman, David (1975): Reading Castaneda (London)

Sinowjew, Alex. (1968): Über mehrwertige Logik (Berlin)
Störig, Hans-J. (1969): Kleine Weltgeschichte der Philosophie, 2 Bde. (Frankfurt am Main)
Schott, Rüdiger (1961): Über den Entwicklungsgedanken in der modernen Ethnologie, in: Saeculum XII, Heft 1
Sugrue, Thomas (1981): Edgar Cayce, Sein Leben
Time-Magazine (1973): Don Juan and the Sorcerer's Apprentice, March 5, 1973 (USA)
Timm, Dennis (1981): Die Linien der Welt greifen; Carlos Castaneda und die Anthropologie
ders. (1982): Die Wirklichkeit und der Wissende; Eine Studie zu Carlos Castaneda
Ulcus Molle (1975): Eine andere Ansicht der Welt, Sonder info Nr. 2 (Bottrop)
Tompkins, Peter (1980): Die Wiege der Sonne
Weingarten, Elmar et al. (Hrsg.) (1976): Ethnomethodologie (Frankfurt am Main)
Wetzel, Manfred (1973): Wissenschaftstheorie, Skript der Hochschule für Wirtschaft und Politik (Hamburg)
Whorf, Benjamin L. (1974): Sprache, Denken, Wirklichkeit (Reinbek)
Wiggershaus, Rolf (Hrsg.) (1975): Sprachanalyse und Soziologie (Frankfurt am Main)
Wilk, Stan (1981): Schamanismus und Humanismus. Ozeanische Anthropologie und die Insel des Tonal. In: Duerr, H. P. (Hrsg.) 1981
Winch, Peter (1975): Was heißt ›eine primitive Gesellschaft verstehen?‹ in: Wiggershaus, R. 1975
Wittgenstein, Ludw. (1960): Tractatus logico-philosophicus, in: Schriften 1 (Frankfurt am Main)
ders. (1970): Philosophische Bemerkungen, in: Schriften 2 (Frankfurt am Main)
ders. (1973): Philosophische Grammatik (Frankfurt am Main)

Philosophie

Jean Le Rond D'Alembert
Einleitung zur 'Enzyklopädie'
Herausgegeben und mit einem Essay von Günther Mensching
Band 6580

Jean Le Rond D'Alembert
Denis Diderot u.a.
Enzyklopädie
Eine Auswahl
Herausgegeben von Günther Berger
Band 6584

Francis Bacon
Weisheit der Alten
Herausgegeben und mit einem Essay von Philipp Rippel
Band 6588

Ernst Cassirer,
Jean Starobinski,
Robert Darnton
Drei Vorschläge, Rousseau zu lesen
Band 6569

René Descartes
Ausgewählte Schriften
Herausgegeben von Ivo Frenzel
Band 6549

Denis Diderot
Über die Natur
Herausgegeben und mit einem Essay von Jochen Köhler
Band 6583

Hans-Georg Gadamer (Hg.)
Philosophisches Lesebuch
3 Bände: 6576/6577/6578

Jens Heise
Traumdiskurse
Die Träume der Philosophie und die Psychologie des Traums
Band 6585

Max Horkheimer
Gesellschaft im Übergang
Aufsätze, Reden und Vorträge 1942–1970. Herausgegeben von Werner Brede
Band 6545

Sozialphilosophische Studien
Aufsätze, Reden und Vorträge 1930–1972. Herausgegeben von Werner Brede
Band 6540

Zur Kritik der instrumentellen Vernunft
Band 7355

Philosophie

Martin Jay
Dialektische Phantasie
Die Geschichte der Frankfurter Schule und des Instituts für Sozialforschung
Band 6546

Susanne K. Langer
Philosophie auf neuem Wege
Das Symbol im Denken, im Ritus und in der Kunst
Band 7344

Ludger Lütkehaus (Hg.)
„Dieses wahre innere Afrika"
Texte zur Entdeckung des Unbewußten vor Freud
Band 6582

Platon
Sokrates im Gespräch
Vier Dialoge
Band 6550

Jean-Jacques Rousseau
Schriften
Herausgegeben von Henning Ritter
2 Bände: 6567/6568

Bertrand Russell
Das ABC der Relativitätstheorie
Band 6579
Moral und Politik
Band 6573
Philosophie
Die Entwicklung meines Denkens
Band 6572

Joachim Schickel
Philosophie als Beruf
Band 7315

Hans Joachim Störig
Kleine Weltgeschichte der Philosophie
Band 6562

Christoph Türcke
Der tolle Mensch
Nietzsche und der Wahnsinn der Vernunft
Band 6589

Charles Whitney
Francis Bacon
Die Begründung der Moderne
Band 6571

Franz Wiedmann
Anstößige Denker
Die Wirklichkeit als Natur und Geschichte in der Sicht von Außenseitern
Band 6587

Geist und Psyche
Begründet von Nina Kindler 1964

Psychoanalyse

Peter Kutter
Psychoanalyse in der Bewährung
Band 42263

Peter Kutter/Jörg K. Roth
Psychoanalyse an der Universität
Band 42228

Stavros Mentzos
Neurotische Konfliktverarbeitung
Band 42239
Hysterie
Band 42212
Angstneurose
Band 42266

Humberto Nagera (Hg.)
Psychoanalytische Grundbegriffe
Band 42288

Horst Petri
Angst und Frieden
Band 42294

Theodor Reik
Die verschlungenen Wege des Selbst
Band 42235

Jürgen vom Scheidt
Der unbekannte Freud
Band 42292

Harold Stern
Die Couch
Band 42308

D. W. Winnicott
Von der Kinderheilkunde zur Psychoanalyse
Band 42249
Reifungsprozeß und fördernde Umwelt
Band 42255
Familie und individuelle Entwicklung
Band 42261

Anton Zottl
Otto Rank
Band 42229

Fischer Taschenbuch Verlag

fi 350/8b

Geist und Psyche
Begründet von Nina Kindler 1964

Große Psychologen

Eric Berne
Was sagen Sie, nachdem Sie »Guten Tag« gesagt haben?
Band 42192
Struktur und Dynamik von Organisationen und Gruppen
Band 42201

Bruno Bettelheim
Aufstand gegen die Masse
Band 42217
Die Geburt des Selbst
Band 42247

Anna Freud
Das Ich und die Abwehrmechanismen
Band 42001
Einführung in die Technik der Kinderanalyse
Band 42111

Georg Groddeck
Der Mensch als Symbol
Band 42174

Karen Horney
Neurose und menschliches Wachstum
Band 42143
Unsere inneren Konflikte
Band 42104
Neue Wege in der Psychoanalyse
Band 42090
Der neurotische Mensch unserer Zeit
Band 42002
Die Psychologie der Frau
Band 42246

C. G. Jung
Welt der Psyche
Band 42010

Melanie Klein
Frühstadien des Ödipuskomplexes
Band 42268
Ein Kind entwickelt sich
Band 42222

Geist und Psyche
Begründet von Nina Kindler 1964

Große Psychologen

Melanie Klein
Die Psychoanalyse des Kindes
Band 42291

Fritz Morgenthaler
Homosexualität, Heterosexualität, Perversion
Band 42285

Fritz Morgenthaler, Florence Weiss, Marco Morgenthaler
Gespräche am sterbenden Fluß
Band 42267

Erich Neumann
Tiefenpsychologie und neue Ethik
Band 42005
Ursprungsgeschichte des Bewußtseins
Band 42042
Zur Psychologie des Weiblichen
Band 42051

Paul Parin, Fritz Morgenthaler, Goldy Parin-Matthey
Die Weißen denken zuviel
Band 42079

Carl R. Rogers
Encounter-Gruppen
Band 42260
Die klientenzentrierte Gesprächspsychotherapie
Band 42175
Die Kraft des Guten
Band 42271
Die nicht-direktive Beratung
Band 42176
Partnerschule
Band 42236
Therapeut und Klient
Band 42250

D. W. Winnicott
Von der Kinderheilkunde zur Psychoanalyse
Band 42249
Reifungsprozesse und fördernde Umwelt
Band 42255
Familie und individuelle Entwicklung
Band 42261

Fischer Taschenbuch Verlag

fi 510 / 3 b